Martha Beck
Enjoy your life

SERIE PIPER

Zu diesem Buch

Was tun in persönlichen Krisensituationen? Viele Menschen kommen in ihrem Leben irgendwann einmal an einen Punkt, an dem sich nichts mehr zu bewegen scheint. Martha Beck hat ein »Glücks-Programm« entwickelt. Die einzelnen Schritte sind so unkompliziert, dass sie als Rituale jederzeit in den individuellen Tagesablauf integriert, aber auch in plötzlichen »Notsituationen« angewandt werden können. Der erste Schritt dient als absolutes Glücks-Fundament: Nichts tun. Und das mindestens 15 Minuten täglich! Weitere Schritte zum Glück bestehen darin, einmal am Tag ganz ehrlich zu sich selbst zu sein, seine Herzenswünsche zu erforschen und ein Risiko einzugehen. Humorvoll und mitfühlend hilft Martha Beck, auch in schwierigen Phasen ein offenes Herz zu behalten und ein erfülltes, glückliches Leben zu führen.

Martha Beck promovierte an der Harvard University und ist Lebensberaterin, Autorin und Kolumnistin. Ihr Sohn Adam, der mit Down-Syndrom zur Welt kam, lehrte sie, die wirklich wichtigen Dinge des Lebens kennen und schätzen zu lernen. Mit ihren Erfahrungen unterstützt Martha Beck andere Menschen in Krisen und Umbruchsituationen. Sie lebt in Arizona. Auf deutsch liegen neben »Enjoy your life« ihre Bücher »Ein wunderbares Kind« und das »Das Polaris-Prinzip« vor.

Martha Beck
Enjoy your life
10 kleine Schritte zum Glück

Aus dem Englischen von
Silvia Kinkel

Vorwort von
Werner Tiki Küstenmacher

Piper München Zürich

FSC

Dieses Taschenbuch wurde auf FSC-zertifiziertem Papier gedruckt. FSC (Forest Stewardship Council) ist eine nichtstaatliche, gemeinnützige Organisation, die sich für eine ökologische und sozialverantwortliche Nutzung der Wälder unserer Erde einsetzt (vgl. Logo auf der Umschlagrückseite).

Ungekürzte Taschenbuchausgabe
Piper Verlag GmbH, München
Februar 2007

Titel der amerikanischen Originalausgabe:
»The Joy Diet. 10 Daily Practices für a Happier Life«,
Crown Publishers, New York 2003

Umschlag / Bildredaktion: Büro Hamburg
Heike Dehning, Charlotte Wippermann,
Alke Bücking, Daniel Barthmann
Umschlagabbildung: Guido Klütsch
Satz: Fotosatz L. Huhn, Maintal-Bischofsheim
Papier: Munken Print von Arctic Paper Munkedals AB, Schweden
Druck und Bindung: Clausen & Bosse, Leck
Printed in Germany ISBN 978-3-492-24876-1

www.piper.de

Für die außergewöhnliche Brady-Familie,
im engeren und im weiteren Sinne.
Ich werde euch immer lieben.

Inhalt

Vorwort zur deutschen Ausgabe 9
Einleitung 11

Schritt 1: Nichts 17
Schritt 2: Wahrheit 36
Schritt 3: Herzenswünsche 57
Schritt 4: Kreativität 79
Schritt 5: Risiko 104
Schritt 6: Belohnungen 125
Schritt 7: Spiele 147
Schritt 8: Lachen 169
Schritt 9: Beziehungen 195
Schritt 10: Feste feiern 219

Anmerkung der Autorin 245
Danksagung 246

Vorwort zur deutschen Ausgabe

Lesen Sie gern Vorworte? Ganz ehrlich: Ich persönlich blättere ja eher drüber weg, weil ich gefälligst subito mit der geistigen Nahrung des Buches selbst versorgt werden möchte. Manchmal aber mache ich eine Ausnahme: Wenn ich weiß, dass da ein außergewöhnlich gelungenes Buch vor mir liegt, dann will ich es tutto completo genießen, inklusive Aperitif und Antipasti, gaaanz laaangsam.

Als ich das englische Original von Martha Becks *Enjoy your life* in die Hände bekam, habe ich es genau so gehalten, mit Vorwort und allem, gaaanz genüsslich. Denn wenn Martha Beck schreibt, ist das geistige Feinkost. Für mich ist sie die Fünf-Sterne-Köchin der Lebenshilfe-Literatur. Und ich weiß, wovon ich rede! Wie Wolfram Siebeck Abend für Abend die Feinschmeckertempel der westlichen Hemisphäre abklappert, so lebe ich als Chefredakteur des Newsletter *simplify your life* davon, mich durch die Produktion der vorwiegend angloamerikanischen Ratgeberverlage zu arbeiten. Nichts für ungut, liebe Kollegen, aber manche von euch kochen aus einem einzigen schönen Gedanken ein 160-seitiges dünnes Süppchen – ein Maggiwürfel auf 200 Liter Wasser, mit Geschichte und Geschichtchen gestreckt, das macht weder satt noch froh, und wenn der Titel noch so toll klingt.

Da hat es mich als literarischen Speisetester wirklich verblüfft, als ich Martha Becks Büchern und Artikeln begegnete: auf jeder Seite neue, erntefrisch formulierte Gedanken! Fallbeispiele aus der Beratungspraxis, denen man an ihren unrunden, widerborstigen Details anmerkt, dass sie wirklich erlebt und ungeschönt erzählt sind. Dazu Übungen und Metaphern, die es so bisher noch nirgends zu lesen gab. Und die alle auch funktionieren – zumindest bei mir.

Man spürt in jeder Zeile, dass Martha Beck ihre Einsichten selbst erkämpft und erlitten hat. Sie ist eine im tiefsten Wortsinn gebildete Frau. Was sie weitergibt, kommt aus erster Hand, und dabei gelingt ihr das Kunststück, auch schwere Wahrheiten mit leichter Hand zu schreiben. Das kommt wohl daher, dass sie die herrliche Fähigkeit der Engel beherrscht, sich selbst leicht zu nehmen. Es ist auf eine faszinierende Weise vergnüglich und Mut machend, wie sie von ihrem behinderten Sohn Adam erzählt, von dem Wahnsinn ihrer akademischen Eliteausbildung oder dem alltäglichen Tohuwabohu, Beruf und eine fünfköpfige Familie unter einen Hut zu bringen. Martha Beck ist eine heitere Königin der Selbstironie..

Vor allem aber hat sie die Gabe, die Erkenntnisse ihrer einzelnen Beratungsgespräche in allgemein gültige Regeln zu fassen. In dem hier vorliegenden Buch (es ist insgesamt ihr drittes) tut sie das in Form von zehn Schritten: zehn Zutaten, mit denen Sie aus einem etwas fade schmeckenden Leben einen Hochgenuss machen können. Ich selbst stecke gerade mitten drin im Ausprobieren, und ich kann nur sagen, die ersten Erfolge sind verblüffend.

Martha Beck ist nicht nur ein herrlich wohlschmeckendes und unterhaltsames Menü gelungen, sondern sie bäckt wirklich Brot des Lebens. So manche große Lebensweisheit kommt bei ihr in solcher Tiefe und doch so beschwingt, so appetitlich angerichtet daher, dass ich mich als Autor und evangelischer Pfarrer vor Martha Beck nur tief verbeugen kann.

So, nun aber genug mit den Antipasti. Jetzt geht es los, Sie dürfen selber genießen und sich glücklich lesen. Freuen Sie sich auf das Fest Ihres Lebens!

Werner Tiki Küstenmacher, Gröbenzell, im Winter 2003

Einleitung

Hin und wieder, wenn ich mich weniger attraktiv, lustloser und schlechter als üblich fühle, verordne ich mir ein Programm, das ich im Laufe der Jahre zusammengeschustert habe. Sie ist zusammengestellt aus den Ratschlägen zahlloser Selbsthilfebücher, Zeitschriftenartikel, kommt von Ärzten, Freunden und hilfsbereiten Fremden. Bei mir funktioniert es gut. Mit diesem Buch hat es allerdings nichts zu tun.

Wenn Sie nach Wegen suchen, um Ihre überflüssigen Pfunde loszuwerden oder einen strafferen Hintern zu kriegen, müssen Sie sich leider woanders umsehen. Was mich betrifft, so gibt es an Ihrem Bauch und Ihrem Hintern absolut nichts auszusetzen (was keine Aufforderung sein soll, mir jetzt Ihre Fotos zu schicken). Ich werde niemals ein Buch über Schlankheitskuren im ernährungswissenschaftlichen Sinne schreiben, weil ich keine Gesundheits- oder Fitnessexpertin bin. Ich bin Lebensberaterin, und dieses Buch enthält Anleitungen für eine andere Art von Programm, eines, das nicht für den Körper, sondern für die Seele gedacht ist.

Enjoy your life ist ein Programm aus zehn Verhaltensweisen, die Sie zu Ihrer Lebens- und Denkweise hinzufügen können, um Ihre tägliche Reise durch das unberechenbare Terrain Ihres Lebens zu bereichern. Sie können es Schritt für Schritt umsetzen und verfolgen, wie Ihr Leben stetig lebendiger und fröhlicher wird. Oder Sie setzen es als »Gewaltkur« in einer Notsituation ein, an dem Tag, an dem Ihre

Katze krank wird, Ihr Partner Ihnen den Laufpass gibt oder Sie aufwachen und sich plötzlich wie versteinert fühlen, weil Ihnen bewusst wird, dass Sie sehr verletzlich sind. Das *Enjoy your life-Programm* können Sie dazu benutzen, sich besser zu fühlen – insbesondere *dann*, wenn Sie keine Ahnung haben, was Sie tun könnten, um sich besser zu fühlen.

Ich bin ein Anhänger der (zugegebenermaßen romantischen) Vorstellung, dass es für jeden Mensch so etwas wie ein »richtiges Leben« geben sollte, eine Reise auf dieser Welt, die ihm oder ihr die größtmögliche Freude und Erfüllung beschert. Meine Aufgabe als Lebensberaterin ist es, die Menschen auf dieser Reise zu unterstützen. Mein letztes Buch, *Das Polaris-Prinzip: Entdecke wozu du bestimmt bist – und tue es,* ist im Grunde ein Handbuch darüber, wie Sie Ihr ganz »richtiges Leben« finden können, wie Sie Ihren Kurs festlegen, wie Sie auf dem Weg zu Ihrem Ziel Hindernisse aus dem Weg räumen können, und was Sie unterwegs zu erwarten haben. Dies ist eine tief gehende, schwierige Arbeit, die das ganze Leben andauert (obwohl es einem oft wie ein Spiel vorkommt). Ich betrachte dieses Buch gleichzeitig als Begleitband zu *Das Polaris-Prinzip* und als hilfreiche Reisebeschreibung. Es enthält Vorschläge und Angebote, die Ihre Reise durchs Leben, wie auch immer es sich gestaltet, so angenehm und glücklich wie möglich machen. Es wird Sie daran erinnern, das Ziel eines mit Freude erfüllten Lebens nicht aus den Augen zu verlieren, auch wenn die Fahrt ins Stocken gerät. Die Gedanken sind sehr einfach und grundlegend, etwa wie »Vergiss dein Pausenbrot nicht«, »Creme dich mit Sonnenmilch ein«, oder »Bewahre die Streichhölzer trocken auf«. Aber während meiner Arbeit habe ich gemerkt, dass viele Menschen nie an diese Dinge denken, und daran erinnert zu werden, kann für diejenigen, die sie oft vergessen, den Ausschlag geben zwischen einer Reise voller Lebensfreude oder einer Hölle auf Erden. Im Laufe der Zeit habe ich ein Programm aus zehn täglichen Schritten erarbeitet, das meine Klienten wachrütteln soll. Diese zehn Schritte bilden das *Enjoy your life-Programm.*

Beginnen wir mit dem *Enjoy your life-Programm*

Ich hatte mich einmal der Herausforderung gestellt, Tai-Chi zu lernen. Diese ehrwürdige Kampfkunst wird normalerweise ausgeübt, indem man eine Folge ganz bestimmter Bewegungen gaaanz laaangsaaaam durchläuft, so wie ein Bär, der gerade aus dem Winterschlaf erwacht. Ich war frustriert, als mein Lehrer mir eine einzige einfache Übung beibrachte (»Stelle die Füße schulterbreit auseinander, hebe die Arme vor dem Körper, bis sie parallel zum Boden sind.«) und mir vorschlug, diese eine Übung eine Woche lang jeden Tag zu trainieren, bevor ich die nächste Übung lernen könne. Oh, geben Sie mir eine Chance, rief ich. Ich lerne sehr schnell. Warum nicht die Bedächtigkeit in den Kampfkunst-Wind schießen und mir *zwei* Übungen pro Woche beibringen? Höflich, aber bestimmt wurde dieser Vorschlag abgelehnt. Bevor ich Ihnen eine neue Übung beibringen kann, erklärte mein Lehrer, müssen erst alle vorherigen für Sie so einfach und selbstverständlich sein, als würden Sie sich mit der Hand durchs Haar fahren.

Ich ärgerte mich ziemlich über diese qualvolle Lernweise in winzigen Schritten, aber ich lernte sie zutiefst zu schätzen und in vielen meiner Lebensbereiche anzuwenden. Welche anspruchsvolle Sache Sie auch immer lernen wollen, vom Klavier spielen bis zum Lösen von Differential- und Integralgleichungen, der Trick liegt darin, die notwendigen Aktivitäten in banal anmutende Handlungen aufzuteilen und diese dann so lange zu üben, bis Sie jede einzelne quasi automatisch verrichten können, während Sie mit einem Auge fernsehen und mit dem anderen die Kinder beaufsichtigen.

Genau diese Methode bitte ich Sie anzuwenden, wenn Sie mit dem *Enjoy your life-Programm* beginnen. Ich empfehle, dass Sie *der Reihe nach* jede Woche einen Schritt zu Ihrem Tagesablauf hinzunehmen. Anders ausgedrückt, beginnen Sie mit dem ersten Schritt und praktizieren Sie diesen sieben Tage lang mindestens einmal täglich, bevor Sie den nächsten Schritt hinzunehmen. Falls nach Ablauf einer

Woche der Schritt, an dem Sie gerade arbeiten, für Sie nicht so selbstverständlich geworden ist wie das Atmen, verwenden Sie ein paar Tage mehr darauf, um ihn wirklich zu verinnerlichen. Sie können das Tempo für das *Enjoy your life-Programm* so weit reduzieren, wie Sie möchten. Auf keinen Fall sollten Sie jedoch versuchen, das Tempo zu erhöhen, indem Sie alle Bestandteile des Programms auf einmal umsetzen. Das lässt Ihnen nicht genug Zeit, um sich so lange auf jede neue Verhaltensweise zu konzentrieren, bis sie Ihnen in Fleisch und Blut übergeht. Es ist völlig unwichtig, wie viel Zeit Sie dafür benötigen, entscheidend ist, dass Sie damit fortfahren, jede *Enjoy your life*-Verhaltensweise so lange anzuwenden, bis Ihnen ein Tag ohne diese so merkwürdig vorkommt, als könnten Sie den Himmel nicht sehen. Erst wenn Sie diesen Punkt erreicht haben, können Sie zum nächsten Programmschritt übergehen.

Die schwierigste und zeitraubendste der Aufgaben des *Enjoy your life-Programms* (siehe *Schritt 1*) ist es, jeden Tag ein paar Minuten lang nichts zu tun. Die anderen neun Schritte sind wesentlich einfacher. Wenn Sie jetzt jedoch denken, diese seien weniger anspruchsvoll, dann machen Sie sich auf eine Überraschung gefasst. Die Bestandteile des *Enjoy your life-Programms* schaffen eine direkte Verbindung zwischen Ihrem Bewusstsein und Ihrem tiefsten Innern, jenem Teil von Ihnen, der Ihr Lebensziel kennt und weiß, wie Sie es erreichen können. Das kann erschreckend sein. Fast jeder von uns ist daran gewöhnt, sein wahres Ich vor der ganzen Welt, vor den uns Nahestehenden und insbesondere vor uns selbst zu verstecken (wir machen das zur Sicherheit, was die reinste Ironie ist, denn zu vergessen, wer wir wirklich sind, macht uns hochgradig unsicher). Die Wirkung des *Enjoy your life-Programms* ist es, Licht auf unsere Geheimnisse zu werfen, sodass es uns möglich wird, uns selbst und die Gründe unseres Daseins zu erkennen und uns wieder daran zu erinnern. Das kann so ziemlich alles in Ihrem Leben verändern. Ich habe erschöpfte Ex-Soldaten und selbstsichere CEOs gesehen, die zitterten wie frierende Kätzchen, als sie einige der *Enjoy your life*-Übungen in Erwägung zogen, und ihre Angst war durchaus berechtigt. Wie der Sprung aus einem Flugzeug sind die Schritte des Programms lächerlich einfach – und außerordentlich schwierig.

Während Sie die einzelnen *Enjoy your life*-Programmpunkte verinnerlichen, entwickeln Sie vielleicht Varianten, die das Programm für Sie effektiver machen. Ich möchte Sie ermutigen, Ihren eigenen Erfahrungen zu folgen, selbst wenn es Sie in Richtungen führt, die ich nicht erwähne. Dieses Buch ist lediglich eine Anleitung, die Ihnen helfen soll, Gewohnheiten zu entwickeln, die Sie zu einem möglichst erfüllten Leben führen. Je mehr Sie dem *Enjoy your life-Programm* folgen, desto deutlicher wird Ihr Innerstes zu Ihnen sprechen, und desto besser werden Sie die Anweisungen für Ihr Leben verstehen. Dieses Programm, diese Lebens- und Denkweise, vereint seine Anwender nur in dem einhelligen Streben nach ihrer jeweiligen Einzigartigkeit. Ob Sie wegen eines subtilen Verlangens nach einem bedeutungsvolleren Leben damit beginnen oder aufgrund einer Lebenskrise, aus der Sie fassungslos und bestürzt hervorgegangen sind – es kann Ihnen auf dem Weg behilflich sein, Sie selbst zu werden. Ich wünsche Ihnen viel Erfolg in dieser Welt und eine gute Reise durch den Tag.

Schritt 1

Nichts

Als ersten Schritt beim *Enjoy your life-Programm* müssen Sie täglich mindestens 15 Minuten lang nichts tun.

»In meinem Leben fehlt etwas.« Dies ist der häufigste Grund, den ich von Menschen zu hören bekomme, die meine Lebensberatung aufsuchen. Nur selten kommen Klienten zu mir, weil sie ganz konkrete Schwierigkeiten haben oder ein definiertes Ziel erreichen möchten. Manchmal scheint die Bedeutung von »etwas fehlt in meinem Leben« vage und unerklärlich, ähnlich dem Phantomschmerz, den ein Amputierter in einem Körperglied zu spüren meint, das gar nicht mehr vorhanden ist. Andererseits kann der Drang, dieses fehlende Etwas zu finden, in Krisenzeiten so schneidend und schmerzhaft sein wie ein Glassplitter in einer Wunde. Die Menschen, die mich bitten, dieses Etwas in Krisenzeiten zu finden, sind oft schon Tausende von Kilometern gereist und haben Unmengen an Energie, Zeit und Geld in ihre Suche investiert. Was ich ihnen bieten kann, ist *nichts*. Glücklicherweise ist es genau das, was sie brauchen.

Nichts, das reine Nichts, ist der erste Bestandteil, den Sie Ihrem Leben hinzufügen, wenn Sie mit dem *Enjoy your life-Programm* beginnen. Ob Sie dieses Programm zur allgemeinen Lebensverbesserung absolvieren, oder weil Sie sich irgendeiner Art von Trauma stellen möchten, ich bin nahezu sicher, dass Sie *nichts* brauchen – eine gute, starke Dosis Nichts, und zwar bald. Aber genug der Wortspiele. Was ich meine ist, dass der beste Weg, jegliche Art von Blockade zu lösen, darin besteht, einen Bereich absoluter Ruhe im Zentrum Ihrer selbst zu erschließen, ein Ich, das noch unter Ihren Sinnen und Ihrem Verstand verborgen liegt. Uns modernen wissenschaftlichen Denkern wird selten beigebracht, dass so etwas existiert, und schon gar nicht, wie man den Kontakt dazu herstellt. Aber in jeder weit zurück reichenden Überlieferung wird daran festgehalten, dass von diesem ruhigen Kern des Ichs, dieser unendlichen fruchtbaren Leere, alles entspringt, was Ihre Authentizität ausmacht: Ihre Persönlichkeit, Ihre Fähigkeit, die Wahrheit zu erkennen, die tatsächlichen Handlungsanleitungen für Ihr Leben.

Dieses Kapitel soll Ihnen dabei helfen, zu erkennen, was Sie bereits über die vollkommene Ruhe Ihres eigenen tiefen Ichs wissen; das »Nichts«, das Ihnen ermöglicht, alles zu bewältigen, das Ihnen beibringt, wie Sie all Ihre Probleme angehen können, vom geringfügigsten bis zum folgenschwersten. Für den Fall, dass Sie diese Art Nichts bisher noch nie erfahren haben, werde ich es so darstellen, wie es jahrtausendelang von einigen weisen Menschen beschrieben wurde. Sie nahmen sich viel Zeit, um damit vertraut zu werden. Und da ich durch und durch Pragmatiker bin, werde ich Ihnen danach einige praktische Anleitungen geben, um das Nichts Ihrem Leben hinzuzufügen – Anleitungen, die meinen eigenen Verstand schon so oft gerettet haben, dass ich es gar nicht mehr zählen kann.

Diese Übungen können Ihnen Zuflucht geben, die Ihnen niemand jemals wegnehmen kann. In Momenten, wenn Ihr Herz erschöpft, verwirrt oder gebrochen ist, wenn Sie keine Energie haben, um irgendetwas zu tun, wenden Sie sich ganz von selbst dem zu, was Ihr wahres Ich Ihnen sagt, das es braucht: nichts. Das ist immer ein Schritt – normalerweise der erste Schritt –, der Sie wegführt vom Leid hin zur Freude.

Verehren Sie, was Ihnen heilig ist

Ich weiß, dass diese Begeisterung für das Nichts für diejenigen meiner Leser verwirrend sein kann, die von der Wiege an dazu erzogen wurden, dass es immer noch besser sei, irgendetwas zu tun als gar nichts. Viele meiner Klienten denken, dass ein Mensch, der einen ganzen Tag damit verbringt, nichts zu leisten, nichts zu denken, nichts zu versuchen und nichts zu planen, einfach nur 24 Stunden vergeudet hat. Viele von ihnen bocken wie gereizte Esel, wenn ich sie bitte, sich an die entscheidend wichtige Aufgabe zu machen, die Ruhe zu erlernen. Vielleicht reiben auch Sie sich ein wenig daran und beabsichtigen, diesen Punkt zu überspringen, um direkt zu etwas »Produktiverem« zu kommen. Ich habe diesen Ausdruck in Anführungsstriche gesetzt, denn nichts zu tun ist tatsächlich die produktivste Tätigkeit, der Sie jemals nachgehen können. Und solange Sie das nicht zur Gewohnheit gemacht haben, kann der übrige Teil des *Enjoy your life-Programms* niemals seine komplette Wirkung entfalten.

Um es zu schaffen, müssen Sie einige tief verwurzelte kulturelle Normen missachten. Uns allen ist ein starker Widerstand gegen das Nichts gemein, und wir fühlen uns umso tugendhafter, je mehr wir irgendetwas tun. Die soziologische Entwicklung dieser Haltung können Sie in Max Webers Wälzer *Die protestantische Ethik und der »Geist« des Kapitalismus* nachlesen, ein Klassiker, von dem ich Ihnen dringend abrate, insbesondere wenn Sie ein Liebhaber wohltönender Prosa sind. Weber stellte fest, dass durch die zentrale Ausprägung harter, unermüdlicher Arbeit – das »Steh nicht herum, tu etwas!« – viele der gewaltigen Leistungen unserer Gesellschaft initiiert wurden: das Entschlüsseln von Naturgesetzen, das Heilen von Krankheiten, die Mondflüge, die Erfindung von Fitnessgeräten und vieles andere. Keine Frage, unsere kulturimmanente Besessenheit, etwas zu tun, hat spektakuläre Resultate hervorgebracht.

Das Problem ist, dass fortwährendes Tun, ohne sich jemals im Einklang mit dem Zentrum unseres Seins zu befinden, so ist, als würde man ein Schiff mit Energie versorgen, indem man alle Navigationsinstrumente verbrennt. Vollauf mit dem Anstreben unzähliger Ziele beschäftigt, verlieren wir die Fähigkeit, zu bestimmen, welche Ziele wirklich wichtig sind und warum. Nur indem wir die Verbindung zu unserem angeborenen Gefühl für Wahrheit herstellen, können wir sicherstellen, dass der erstaunliche Reichtum und die Leistungen, die menschliche Wesen hervorgebracht haben, für intelligente und wohlmeinende Zwecke eingesetzt werden. Aus diesem Grund hat überall auf der Erde und zu allen Zeiten – sogar in Max Webers modernem Westeuropa – eine unglaubliche Vielfalt menschlicher Kulturen die Lehren einiger weiser Menschen verehrt, die sich als außerordentlich befähigt im Praktizieren des Nichts erwiesen.

Nichts tun: Aussagen von Experten

Mystiker, Heilige und Philosophen erklären uns übereinstimmend, dass die Erfahrung des Nichtstuns, und ich meine *wirklich* nichts zu tun, sich nicht in Worte fassen lässt. Das liegt zum Teil daran, dass hierfür ein Bewusstsein benötigt wird, das über das verbale Denken hinausgeht. Gehirntomographien zeigen, dass zum Beispiel während einer Meditation die Bereiche des Gehirns, in denen das verbale Denken gesteuert wird, ihre Aktivität reduzieren, während ein völlig anderer Hirnteil geradezu »aufleuchtet«. Wenn das eintritt, spürt der Meditierende vielleicht etwas von dem Ich, das sich auflöst und mit dem gesamten Universum zu einer Einheit verschmilzt. Chip Brown, ein Journalist, der sich jahrelang mit alternativen Heilverfahren beschäftigte, beklagte sich, dass immer, wenn er sich daran machte, diese Empfindung zu beschreiben, er beim »Bearbeiten des Unbeschreiblichen« landete. Vielleicht sollen aus genau diesem Grund die ersten Worte Buddhas nach seiner Erleuchtung gelautet haben: »Man kann es nicht in Worte fassen.« Nichtsdestotrotz können Worte das Mittel sein, das uns nah an die Erfahrung des Nichtstuns heranbringt, und einige der von der Menschheit am meisten geschätzten Schriften beinhalten sprachliche Annäherungen daran, was es heißt, dem Leben das Nichts hinzuzufügen.

Zum Beispiel ermutigten die Philosophen im alten China die Suchenden, einen als *mu* bekannten Zustand zu erreichen, was wörtlich bedeutet »ungeschnitzter Klotz« – anders ausgedrückt, ein Etwas, das nichts hervorbringt, enthält oder verkörpert. Die japanischen Zen-Meister verwenden den Ausdruck »der leere Spiegel«; die Abbilder in zwei widerspiegelnden Oberflächen werden einander parallel gegenüber gestellt. Das, sagen sie, ist dein ursprüngliches Gesicht, welches du hattest, bevor dein Vater und deine Mutter geboren wurden. Wenn du zu ihm zurückkehrst, kannst du die Grundfeste deines Charakters und deiner Handlungen tief in die wunderbare Stille versenken, die es dir ermöglicht, die Wechselfälle des Lebens mit einer Weisheit jenseits der Grenzen von Ich und Verstand zu handhaben. Laotse, der Begründer des Taoismus, sagt es wie folgt:

Wir fügen Speichen in einem Rad zusammen,
aber es ist das Loch in der Mitte,
das die Bewegung des Wagens bewirkt.

Wir formen Ton zu einem Topf,
aber es ist die Leere darin,
die das Gewünschte enthält.

Wir zimmern Holz für ein Haus,
aber es ist der Innenraum,
der es bewohnbarmacht.

Wir arbeiten mit Seiendem,
doch Nichtsseiendes macht den Nutzen aus.

aus: Laotse, Ta Te Ching

Falls diese asiatischen Metaphern bei Ihnen noch keine Saite zum Klingen bringen, so können Sie das gleiche Prinzip auch überall in den moslemischen und judeo-christlichen Überlieferungen finden. Eine meiner liebsten Quellen ist der alttestamentarische Bericht des Propheten Elias. Dieser Prophet versteckte sich in einer Höhle und schlug sich mit Problemen herum, die wahrscheinlich mindestens so übel waren wie die Ihren (mehrfacher Mord und eine Bande von Möchtegern-Henkern), als er hörte, dass Gott zu ihm sprach. Im ersten Buch der Könige, Kapitel 19, ist es wie folgt beschrieben:

Und siehe, der Herr wird vorübergehen. Und ein großer, starker Wind, der die Berge zerriss und die Felsen zerbrach, kam vor dem Herrn her; der Herr aber war nicht im Winde. Nach dem Wind aber kam ein Erdbeben; aber der Herr war nicht im Erdbeben. Und nach dem Erdbeben kam ein Feuer; aber der Herr war nicht im Feuer. Und nach dem Feuer kam ein stilles, sanftes Sausen.

Selbst wenn Sie noch nie eine biblische Geschichte gehört haben, können Sie Elias' Erlebnis verstehen. In Wahrheit würde es mich wundern, wenn Sie es noch nie auf die eine oder andere Weise selbst erlebt hätten. Fast jeder von uns wurde schon einmal von orkanartigen Sturmböen, raubgierigen Flammen oder einem gewaltigen Erdbeben attackiert. Diese Dinge passieren nun mal auf unserem Planeten. Erinnern Sie sich an das letzte Mal, als Ihre vorgefasste Meinung sich in Luft auflöste, Ihr Herz zu Asche verbrannte, Ihre Zuversicht erschüttert wurde? Blicken Sie jetzt darauf zurück (oder, wenn Sie gerade mittendrin stecken, sehen Sie sich um) und forschen Sie, ob Sie mitten in dieser Verwüstung – genau im Zentrum – doch etwas Ruhiges, Zartes spüren können. Hören Sie darauf. Unterhalb, ringsherum, sogar inmitten dieses misstönenden Chaos Ihres auseinander bröckelnden Lebens, gibt es etwas unendlich Kraftvolles und unvergleichlich Süßes, das Ihnen zuflüstert. Wenn alles um uns zusammenbricht, wenden wir uns dem Nichts zu und finden dort alles, was wir brauchen.

Beinahe jeder scheint sich dieser paradoxen Sprache zu bedienen, um die Wirkung des Nichtstuns zu beschreiben. Der heilige Johannes vom Kreuz, einer der wortgewandteren Nichtstuer der christlichen Tradition, sprach von Reisen zu einer Bestimmung »wo der Eine auf mich wartete, den ich so gut kannte, an dem Platz, an dem sich nie jemand befindet«. Er nannte den Einen, dem er dort begegnete »den Geliebten«, eine vieldeutige Bezeichnung, mit der zweifellos Gott gemeint war, womit aber genauso gut das wahre Ich gemeint sein konnte, das göttlich geliebt wurde, denn an diesem leerem Platz, so schreibt der Dichter, »tauschen Liebender und Geliebter die Körper«.

Welche Metapher Sie auch verwenden, um die Erfahrung des Nichtstuns begrifflich zu fassen, ich hoffe, dass diese kurzen Beschreibungen Sie davon überzeugt haben, dass es weitaus interessanter ist, als Sie vielleicht Grund hatten, anzunehmen. Wenn Sie sich momentan in einer leidvollen Situation befinden, dann spüren Sie vielleicht etwas seltsam Bezwingendes in den Worten der großen Nichtstuer. Obwohl sie keinen logischen Sinn ergeben, gibt es eine irrationale Resonanz, die auch dann noch an der leidenden Seele haften bleibt, wenn der Verstand sie längst vergessen hat, so wie Nektar an Ihren Fingerspitzen zurückbleibt, nachdem Sie eine Blume berührt haben.

Wenn nichts Sinn macht

Ich selbst begann mich in einer extrem stressigen Phase meines Lebens für das Nichts zu interessieren. Aufgewachsen bin ich im völligen Gegensatz zum Nichtstun, durchdrungen von der amerikanischen Arbeitsmoral und der festen Überzeugung, ich könne durch Anstrengung, Optimismus, konsequentes Fitnesstraining und eine ballaststoffreiche Diät Erfüllung finden. Diese Haltung brachte mir einige positive Dinge ein, aber letztendlich erwies sie sich als wirkungslos beim Parieren von Schleudergeschossen und Pfeilen des unbarmherzigen Schicksals. Mit Mitte zwanzig war ich völlig erschöpft und in Körper und Geist krank wie eine Kuh mit Rinderwahn. Chronische Schmerzen in Muskeln und Gelenken hatten mich beinahe bettlägerig gemacht. In dem Versuch, eine akademische Karriere neu zu beleben, die durch die von früher Elternschaft hervorgerufenen vielfältigen Beschäftigungen beinahe zu Grabe getragen war, arbeitete ich jeden Tag zwanzig unendliche, zermürbende Stunden lang. Eines meiner drei Kinder im Vorschulalter litt unter dem Downsyndrom, was bedeutete, dass es viele von den Dingen, die ich zum Glücklichsein immer für unerlässlich gehalten hatte, niemals würde tun können. Mein Leben war zum Bersten voll, und dennoch, je mehr ich in meinen Stundenplan hineinpackte, desto verzweifelter fühlte ich, dass etwas fehlte.

Schließlich war ich so erschöpft, dass bestimmte Wörter oder Vorstellungen anfingen, den Panzer meines Alles-ist-zu-erledigen-Lebensentwurfs zu durchstoßen. Es passierte im Grunde gegen meinen Willen durch eine Reihe von Zufällen, die seltsamerweise ständig passierten, und die darauf aus waren, mich zu lehren, wie man nichts tut: So war ich zum Beispiel damit beschäftigt, einige Lehrbücher durchzusehen, die ich im Grundstudium für mein Hauptfach Sinologie benutzt hatte, als mir eine merkwürdige Zeile in einem taoistischen Gedicht, die mir nie zuvor aufgefallen war, geradezu entgegensprang und sich förmlich in meinem Kopf festkrallte. Bei meinen häufigen Besuchen der Notaufnahme hatte ich scheinbar immer diese unerträglich locker-flockigen Ärzte am Hals, die »Achtsamkeit« verschrieben statt dem guten altmodischen Morphium, um das ich gebeten hatte. Ich fühlte mich plötzlich angezogen von Menschen, bei denen sich herausstellte – nachdem ich sie erst einmal kennen gelernt hatte –, dass sie alle die Gewohnheit pflegten, regelmäßige Ruhephasen in ihr Leben zu integrieren. Ich konnte nichts anderes tun, als mich darauf einzulassen. Schritt für Schritt lernte ich, nichts zu tun, obwohl ich weder über Erfahrung noch über Talent verfügte. Und, vertrauen Sie mir, wenn *mir* das gelungen ist, dann schaffen *Sie* es auch.

Wie man das Nichtstun erlernt

Ein Schlüsselwort, um das Nichts Ihrer täglichen Routine hinzuzufügen, ist »Urlaub«. Die meisten von uns benutzten dieses Wort im Sinne von »Urlaub machen«. Darunter verstehen wir das Reisen zu weit entfernten Zielen mit erholsamen Aktivitäten, die von Glücksspiel bis Wasserskifahren reichen. Diese Art von Urlaub ist toll, das ist auch in Ordnung, aber so kann es nicht jeden Tag sein, und es lässt vor allem nicht das Gefühl verschwinden, dass in Ihrem Leben etwas fehlt. Letztendlich ist das, was wir als »Urlaub machen« bezeichnen, einfach für kurze Zeit das Hinzufügen anderer Aktivitäten zu unseren Stundenplänen. Das entspricht aber nicht meiner Lieblingsdefinition von »Ferien«, bei der es um den Vorgang des Freimachens geht, um Weggehen, um Kontaktverlust, um Loslassen. Um wirklich nichts zu tun, müssen Sie sich freimachen von Ihrem eigenen Leben. Beim *Enjoy your life-Programm* tun Sie dies mindestens einmal täglich.

Übung 1: Hängen Sie das *Besetzt*-Schild an die Tür

Die Stimme Ihres wahren Ichs ist so zart und leise, dass praktisch jede Ablenkung sie übertönen kann, insbesondere wenn Sie gerade erst beginnen, auf sie zu hören. Sie können die Fähigkeit des Zuhörens einfach nicht entwickeln ohne Zeitblöcke, in denen Sie nichts tun, abzustecken und energisch zu verteidigen. Planen Sie sofort mindestens 15 Minuten täglich (20, wenn möglich) zum Nichtstun ein. Begeben Sie sich jeden Tag, zu der festgesetzten Zeit, an einen ruhigen, behaglichen Ort. Das kann Ihr Schlafzimmer sein, Ihr Auto, Ihr Lieblingsspazierweg, das Lesezimmer in der öffentlichen Bibliothek – so ziemlich überall, solange Sie dort vor Störungen sicher sind. Für diesen kurzen Zeitraum müssen Sie für *jedermann* absolut unerreichbar und unauffindbar sein. (Ich habe mir dafür extra eine Armbanduhr mit einer Alarmfunktion gekauft, die ich so einstellen kann, dass sie mich anpiept, wenn meine Nichtstun-Phase um ist; Sie können jede Art von Zeitmesser verwenden, die Sie mögen.) Geben Sie bekannt, dass Sie vollauf beschäftigt sind und keinerlei Kapazitäten für irgendjemanden frei haben, bis Ihr Nichtstun beendet ist. Tun Sie, was immer nötig scheint, um das *Besetzt*-Schild in Ihrem Leben gut sichtbar zu machen.

Viele Menschen sind schockiert, wenn ich sie dazu auffordere. Unsere Kultur wird immer stärker von dem Glauben an eine gottgegebene *Verpflichtung* besessen, zu jeder Zeit und um jeden Preis erreichbar zu sein. Werbespots für Mobiltelefone zeigen angeblich »Urlaub machende« Geschäftsleute, die von unberührten Seen mitten in der Wildnis aus Geschäfte abschließen. Die Nachrichtensender füttern uns mit mehreren Informationsströmen gleichzeitig (Nachrichtensprecher, Aktien-Ticker, eingeblendete Meldungen, Wetterbericht, fortlaufender Textkommentar). Ein normaler Büroangestellter erhält täglich etwa 230 Nachrichten mittels einer Fülle von Kommunikationstechnologien. Jede neue Kommunikationsmöglichkeit beschert unserer begrenzten Aufmerksamkeit eine zusätzliche Palette an Anforderungen – und wie versuchen wir diese Überflutung zu bewältigen? Nun, natürlich, indem wir noch mehr Möglichkeiten erfinden, in Verbindung zu bleiben. Es ist unsere gesellschaftliche Überzeugung, dass wir unsere übersteigerte Kontaktverpflichtung durch die Verwendung von noch mehr Technologie lösen können, um immer mehr Dinge noch schneller und effizienter abwickeln zu können. Das ist so, als wollten Sie sich aus einer Grube herausschaufeln. Viele von uns kommen an den Punkt, an dem ihre Aufmerksamkeit völlig ausgebrannt ist.

Das ist für Sie natürlich ganz und gar vertrautes Terrain. Die seltenen Phasen, in denen ich all meine E-Mails beantworte, enden immer damit, dass ich mich vor meinem Computer krümme, murmelnd und schaukelnd wie Rain Man, wenn er keine Käsebällchen bekommt. Die Erleichterung, die mich überkommt, wenn ich die letzte Nachricht abgeschickt habe, ist dahin, wenn ich das nächste

Mal meinen Rechner einschalte und lese: »Willkommen! Sie haben 106 neue Nachrichten!« Die neun Telefonanrufe und zwölf Briefe, die eingingen, während ich online war, sind in dieser Angelegenheit auch nicht gerade hilfreich. Letzten Endes versiegt meine Fähigkeit, all diese Anfragen zu bearbeiten, und ich verbringe ganze Tage damit, das zu tun, was der Karikaturist Scott Adams als »General-Drückebergerei« bezeichnet, nur herumzusitzen und mich schuldig zu fühlen wegen all der Kontakte, die ich nicht aufrechterhalte.

Sollte Ihnen das jemals passieren, dann machen Sie sich in Wahrheit höchstwahrscheinlich innerlich dafür bereit, eine halbe Stunde am Tag oder sogar länger unerreichbar zu sein. Ihr wahres Ich weiß, dass Sie einen größeren Bedarf an Nichts haben, und immer, wenn Sie nicht bewusst dazu übergehen, das *Besetzt*-Schild aufzuhängen, versucht Ihr wahres Ich Ihnen zu helfen, indem es Ihre Fähigkeit, sich zu konzentrieren, zu kommunizieren und Kontakte herzustellen, sabotiert. Ich schlage vor, statt Ihre freie Zeit damit zu verbringen, sich schlecht zu fühlen, sollten Sie einfach nichts tun, und das mit Stolz und Genuss. Vertrauen Sie darauf, dass es völlig in Ordnung ist, wenn Sie für diese kostbare Viertelstunde alle realen und symbolischen Türen für jedermann außer sich selbst verschließen. Wenn andere Sie fragen, wohin Sie gehen, dann sagen Sie die Wahrheit: dass eine extrem wichtige Verabredung auf dem Programm steht. Dass diese Verabredung an dem Ort ist, »an dem niemand ist« und nur der Eine dort auf Sie wartet, müssen Sie nicht preisgeben. Die anderen verstehen vielleicht nicht, dass es schädlicher für Sie ist, diese Verabredung zu verpassen als jede andere Art von Kontaktunterbrechung.

Übung 2: Lassen Sie Ihren Körper zur Ruhe kommen

Haben Sie erst einmal den *Besetzt*-Zustand etabliert, sind Sie paradoxerweise von allem befreit, um sich selbst frei zu machen – das heißt, alles in Ihrem Leben loszulassen außer dem Bewusstsein von Ihrem eigenen Ich. Der Prozess beginnt mit dem Körper. Technisch gesehen können Sie Ihren Körper natürlich nicht dazu zwingen, nichts zu tun; solange Sie leben, wird Ihr Herz schlagen, Ihre Nase Gerüche wahrnehmen und werden Ihre Ohren hören. Die Art und Weise, wie Ihr Körper Ihnen dabei helfen kann, sich frei zu machen, liegt in der Ausübung körperlicher Bewegungen, die nicht der Zerstreuung dienen, sondern zu innerer Ruhe führen.

Es gibt verschiedene Möglichkeiten, wie Sie das tun können. Heutzutage setze ich häufig traditionelle Meditationstechniken ein, bei denen man sich am Anfang lediglich hinsetzt und körperlich entspannt. Das hat bei mir allerdings nicht immer funktioniert und ist für Sie vielleicht nicht der beste Einstieg. Wenn Sie sehr gelitten haben und Ihr Schmerz sich noch nicht aufgelöst hat, ist es für Sie vielleicht buchstäblich unerträglich, zu körperlicher Ruhe zu finden; in dem Moment, in dem Ihr Körper zur Ruhe kommt, spüren Sie, wie die Monster namens unverarbeiteter Kummer, Wut oder Angst an den Verlies-Türen Ihres Unterbewusstseins rütteln. Das kann eine heftige Kampf-oder-Flucht-Reaktion auslösen, bei der Ihr Körper mit Adrenalin überschwemmt wird, durch das Sie nicht gerade ruhig, sondern vielmehr aufgebracht, ängstlich oder ruhelos werden.

Körperliche Bewegung ermöglicht es Ihrem Körper, auf diesen Hormonschub zu reagieren. Falls Ihnen also ruhiges Sitzen unerträglich ist, so empfehle ich jede Art anspruchsloser, monotoner Bewegung, mit der Sie Ihren Körper beschäftigen können, während Sie nichts tun. Suchen Sie sich das Maß an Bewegung, bei dem Sie sich rhythmisch bewegen können, ohne sich abzumühen, zu keuchen oder sich auf das Weitermachen konzentrieren zu müssen. Spazieren gehen, Joggen, Schwimmen, Rollerbladen und Auto fahren – alles hat bei mir zu jeweils unterschiedlichen Zeiten funktioniert. Genauso wie Kickboxen oder Sandsack-Boxen (empfehle ich besonders denjenigen, die über ein klitzekleines Bisschen unterdrückter Wut verfügen). Wenn Ihr Körper erschöpft ist, suchen Sie sich einen Ort in der Natur, an dem es eine gleichförmige Bewegung gibt: ein Lagerfeuer, einen Fluss, ein Kornfeld im Wind, eine donnernde Brandung. Dem strukturierten Durcheinander des Universums zuzusehen und zuzuhören, ist eine der Lieblingsbeschäftigungen des wahren Ichs. Für welche körperliche Aktivität Sie sich auch immer entscheiden, wichtig ist, dass dafür kein bewusstes Denken nötig ist; Sie können es tun, ohne sich bewusst darauf konzentrieren zu müssen.

Übung 3: Machen Sie Ihren Kopf frei

Sie haben wahrscheinlich schon einmal den Ausdruck gehört: »Ich denke, also bin ich«. Diese Feststellung stammt von dem Philosophen René Descartes, einem der zentralen Wegbereiter des modernen Rationalismus. Es geht das Gerücht, Descartes sei eines ungewöhnlichen Todes gestorben: Als ihm während einer Teegesellschaft von der Gastgeberin Zucker angeboten wurde, sagte er: »Ich denke nicht«, und war augenblicklich verschwunden. Zugegeben, ein blöder Witz, aber er drückt eine zentrale Überzeugung unserer Gesellschaft aus: zu denken heißt zu existieren, unser analytischer Verstand begründet unsere eigentliche Identität. Das ist aber ein Trugbild, das unermessliches Leid verursachen kann. Mit dem *Enjoy your life-Programm* durchschauen Sie diese Täuschung jedoch, und wenn es nur für ein paar Minuten täglich ist.

Haben Sie erst einmal Zeit reserviert und Ihren Körper durch Ruhe oder Bewegung entspannt, richten Sie Ihre Aufmerksamkeit auf das, was in Ihrem Kopf geschieht – was immer es auch ist. Wahrscheinlich passiert darin eine ganze Menge. Der typische menschliche Verstand funktioniert ungefähr wie ein Supercomputer, der von der Seele eines verrückten Eichhörnchens besessen ist. Er ist unentwegt damit beschäftigt, zu berechnen, vorherzusehen, sich zu erinnern, zu fantasieren, sich zu beunruhigen, zu horten und frenetisch von Idee zu Idee zu Idee zu springen. Mein eigener Verstand ist so aufgedreht, dass mir die Leute ein Leben lang Ratschläge erteilt haben, wie ich ihn beruhigen könnte. »Atme tief durch«, sagen sie mir. »Lausche beruhigender Musik. Hör auf zu denken.« Ja, sicher. Genauso gut könnte ich mein Haar dazu bringen, mit dem Wachsen aufzuhören. Ich kann zu den Klängen von Enya hyperventilierend herumsitzen, bis die Kühe, Ziegen und die Zugvögel nach Hause kommen, und mein Verstand produziert immer noch am laufenden Band Gedanken.

Wenn Sie einer von diesen aufgeklärten Menschen sind, die es einfach nicht schaffen, 15 Minuten am Tag nichts zu denken, dann fangen Sie endlich damit an, es zu lernen. Wenn Ihr Verstand sich ähnlich dem meinen wie ein Eichhörnchen verhält, dann ist die leichtere Variante – ehrlich gesagt, Ihre einzige – Ihrem Verstand dabei zuzusehen, wie er arbeitet, ohne Ihre Gedanken in irgendeiner Form zu beurteilen oder zu versuchen, diesen Prozess zu steuern. Dieser Vorgang der beurteilungsfreien Beobachtung ist immens kraftvoll und erlaubt Ihnen, Ihr Bewusstsein von Ihren Gedanken zu trennen. Der indische Guru Sri Nisargadatta Maharaj hat es wie folgt formuliert:

Finden Sie heraus, was Sie sind. Während der Verstand im Körper verankert ist und das Bewusstsein im Verstand, ist das Gewahrsein frei. Der Verstand interessiert sich für das Geschehen, während das Gewahrsein am Verstand selbst interessiert ist. Das Kind ist hinter dem Spielzeug her, aber die Mutter beobachtet das Kind, nicht das Spielzeug.

aus: Sry Nisargadatta Maharaj, Ich bin

Es gibt viele Techniken, die Ihnen dabei helfen, sich von dem ruhelosen, abschweifenden Kind in Ihrem Kopf zu lösen, und zu der gütigen, beurteilungsfreien Mutter zu werden, die ihr Kind mit nachsichtiger Zuneigung wohlwollend betrachtet. Vielleicht sind Sie mit einigen traditionellen Meditationstechniken vertraut (oder haben eine Vorliebe dafür). Die meisten beinhalten die Konzentration auf Ihre Atmung oder ein Mantra, die Reinigung Ihres Verstandes und das sanfte Verscheuchen störender Gedanken. Die Methoden, die ich meistens anwende, unterscheiden sich insofern leicht von diesen, als während der Anwendung im Kopf etwas mehr verbale Aktivität stattfindet. Sie alle haben zwei sehr einfache Bestandteile gemein: Beobachten und Benennen. Hier sind ein paar meiner Techniken, die Sie versuchen können.

Der Lochstreifen Ist Ihr Körper erst einmal im Urlaubszustand, und Sie lauschen Ihrem Verstand, dann stellen Sie sich vor, Ihre Gedanken ständen auf einen Lochstreifen geschrieben, der vor Ihrem Blickfeld von links nach rechts entlangläuft (oder von rechts nach links, falls es sich um hebräische Schrift handelt). Versuchen Sie nicht, Ihre Gedanken zu verarbeiten oder zu beeinflussen, lesen Sie es einfach. »Mein Kopf tut weh«, teilt Ihnen der Lochstreifen vielleicht mit. »Bestimmt habe ich einen Gehirntumor.« »Ich werde sterben.« »Und niemandem kümmert es.« »Ich sollte mein Testament aktualisieren.« Während jeder Satz vorbeizieht, beschreiben Sie ihn lautlos mit einem Wort oder einem kurzen Satz: »Schmerz.« »Denken.« »Angst.« »Sorge.« Und so weiter.

Der einzige Stuhl Falls es mit dem Lochstreifen bei Ihnen nicht funktioniert, können Sie die traditionelle Methode des »Besetze den einzigen Stuhl« versuchen. Stellen Sie sich vor, Sie säßen auf dem einzigen Stuhl in einem leeren Zimmer. Sie beobachten, wie Ihre Gedanken in Form von Bildern, Wörtern oder Gefühlen vor Ihnen vorbeiziehen. Denken Sie daran, dass in dem Raum für diese Gedanken kein Platz ist, da Sie sich den einzigen Stuhl genommen haben. Beobachten und benennen Sie Ihre vorbeiziehenden Gedanken und lassen Sie diese dann den »Raum« verlassen.

Der Wasserfall Wenn Ihr Verstand besonders aufgewühlt ist, zum Beispiel während einer turbulenten und beängstigenden Lebensphase, dann stellen Sie sich vor, Sie würden eine kleine Höhle hinter einem donnernden Wasserfall betreten. Stellen Sie sich in den kühlen Wassernebel und lassen Sie den Inhalt Ihres Verstandes wie herabstürzendes Wasser vorbeidonnern. Immer, wenn ein Gedanke oder Gefühl klar erkennbar wird, benennen Sie ihn oder es. Falls alles zu schnell vorbeifließt, um es zu bezeichnen, dann sehen Sie einfach nur zu und erleben, dass Sie davon unbehelligt bleiben, egal wie heftig der Wasserguss auch ist.

Die Parade Einer Parade beizuwohnen, ist eine schöne Beschäftigung, wenn ich im Urlaubszustand bin. Es ist eine Übung, der ich häufig nachgehe, ohne auch nur meine Augen zu öffnen. Durch die Parade in meinem Kopf entsteht eine riesige Vielfalt spannender Attraktionen. Es sind banale Gedanken zum Tagesablauf, die an mir vorbeimarschieren wie das Ensemble einer Schulband, oder verrückte Gedanken, die durch meinen Kopf tollen wie purzelbaumschlagende Clowns. Manchmal sind es großmütige Gedanken, die prunkvoll vorbeischreiten wie ein Zug mit prachtvollen Pferden und dann wieder demütige Gedanken, die folgen, um die unvermeidlichen Pferdeäpfel wegzuschaufeln. Ich bewerte oder steuere die Bestandteile meiner Gedankengänge nicht; genauso wie bei den anderen Techniken benenne ich sie nur und sehe zu, wie sie vorbeiziehen.

Wenn Sie eine oder alle dieser Techniken täglich praktizieren, werden Sie langsam eine grundlegende Ruhe spüren, die immerzu in Ihnen existiert, selbst wenn Ihre Gedanken und Gefühle in Aufruhr sind. Tatsächlich werden Sie feststellen, dass diese Stimmungen und Sorgen zunehmend durch Sie hindurchgehen, statt zu bleiben und Ihr Leben zu beherrschen. Selbst an Tagen, an denen sich das Nichtstun flau und albern anfühlt, werden Sie erkennen, dass es den Rest Ihres Lebens weniger furchterregend, doch dafür beherrschbarer macht. Durch eigene Erfahrung werden Sie stufenweise lernen, dass Ihre Gedanken nicht Sie selbst sind, dass Denken nicht der Prozess ist, bei dem Sie die Schlüssel zu Ihrem Sein oder Dinge wie Schönheit, Wahrheit und Liebe entdecken. Diese Funktion obliegt dem Einen Wissenden, der weisen Stille, die die Grundlage Ihres wahren Ichs und Ihrer wahren Freude am Leben bildet.

Übung 4: Finden Sie zu sich selbst zurück

Als ich gerade damit begonnen hatte, mich im Nichtstun zu üben, bekam ich die Gelegenheit, einige Tage vor der thailändischen Küste an einem Ort namens Amanpuri (das ist Sanskrit und heißt übersetzt »Platz der Ruhe und des Friedens«) zu verbringen. Ich bewohnte eine kleine Hütte in einer verlassenen Kokosnussplantage, mit dem Kreischen der Affen und Papageien über mir und dem Rauschen des Meeres zu meinen Füßen. In meinem Zimmer gab es keinen Fernseher, kein Telefon, keinen Internetanschluss und keine Besucher. An meinem ersten Tag dort, nach ungefähr sechs Stunden, in denen ich nichts zu tun hatte, fürchtete ich, den Verstand zu verlieren. Ich bin glücklich, bestätigen zu können, dass genau das passierte: Am dritten Tag hatte sich mein Verstand so behutsam und vollständig von meinem Selbstgefühl gelöst, dass ich sogar anfing zu vergessen, warum genau ich eigentlich Kleidung trug.

Heutzutage finde ich leichter einen Einstieg, wann immer ich mich hinsetze, um nichts zu tun, wenn ich mich an Amanpuri erinnere. Ich denke an die stille, feuchte Luft des Dschungels, das Rauschen der Brandung, das Gefühl, eintausend Kilometer von allem weg zu sein. Dadurch wird etwas angeregt, was die Psychologen als »zustandsabhängiges Gedächtnis« bezeichnen. Damit ist gemeint, dass, wenn wir eine altbekannte Umgebung erneut betreten, wir uns wahrscheinlich sehr lebhaft an die Gedanken und Gefühle erinnern, die wir erfahren haben, als wir das letzte Mal an diesem Ort gewesen sind. Indem ich mir meinen damaligen Platz der Ruhe und des Friedens vorstelle, kann ich zumindest den Widerhall der völligen Entspannung, den ich in meiner kleinen Strandhütte erlebte, sehr schnell zurückerobern.

Ich empfehle Ihnen sehr, Ihr eigenes Amanpuri zu suchen oder zu erschaffen, einen geistigen »Platz der Ruhe und des Friedens«, an den Sie sich begeben und den Geliebten treffen können. Falls Sie irgendwelche Erinnerungen an Ruhe und Frieden haben, rufen Sie sich diese zurück, wenn Sie mit Ihrem täglichen Quantum Nichtstun beginnen. Erinnern Sie sich, und zwar richtig, wie es sich in dem Moment anfühlte, als Sie allein auf dem Gipfel eines Berges standen oder im knöcheltiefen Gras Basketball spielten oder in den Klang von Musik versunken waren. Falls Ihr Leben ohne Unterlass so entsetzlich war, dass Sie sich an keinerlei friedvolle Szenen erinnern können, dann schaffen Sie sich einen imaginären Platz, an dem Sie sich sicher fühlen. Ich kenne eine Frau, die früher häufig von ihrem Ehemann geschlagen wurde und deren Platz der Ruhe und des Friedens eine imaginäre Raumkapsel eine Million Kilometer von der Erde entfernt ist (was sie eigentlich für einen ziemlich gefährlichen Standort hält).

Was auch immer Ihr Amanpuri ist, suchen Sie es nur auf, wenn Sie nichts tun. Wenn Sie es erst einmal verknüpft haben mit dem Loslassen Ihres Verstandes, wird der Prozess einfacher und angenehmer werden. Es wird Ihnen außerdem bewusst machen, dass Ihr Leben gesegnet sein kann von einer ständigen Grundströmung der Liebe, sogar inmitten des Leidens. Wenn Sie zum ersten Mal Ihren Zeitplan um das Nichts ergänzen, befürchten Sie vielleicht, dass Sie jener Art von Bewegungslosigkeit huldigen, die träge Menschen zu erbärmlichen Versagern macht. Aber je öfter Sie nichts tun, desto deutlicher erkennen Sie, dass es schon immer einen Teil von Ihnen gegeben hat und immer geben wird, der mit Ruhe mehr erreichen kann als Sie mit fieberhafter Betriebsamkeit. Der Dichter Antonio Machado hat es so formuliert:

Nein, mein Herz liegt nicht im Schlaf.
Es ist wach, ist hell erwacht.
Weder schläft's noch träumt's. Es schaut
mit klaren, offenen Augen
ferne Zeichen, und es horcht
am Ufer des großen Schweigens.

aus: Antonio Machado, Soledades. Einsamkeiten 1899–1907

Was unsere Seelen hören, wenn wir uns schließlich der großen Stille hingeben, ist der nächste Bestandteil des *Enjoy your life-Programms*.

Tägliches Pflichtprogramm
Schritt 1: Nichts

Mindestens einmal täglich:

1. Hängen Sie das *Besetzt*-Schild an die Tür.
Planen Sie täglich 15 Minuten ein, in denen Sie von *niemandem* und *aus keinem Grund* gestört werden.

2. Lassen Sie Ihren Körper ausruhen.
Alternative 1: Setzen Sie sich ruhig hin und erlauben Sie Ihrem Körper, sich zu entspannen.

Alternative 2: Üben Sie eine monotone, anspruchslose körperliche Betätigung aus.

Alternative 3: Suchen Sie sich einen Platz, an dem Sie eine gleichförmige Bewegung innerhalb der Natur beobachten können, wie zum Beispiel ein brennendes Feuer oder fließendes Wasser.

3. Machen Sie Ihren Kopf frei.
Lösen Sie sich von Ihren Gedanken, indem Sie diese betrachten. Visualisieren Sie Ihre Gedanken als geschriebene Wörter auf einem Lochstreifen, als Durchgangsverkehr in einem Zimmer, als Wasserfall, Parade oder jede andere Prozession von Wörtern und Objekten.

4. Finden Sie zu sich selbst zurück.
Erschaffen Sie eine starke, lebendige Erinnerung an einen Ort, an dem Sie sich absolut ruhig gefühlt haben. Kehren Sie geistig dahin zurück, wann immer Sie nichts tun.

Schritt 2

Wahrheit

Gestalten und verinnerlichen Sie jeden Tag mindestens einen Moment der Wahrheit.

Ein weit verbreitetes Sprichwort sagt: »Wo immer du hingehst, wirst du auch sein.« Für Sie mag sich das anhören wie eine unumstößliche, korrekte Feststellung. Nicht für mich. Die meisten der Menschen, die ich berate – die meisten der Menschen, die ich *kenne* –, verbringen nicht viel Zeit an dem Ort, an dem sie sich gerade befinden. Ich tue das sicher nicht. Natürlich trifft es zu, dass ich, seit ich das *Enjoy your life-Programm* mache, jeden Tag Momente oder sogar Stunden erlebe, in denen ich tatsächlich da bin, wo ich mich – rein räumlich gesehen – befinde, ganz und gar gegenwärtig in Raum und Zeit des Hier und Jetzt. Aber ich verbringe mindestens genauso viel Zeit mit dem Besuch abgelegener Schauplätze und frage mich »Was, wenn …«, »Sollte es …«, »Ich frage mich, wann …« und »Wenn doch nur …« Mit anderen Worten: Mein Verstand ist oft so sehr auf Gegebenheiten fixiert, die nur in meinen Ängsten, Hoffnungen und Fantasien existieren, dass ich mich von dem, was ich gerade wirklich erlebe, häufig löse.

Das ist auch in Ordnung, diese so genannte Dissoziation ist ein erstaunlich nützlicher psychischer Mechanismus, etwas, das ich als lebensrettend erlebt habe, wenn ich etwas Unerträgliches durchzustehen hatte, wie eine schwere Krankheit oder ein Treffen des Eltern-Lehrer-Verbandes. Jedenfalls ist es möglich, sich in einem Bewusstseinsbereich aufzuhalten, der dem authentischen Erleben so gut wie keinen Zugang bietet. Wenn das passiert, werden wir erstaunlicherweise unfähig, das Leben so zu sehen, zu riechen, zu fühlen, zu schmecken und zu hören, wie es uns wirklich widerfährt. Unsere Sinne funktionieren, aber unser Herz steht nicht mit ihnen in Verbindung. Virginia Woolf beschrieb das als »Leben hinter einer Glasscheibe« und fand es so unerträglich, dass sie eines Tages ihre Taschen mit Steinen füllte und sich im Fluss Ouse ertränkte. Da ich selbst viele Jahre hinter einer psychischen Glasscheibe verbrachte, mache ich ihr keinen Vorwurf. Aber ich wünschte, Virginia Woolf wäre in der Lage gewesen, zu einem an Beziehungen und Freude reichen Leben durchzubrechen, indem sie eine andere Art von Selbstmord verübt hätte: den Ego-Tod, zu dem es kommt, wenn wir es uns erlauben, in völliger, mitfühlender Übereinstimmung mit dem zu leben, von dem wir wissen und fühlen, dass es wahr ist.

Als ich in Utah aufwuchs, einem Staat der USA, der gerammelt voll ist von religiösen Enthusiasten, hörte ich oft den Spruch: »Die Wahrheit wird euch befreien.« Gewöhnlich folgten darauf Sätze, die Wörter in Großschreibung enthielten, wie zum Beispiel: »Wir sind die Einzig Wahre Kirche«, oder »Wir kennen den Plan der Erlösung«. Als braves, strebsames Kind glaubte ich sehr ernsthaft an all diese Dinge und wartete auf die freudige Erregung der geistigen Befreiung. Manchmal meinte ich ein unbestimmtes Grummeln in meinem Innern zu verspüren, aber nie war es heftig genug, dass ich sicher sein konnte, dass es nicht einfach nur Blähungen gewesen waren. Erst Jahre später erkannte ich, dass ich nach den falschen Wahrheiten gesucht hatte, und dass in meinem bescheidenen Fall die Befreiung der Seele nicht durch theologische Verkündigungen kommen würde, sondern durch die einfachen Wahrheiten grundlegender Erfahrung: Das ist es, was ich liebe. Das ist es, was ich brauche. Das ist es, was mich wütend macht. Das ist das, was passiert, jetzt in diesem Moment.

Schritt 2 des *Enjoy your life-Programms* besteht darin, dass Sie sich diese Wahrheit mindestens einmal am Tag selbst sagen. Wie das funktioniert, erkläre ich in diesem Kapitel. Zuerst werden Sie kleine, nicht aufwändige Nachforschungen betreiben, indem Sie sich ein paar gezielte Fragen stellen und beantworten. Diese Fragen sind sehr einfach, und ich garantiere Ihnen, dass Sie über alle Informationen verfügen, um sie korrekt zu beantworten (auch wenn Ihnen das vielleicht nicht bewusst ist). Als Nächstes werden Sie einen Zustand des Mitfühlens herstellen, von dem aus die von Ihnen genannten Wahrheiten zu immer tieferen Stufen Ihres Bewusstseins führen werden. Das Ganze durchzuführen dauert vielleicht zwei bis drei Minuten, aber dieses kurze Zwischenspiel kann Ihr Leben weit stärker verbessern, als Sie sich das im Moment vorstellen können.

Warum wir vor der Wahrheit davonlaufen

Uns selbst die Wahrheit zu sagen, ist so einfach und befreiend, dass Sie denken werden, wir würden das auch alle permanent tun. Tatsache ist aber, dass die meisten Menschen sich selbst nur in ausgewählten Bereichen die Wahrheit sagen, und viele von uns belügen sich selbst und andere in Bezug auf so ziemlich alles, was wir erleben. Warum? Weil das Leben hinter einer Glasscheibe, so betäubend und leer es auch ist, gleichzeitig ein Gefühl von Sicherheit gibt.

Die innere Wirkung von Wahrheit

Meine Klientin Delilah hatte sich nach zehn Jahren zur Trennung von ihrem Freund, der sie schlecht behandelt hatte, entschieden. Sie schwankte zwischen felsenfester Entschlossenheit und zaghafter Hoffnung auf Besserung.

»Vielleicht mache ich einen großen Fehler«, sagte sie eines Tages. »Was ist, wenn ich ihn verlasse und dann ohne ihn unglücklich bin?«

»Kann passieren«, entgegnete ich. »Aber verraten Sie mir, ob Sie jemals *mit ihm* glücklich waren?«

»Oh ja«, erwiderte Delilah sehr ernst. »Es war nicht immer nur schlecht. Es gab viele Phasen, in denen ich nicht erkannte, wie unglücklich ich war.«

Dieser armselige kleine Ertrag – uns unseres Schmerzes nicht bewusst zu sein – ist der Lohn, den wir erhalten, wenn wir dabei versagen, uns selbst die beunruhigenden Wahrheiten einzugestehen, die wir längst kennen. Es wirkt so lange wie eine klägliche Entschuldigung des Glücks, bis Sie selbst durch den beruhigenden Nebel der Selbsttäuschung blinzeln, um wenigstens flüchtige Eindrücke einer erschreckenden Wahrheit zu erhaschen, die nach gewaltigen Veränderungen verlangt.

Es gibt ein altes Märchen über einen Riesen, der in dem Versuch, unsterblich zu werden, sein Herz in einen Kasten packte, den er wiederum in einen größeren steckte, und so weiter – ähnlich dem Prinzip der russischen Puppen. Dann vergrub er das Ganze in einem tiefen Loch weit weg von seinem Zuhause. Was seine Feinde von nun an auch tun würden, sie könnten den Riesen nicht töten, weil nichts jemals näher als einen Kilometer an sein Herz herankäme. Der Haken war, dass er seine Unverwundbarkeit auf Kosten seiner Fähigkeit zu lieben, zu fühlen und sich zu freuen erhalten hatte. Physisch war der Riese am Leben, aber emotional war er tot. Als der Held schließlich die Kästen ausgrub, sie alle öffnete und das Herz des Riesen zerstörte, kam es einem vor wie ein Gnadentod.

Diese Geschichte ist eine Metapher für die Art und Weise, wie wir Menschen unser Herz vor Schmerz und Leid verstecken. Sigmund Freud, der meiner Meinung nach in vielen Dingen irrte, hatte Recht, was Folgendes angeht: Wir menschlichen Wesen sind in der Lage, unangenehme, beängstigende oder nicht erlaubte Wahrheiten so effektiv in unserem Unterbewusstsein zu vergraben, dass unser Bewusstsein buchstäblich nicht weiß, was wir wissen, oder nicht fühlt, was wir fühlen. Die Psychologen bezeichnen das als Verleugnung, und obwohl es sich als Unkenntnis verkleidet, handelt es sich tatsächlich um das Gegenteil. Ironischerweise sind die Dinge, die wir uns zu kennen weigern, per Definition Dinge, die wir bereits kennen – denn aus diesem Grund weigern wir uns ja, sie zu kennen, nicht wahr?

Weil wir uns Dingen gegenüber, die wir nicht sehen wollen, so blind verhalten, sind andere Menschen uns oft bereits auf die Schliche gekommen, lange bevor wir die Wahrheit über das, was wir wissen und fühlen, auch nur erahnen. Ich habe gelernt, damit zu rechnen, dass Klienten, die vor Zornesgefühlen triefen, mir erzählen werden, dass sie noch nie in ihrem Leben wütend waren. Die meisten vor Enthusiasmus übersprudelnden Menschen sind oft voller bodenloser Verzweiflung. Ich hatte ein halbes Dutzend Klienten, die ihre geheimen außerehelichen Affären beschrieben und dann ihre Ehepartner heftig kritisierten, weil die nicht über ein ebenso hohes Maß an emotionaler Offenheit und Ehrlichkeit verfügten wie sie selbst. Diese verblüffende Fähigkeit, das Offensichtliche nicht sehen zu wollen, ist notwendig, damit wir unser Selbstbild erhalten können. Die Verleugnung wird sogar noch stärker, wenn andere Menschen mit einbezogen sind.

Die äußere Wirkung von Wahrheit

Ohne Ausnahme ist die Verleugnung ein Hilfsmittel, das wir benutzen, wenn die Wahrheit die diversen sozialen Boote, in denen sich unser Leben abspielt, ins Schwanken bringt. Die Dinge, die wir vor uns selbst verbergen, sind Realitäten, die, wenn wir sie wirklich erleben, unseren Status quo bedrohen, uns in Konflikt bringen mit den Strukturen, auf die wir angewiesen sind und uns ins Ungewisse stürzen. Die Wahrheit bedroht alles an uns, das nicht authentisch ist: jede Gewohnheit, jede Beziehung, jede finanzielle Vereinbarung, jeden Glauben.

Ich weiß, wovon ich spreche. Am Neujahrstag 1992 fasste ich nur einen guten Vorsatz: Ich wollte das ganze Jahr über nicht ein einziges Mal lügen. Wenige Monate später, als ich völlig verzweifelt eine Therapeutin aufsuchte, weil mein Leben aus den Fugen geraten war, erklärte diese mir, mein Problem würde darin bestehen, dass ich mich an meinen Neujahrsvorsatz hielt. Sie wollte witzig sein, aber sie hatte Recht. Meine kleine Die-Wahrheit-sagen-Verpflichtung hatte mich auf einen Kurs gebracht, der mich von so ziemlich allem wegführte, was mich meiner Meinung nach definierte: von meinem Job, meinem Beruf, meiner Religion, meinem Zuhause und so ziemlich allen Beziehungen, die ich geschlossen hatte, bevor ich ungefähr zwanzig Jahre alt war.

Der gesunde Menschenverstand riet mir, mit all dem Wahrheitsgetue aufzuhören und einfach mein beschauliches, wohlgeordnetes Leben weiterzuführen, welches ich zuvor hatte. Aber ich tat es nicht – konnte es nicht –, denn trotz allem, was ich im Begriff war zu verlieren, fand ich etwas, das wichtiger war. »Was nützt es denn einem Mann«, soll Jesus gesagt haben, »wenn er die ganze Welt gewinnt und die eigene Seele verliert?« 1992 und in den Jahren danach erkannte ich, dass die einfachen kleinen Wahrheiten meiner tatsächlichen Gedanken und Erfahrungen die Schlüssel waren, um die Verlies-Türen meines wahren Ichs zu öffnen. Der Versuch, sie zu unterdrücken, wäre ungefähr so, als würde man auf Sauerstoff verzichten.

Das war eine schier unsäglich schmerzliche Phase meines Lebens, aber während sie sich hinzog, begann ich mich äußerst lebendig zu fühlen. Vor dieser Zeit hatte ich nicht die geringste Ahnung, dass so viel Freude überhaupt möglich ist. Voller Schmerz und Stolz habe ich beobachtet, wie Dutzende meiner Klienten ebenfalls diesen Sprung gewagt haben, entschlossen, sich selbst die Wahrheit zu sagen, egal, was passiert, und dann ein Geheimnis nach dem anderen lüfteten, Lüge für Lüge entlarvten, bis sie ihr Herz fanden. Ich schlug ihnen einen Moment der Wahrheit pro Tag vor, aber der Effekt ist der gleiche, ob Sie sich verausgaben, so wie ich es tat, oder schrittweise vorgehen, so wie ich es vorschlage. Soweit ich es beurteilen kann, ist dieser Prozess immer schwierig und immer schmerzhaft. Aber er ist es dennoch immer wert.

Wie Sie es schaffen, täglich einen Moment der Wahrheit zu gestalten

Selbst wenn Sie für den Rest Ihres Lebens nichts anderes täten, als Jagd auf die Wahrheit über sich selbst zu machen, würden Ihnen die Entdeckungen nie ausgehen. Jeder Tag bringt neue Erfahrungen, verändert Sie und bringt neue Aspekte Ihres wahren Ichs zum Ausdruck. In Ihrem Verstand gibt es so viele Schichten von Denken und Wahrnehmung, so viele wechselwirkende Verbindungen, die von frühester Kindheit an entwickelt wurden, dass der größte Teil von Ihnen für immer ein unentdecktes Land bleiben wird. Wenn Sie weniger oft schwindeln und weniger Geheimnisse in Ihrem Innern aufbewahren, werden Sie feststellen, dass die vormals auf Verleugnung verwandte Kraft sich jetzt in Form kreativer Energie entfaltet. Faszinierende Ideen, einfühlsames Handeln, unerhörte Abenteuer werden während Ihrer Momente der Wahrheit aus dem unerschöpflichen Wohlbefinden Ihrer einzigartigen Persönlichkeit hervorsprudeln. Die Methode, um diese Kraft freizulegen, ist ganz einfach.

Übung 1: Starten Sie mit Ihrer Tagesdosis des Nichtstuns

Wenn Sie sich nicht überwinden können, *Schritt 1: Nichts* zu absolvieren, dann sind Sie noch nicht bereit für Schritt 2. Der hartnäckigste Grund, warum wir uns gegen das Nichtstun sträuben, ist unser insgeheimes Wissen um eine Wahrheit, die für unser Bewusstsein zu bedrohlich ist, als dass es bereit wäre, sie auszuhalten. Eigentlich ist es gar nicht so einfach, diese Wahrheiten aus unserem Bewusstsein herauszuhalten, denn gerade die Wahrheiten, die uns frei machen können, sind alles andere als reglos. Sie wollen, dass man von ihnen redet und von ihnen weiß. Permanent versuchen sie sich in das Bewusstsein zu drängen, tauchen in unseren Träumen auf, schleichen sich in unser Misstrauen ein und treten in Freudschen Versprechern zutage.

Mit aller Kraft müssen wir sie zurückdrängen, um weiterhin ihre Existenz zu leugnen. Dazu verwenden wir alle möglichen Methoden: Muskelverspannung, pausenloses Arbeiten, Sucht, Zwangsvorstellungen, zwanghaftes Verhalten jeglicher Art.

All diese Unterdrückungsmechanismen sind das Werk des Körpers und/oder des Bewusstseins. Wenn wir beide zum Verstummen bringen, gibt es nichts mehr, das den Eintritt befreiender Wahrheiten in unser Bewusstsein bekämpft. Das ist der Grund, warum wir uns in der Ruhe so oft kribbelig, gelangweilt oder unerträglich eingeengt fühlen – 15 Minuten ruhiger Entspannung, an und für sich, würden keinen so starken Widerstand hervorrufen. Wenn Sie bei dem Gedanken, 15 Minuten lang nichts zu tun, sehr verdrießlich werden, wenn allein die Vorstellung Sie beunruhigt, anwidert oder auf andere Weise abstößt, dann verbergen Sie etwas vor sich selbst. Wie ein weiser Mann einst sagte, kann man die Wahrheit nicht beherrschen. Stimmt. Falls Sie noch nicht an diesem Punkt angekommen sind, dass wenige Minuten Stille erträglich werden, können Sie Schritt 2 durch eine vorbereitende Grundfrage ersetzen. Jeden Tag stellen und beantworten Sie mindestens einmal die Frage:

Warum vermeide ich Ruhe?

Sie müssen keinen ganzen Katalog voller Kindheitstraumata oder mentaler Blockaden aufführen; wir suchen nicht nach derartig gravierenden Problemen. Ein einfaches »Weil ich es nicht mag«, reicht vollauf, *solange es ehrlich ist*. Stellen und beantworten Sie diese Frage so lange täglich, bis Sie in der Lage sind, eine Viertelstunde Nichtstun auszuhalten. Wenn Sie aufrichtig sind, werden Sie feststellen, dass Sie an verschiedenen Tagen leicht unterschiedliche Antworten geben: »Weil Ruhe mich unruhig macht.« »Weil es mich nervt.« »Weil es Zeitverschwendung ist.« »Weil ich Angst habe.« Wie auch immer die Antwort lautet, erkennen Sie diese einfach an, und Ihr Moment der Wahrheit ist erfüllt.

Mit der Verleugnung ist es so, dass sie durch jede Form von Wahrheit, mit der man sie konfrontiert, zur Auflösung gebracht wird. Wenn Sie Angst davor haben, zu wissen, was Sie wissen, und zu fühlen, was Sie fühlen, dann wird die reine Anerkennung Ihrer Angst anfangen, Ihre Verleugnung zu untergraben. (Praktischer Tipp: Sie können das Lösungsmittel der Anerkenntnis auch bei den unausgesprochenen Wahrheiten einsetzen, die gerne Beziehungsprobleme überwuchern. Wenn Ihnen davor bange ist, jemandem gegenüber offen zu sein – falls Sie zum Beispiel jemanden lieben oder wütend auf ihn oder sie sind und sich nicht sicher genug fühlen, dies zum Ausdruck zu bringen –, können Sie aus dieser Sackgasse herauskommen, indem Sie sagen: »Es gibt etwas, worüber ich gern mit dir reden würde, aber es macht mich ganz schön nervös.« Die Angst beim Namen zu nennen, ist immer der beste erste Schritt, um sie zu überwinden.)

Übung 2: Sobald Sie gelernt haben, nichts zu tun, stellen Sie sich diese Fragen täglich

Sobald Sie an dem Punkt angelangt sind, dass Sie Ruhe aushalten können, sind Sie bereit für Frage-Antwort-Sitzungen, die Ihre Momente der Wahrheit bilden werden. Nach 15 Minuten des Nichtstuns stellen und beantworten Sie folgende Frage:

Was fühle ich?

Lassen Sie die Antwort in einem Bewusstseinsstrom von allein kommen. Häufig werden Ihre ersten Antworten Beschreibungen körperlicher Empfindungen sein: »Meine Nase juckt.« »Mir ist warm.« »Ich bin müde.« Manchmal bleibt es dabei, und Ihre Antworten versiegen.

Häufiger allerdings werden Ihre Antworten schubweise kommen; unterschiedliche Gefühle steigen aus Ihrem Bewusstsein wie Luftblasen an die Oberfläche. Lassen Sie alle hochkommen. Lassen Sie Ihr wahres Ich seine Geschichte erzählen, während Ihr Verstand die Schilderung unterstützt. *Erklären Sie Ihre Gefühle nicht – beschreiben Sie sie lediglich.*

Wenn ich neue Klienten frage, wie sie sich fühlen, fangen sie gleich mit einem Diskurs über das an, was sie denken. Achten Sie auf diese Tendenz, wenn Sie Schritt 2 durchführen. »Ich fühle, dass diese Regierung unser Land ruinieren wird«, ist nicht Ausdruck einer Empfindung, es ist lediglich ein Gedanke, der in Gefühlen zur Sprache kommt. Der tatsächliche Gedanke könnte sein: »Ich fühle mich verängstigt und wütend«, oder »Mein Vater ist Mitglied der Regierungspartei, und ich hasse ihn.«

Es ist wichtig, dass Sie die Realität Ihres emotionalen Erlebens weder zensieren noch beurteilen. Es gibt keine bösen oder dummen Gedanken, obwohl wir manchmal böse und dumme Dinge als Reaktion auf unsere Gefühle tun. Die Gefahr, dies zu tun, ist jedoch weitaus größer, wenn wir unsere dunkleren Regungen verleugnen oder bagatellisieren, statt sie ehrlich und vollauf anzuerkennen. Eine Therapeutin, die ich kenne, eine mitfühlende Seele, die Zustimmung ausstrahlt und keiner Fliege etwas zuleide tun würde, bekannte freimütig, während des Meditierens Mordgelüste zu verspüren. Sie wies mich einmal auf ein Gedicht des sufischen Dichters Rumi hin:

Dieses Menschsein ist ein Gasthaus.
Jeden Morgen ein neuer Ankömmling.
Eine Freude, eine Niedergeschlagenheit, eine Gemeinheit,
eine plötzliche Erkenntnis kommt
wie ein unerwarteter Besucher.

Heiße alle willkommen und bewirte sie!
Sogar, wenn es ein Haufen Sorgen ist,
der dein Haus gewaltsam entrümpelt von all seinen Möbeln,

Erweise dennoch jedem Gast die Ehre.
Vielleicht putzt er dich heraus
für eine neue Freude.

Der düstere Gedanke, die Scham, die Bosheit,
begrüße sie alle lachend an der Türe
und bitte sie herein.

Wenn Sie sich das zur Gewohnheit machen, werden Sie feststellen, dass Ihre »schlechten« Gefühle genau jene sind, die Sie am dringendsten ergründen müssen. Das Gefühl, von dem Sie meinen, es sei unglaublich schlecht, ist vielleicht der einzige Lehrer im gesamten Universum, von dem Sie aufrichtige Güte lernen können. Wenn Sie weiterhin geduldig fragen, ohne zu versuchen, Ihre Gefühle zu steuern, werden diese Sie zu dem von Natur aus liebenden Geschöpf führen, welches Ihr wahres Ich ist. Ihr Zorn wird dahinschmelzen und Angst freilegen, die sich allmählich als Bedürfnis zu erkennen geben wird, unbehindert lieben zu können und geliebt zu werden. Eifersucht wandelt sich erst zu Traurigkeit, dann zu Mitgefühl. Beobachten Sie einfach. Dann gehen Sie über zur nächsten Frage:

Was schmerzt mich?

Es kann sein, dass bei Ihnen heute absolut alles in Ordnung ist. In diesem Fall lautet die ehrliche Antwort: »Nichts.« Es kann sein, dass die Antwort lautet: »Mein Bein«, oder »Mein rechtes Ohr«. In diesem Fall sollten Sie sich ein bisschen hinlegen oder zum Arzt gehen oder was auch immer nötig ist, damit es Ihrem Bein oder Ihrem Ohr besser geht. Falls Sie aber nicht wesentlich erleuchteter sind als ich, werden Ihre Leiden nicht immer auf körperlichen Schmerz beschränkt sein. In der Regel wird es bei Ihren Gefühlen etwas geben, Ihre sinnbildlichen Bauchschmerzen, die verwirrend, verstimmend oder vielleicht einfach belastend sind. Ausgezeichnet! Diese inneren Unbehagen sind wunderbare Gelegenheiten, um tiefere Wahrheiten über die Gewohnheiten des Verstandes herauszufinden, die Ihnen Leid verursachen.

Wenn Sie entdecken, dass Sie unter irgendeiner Art emotionalem Schmerz leiden – Sorge, Kummer, Wut, Scham, Hass, Niedergeschlagenheit oder was Ihnen sonst noch einfällt – bekämpfen Sie es nicht. Setzen Sie sich hin und lassen Sie das Gefühl so weit anwachsen, wie es möchte. Lassen Sie es Ihr gesamtes Universum ausfüllen, wenn es das ist, was es tun muss. Lassen Sie sich von ihm all die erschreckenden, wütend machenden oder katastrophalen Details der Situation schildern, die Ursache für dieses Gefühl ist. Und dann fragen Sie sich Folgendes:

Welche schmerzliche Geschichte erzähle ich?

Vielleicht sieht es zuerst so aus, als hätte Ihr Schmerz keinen konkreten Ausgangspunkt, aber wenn Sie weiter bohren und dabei die Frage stellen »Was tut weh?«, werden Sie letztendlich anfangen, Ihren Schmerz mit Erinnerungen oder anstehenden Problemen zu verknüpfen. Der Schmerz in Ihrem Herzen wird Erinnerungen an eine alte Liebe wachrufen. Ihr Ärger kommt erst so richtig in Schwung, wenn das Konterfei Ihres Vorgesetzten durch Ihre Fantasie tänzelt. Wenn Sie aufmerksam sind, werden Sie merken, dass Vorstellungen an diese Bilder gekoppelt sind, die so vertraut und eingespielt sind, dass sie sich anfühlen wie gute, solide, in Stein gehauene Tatsachen.

»Er hat mich nie wirklich geliebt. Niemand hat das jemals. Ich bin zu fett, das ist das Problem. Ich bin zu fett zu fett zu fett zu fett zu fett …«

»Sie ist so eine ekelhafte, fürchterliche Person, und sie wird dafür sorgen, dass ich gefeuert werde, so wie sie dafür gesorgt hat, dass Bill Bob gefeuert wurde. Ich kann nichts dagegen tun. Ich muss vor diesem Miststück kriechen …«

»Ich werde es niemals schaffen, all die Arbeit zu erledigen, die ich diese Woche zu tun habe. Es wird fürchterlich werden. Ich werde so hart arbeiten müssen, und ich werde nicht schlafen können, und ich werde Ärger kriegen …« Und so weiter.

Therapeuten aus einem Bereich der Psychologie, der als ACT (Acceptance und Commitment Therapie) bekannt ist, prägten die Begriffe »sauberer Schmerz« und »schmutziger Schmerz«, um das Leiden, das von realen Ereignissen hervorgerufen wird, von dem Leiden zu unterscheiden, das aus den Geschichten resultiert, die wir uns selbst über diese Ereignisse erzählen. Zu »sauberem Schmerz« kommt es, wenn wir unter einem Verlust oder einer Verletzung leiden, wie zum Beispiel dem Tod eines geliebten Menschen oder den körperlichen Beschwerden bei Krankheit. »Schmutziger Schmerz« wird verursacht durch das, was wir über diese Ereignisse denken – oder andere Ereignisse, bei denen es vielleicht überhaupt keine tatsächlichen Verletzungen gibt. Wenn Sie ein typisches menschliches Wesen sind, werden Sie feststellen, dass der »schmutzige Schmerz« den »sauberen Schmerz« in Ihrem Leben um ein Vielfaches übersteigt. Anders ausgedrückt speist sich der größte Teil Ihrer Schmerzen nicht aus der Realität, sondern aus Ihren Geschichten über die Realität. Sobald Sie eine davon ausgemacht haben, fragen Sie sich:

Bin ich sicher, dass meine schmerzliche Geschichte der Realität entspricht?

Dostojewski schrieb einmal, dass die beste Methode, einen Gefangenen davon abzuhalten, aus dem Gefängnis auszubrechen, darin bestehe, sicherzustellen, dass der Gefangene nicht weiß, dass er sich in einem Gefängnis befindet. Viele von uns leben so und wissen nicht einmal, wie sehr wir gefangen gehalten werden von den Geschichten, die wir erzählen, um unseren Erlebnissen einen Sinn zu geben.

Sind diese Geschichten einmal etabliert, dann wählen, modifizieren und verdrehen wir neue Erlebnisse, sodass sie zu unseren Erwartungen passen. Was wir für die »Wahrheit« halten, ist tatsächlich eine ausgeklügelte und von unserem eigenen Verstand wohl durchdachte Fiktion. Sich klarzumachen, dass Ihre Geschichte geradezu willkürlich ist, dass es unzählige andere Sichtweisen gibt, die durch und durch genauso korrekt sein können, öffnet die Gefängnistür Ihres Glaubenssystems und erlaubt Ihnen, hinauszugehen, wenn Sie dies möchten.

Ihre erste Reaktion auf die Frage »Bin ich sicher, dass meine schmerzliche Geschichte der Realität entspricht?« wird wahrscheinlich ein spontanes »Ja! Natürlich!« sein. Da spricht die Stimme der Täuschung. Setzen Sie sich und denken Sie eine Weile über die Frage nach, und Sie werden sehen, dass sich Ihre Geschichten unmöglich gänzlich bestätigen lassen, weil sie auf subjektiven Vorstellungen beruhen. René Descartes, der uns bereits im letzten Kapitel begegnet ist, hat einmal eine ganze Nacht wach gesessen, weil ihm die Tatsache keine Ruhe ließ, dass er niemals ganz sicher sagen könne, dass er nicht alles, was er für Realität hielt, nur träumte. Der chinesische Philosoph Chuang Tzu drückte es poetischer aus. »Letzte Nacht«, so seine Worte, »träumte ich, ich wäre ein Schmetterling, und heute weiß ich nicht, ob ich ein Mensch war, der träumte, ein Schmetterling zu sein, oder ob ich jetzt ein Schmetterling bin, der träumt, er sei ein Mensch.« Entscheidend ist, dass es praktisch nichts gibt, dessen wir absolut sicher sein können. Tatsächlich fallen mir nur zwei verlässliche Dinge ein, die jeder von uns in Anspruch nehmen kann: die Wirklichkeit unserer Existenz und die Tatsache, dass, egal was wir glauben, wir damit falsch liegen können. Sofern ich mich nicht irre.

Wie dem auch sei, anzuerkennen, dass wir die absolute Wahrheit nicht kennen – können –, ist vielleicht nicht gerade ein angenehmer Gedanke, aber unglaublich befreiend. Er öffnet verschlossene Köpfe, Herzen und Fäuste schneller als jede andere Erkenntnis dies zu tun vermag. Er ermöglicht uns, aus permanenter Erfahrung zu lernen.

Aus diesem Grund schrieb Plato, dass wir unser erstes Quantum an Intelligenz gewinnen, wenn wir unsere Unwissenheit anerkennen. Beginnen wir erst, im völligen Bewusstsein unserer fundamentalen Fehlbarkeit zu leben, können wir das wiedererlangen, was die Buddhisten den »nicht wissenden Verstand« nennen, diesen aufmerksamen, empfänglichen Geisteszustand, der uns zur aufrichtigen Erkenntnis befähigt.

Die Autorin und Lehrerin Byron Katie erfuhr dies mit Anfang 40 sehr drastisch, als sie Jahrzehnte voller Wut, Depressionen und Selbsthass beendete, indem sie die Geschichten ihres Verstandes einer intensiven Überprüfung hinsichtlich der tatsächlichen Wahrheit ihrer Erfahrung unterzog. In ihrem wunderbar hilfreichen Buch »Lieben was ist«, beschreibt Katie, was ihr in einer Nacht klar wurde, als ihre Tochter, die zu der Zeit unter Alkohol- und Drogenmissbrauch litt, nicht nach Hause kam:

Die Gedanken, die dabei in meinem Kopf auftauchten, waren beispielsweise: »… sie wird fahren, und sie wird jemanden töten. Sie wird mit einem anderen Auto zusammenstoßen oder einen Laternenmast umfahren und sich und ihre Mitfahrer umbringen.« Während diese Gedanken auftauchten, begegnete ich ihnen mit wortloser, gedankenloser Überprüfung. Und diese Überprüfung holte mich sofort zurück in die Wirklichkeit. Das war die Wahrheit: Eine Frau saß in einem Sessel und wartete auf ihre geliebte Tochter.

aus: Byron Katie, Liebe was ist. Wie vier Fragen Ihr Leben verändern können.

Katies Methode der Überprüfung, die ich nachdrücklich empfehle, erfordert, dass Sie schmerzhafte Sachverhalte in Ihrem Leben ausmachen, die Geschichten untersuchen, die Sie sich selbst über diese Situation erzählen, und erkennen, dass diese Geschichten oft wenig mit dem »sauberen Schmerz« der authentischen Erfahrung zu tun haben. Allein dies kann dazu beitragen, Ihre Leiden zu lindern. Sie können die Wirkung unterstreichen, indem Sie fragen:

Ist meine schmerzliche Geschichte für mich von Nutzen?

Mit »Ist meine schmerzliche Geschichte für mich von Nutzen?« meine ich: Hilft Ihre Geschichte Ihnen dabei, sich ruhig, ausgeglichen und in der Lage zu sehen, den Schwierigkeiten des Lebens zu begegnen, indem Sie wachsen und sich verändern? Meiner eigenen Überzeugung zufolge (die ich natürlich nicht beweisen kann) sind unsere zentralen Ichs Wahrheitsdetektoren, die in der Realität gedeihen, und dahinwelken, wenn sie mit einer Hungerkur von Missverständnissen gefüttert werden. Die meisten Menschen gehen davon aus, dass wir uns gut fühlen, wenn wir angenehme Gedanken fassen, und schlecht, wenn es unangenehme Gedanken sind. Aber meine Beobachtungen bezüglich mir selbst, meiner Familie und meinen Klienten bestätigen diese Annahme nicht. Ich glaube, fest verankerter, lang andauernder, hartnäckiger emotionaler Schmerz ist immer ein Beweis dafür, dass wir etwas Falsches glauben.

Meine Klientin Lee Ann zum Beispiel konnte nicht über ihre Scheidung hinwegkommen, solange sie der Behauptung ihres Ex-Mannes glaubte, er habe sie nie geliebt. Ein Jahr nach ihrer Trennung rief Lee Anns Ex sie an, um ihr zu sagen, dass er mit einer Therapie begonnen habe, und er wolle, dass sie wisse, dass er sie trotz der unvereinbaren Differenzen, die sie gehabt hatten, wirklich sehr innig geliebt habe. Plötzlich verschwanden Lee Anns Gefühle von Verwirrtheit und Misstrauen, und der Scheidungsschmerz begann fast fühlbar zu heilen. Andererseits hatte ich einen jungen Klienten namens Clint, dessen Vater ihm einmal sagte: »Ich habe dich immer gehasst. Ich glaube nicht einmal, dass du von mir bist.« Clints Reaktion auf diese schrecklichen Äußerungen war ein Gefühl von Traurigkeit, aber auch des tiefen Friedens und der Gelassenheit. Er hatte die Wahrheit über die Gefühle, die sein Vater ihm gegenüber hegte, immer gespürt, und dass er gleichzeitig versuchte, so zu tun, als habe er wie jeder andere auch einen ihn liebenden Vater, ließ ihn fast verrückt werden. Mit der Wahrheit, selbst einer grausamen Wahrheit, kann unser zentrales Ich umgehen. Lügen zu glauben, lässt uns unermesslich leiden und motiviert uns dadurch, unsere Annahmen solange zu hinterfragen, bis wir unsere Sinnestäuschungen aufklären können. Die letzte Frage, um Ihren Moment der Wahrheit zu vervollständigen, lautet deshalb:

Könnte ich mir eine andere Geschichte vorstellen, die besser funktioniert?

Byron Katies Überprüfungsmethode beinhaltet etwas, das sie als »Wende« bezeichnet. Um diese herbeizuführen, verändern Sie einfach Ihre Geschichte, indem Sie das Gegenteil behaupten oder Subjekt und Objekt vertauschen, und dann überlegen, ob sich die daraus ergebende Geschichte genauso wahr oder wahrer anfühlt als die ursprüngliche.

Zu dem Zeitpunkt, als ich das zum ersten Mal ausprobierte, war ich frustriert, weil ich mich am Knie verletzt hatte und nicht mit einem ziemlich anspruchsvollen Trainingsprogramm weitermachen konnte, das ich gerade erst begonnen hatte. Es gab einen »sauberen Schmerz« in meinem Knie, aber der größte Teile meines Leidens war »schmutzig«. Es kam von meiner Frustration, weil ich mein Training abbrechen musste, und meiner Überzeugung, die Verletzung würde zu Gewebeschwund führen und sich gleichzeitig aufpumpen wie ein Rettungsboot. Die Geschichte, die ich mir in meinem Kopf ausgedacht hatte, lautete: »Ich bin wütend, weil ich will, dass mein Knie abheilt, damit ich so trainieren kann, wie ich es vorhatte.« Als ich die Geschichte herumdrehte, wurde daraus: »Ich bin wütend, weil mein Knie will, dass ich heile, damit ich nicht trainieren kann, was ich nicht vorhatte.«

Als ich das noch einmal durchlas, musste ich laut lachen. Jeder Teil von mir fand in dieser neuen Geschichte seinen Nachhall. Plötzlich wurden mir einige Dinge bewusst, die ich hinter einer

Wand der Verleugnung versteckt hatte: Die Tatsache, dass ich müde war, dass ich wusste, dass mein neues Trainingsprogramm zu hart für mich war und dass ich mir schadete, indem ich versuchte, meine körperlichen Grenzen zu überschreiten. Diese Erkenntnis veränderte nicht den Schmerz in meinem Knie, aber all der »schmutzige Schmerz« drum herum verschwand. Ich war meiner Verletzung aufrichtig dankbar, dass sie mir geholfen hatte, mein Gefühl für Ausgewogenheit gefunden zu haben. Wahrscheinlich verhalf mir das zu einer schnelleren körperlichen Heilung, obwohl ich damit jetzt keine Eile mehr hatte.

Die Umkehrung Ihrer Geschichte kann diese Wirkung auf Sie haben – oder auch nicht. Aber wenn Sie eine mit emotionalem Schmerz verknüpfte Geschichte testen wollen, sollten Sie verschiedene Umsetzungen und Erklärungen ausprobieren, bis Sie das uneingeschränkte, zufrieden stellende Gefühl spüren, auf eine Geschichte gestoßen zu sein, die wahrer ist als jene, die Sie benutzt haben, um sich selbst zu verletzen. Das bringt uns zurück zu unserer Ausgangsfrage: »Was fühle ich?« Letztendlich ist dies ein weitaus genaueres Messinstrument dessen, was wirklich und wahr ist, als alles, was Ihr Verstand erzeugen kann. Wie es das asiatische Sprichwort formuliert, ist der Verstand ein wundervoller Diener, aber ein schlechter Meister. Betrauen Sie Ihr Herz mit der Frage-und-Antwort-Stunde, die den größten Teil Ihres Momentes der Wahrheit ausmacht.

Übung 3: Zeigen Sie Mitgefühl für Ihren inneren Schweinehund

Ob Sie es gerade mal geschafft haben, die erste Frage anzugehen oder ob Sie durch Ihren Moment der Wahrheit hindurchgeflitzt sind, um zu einer entscheidenden Erkenntnis zu gelangen, Sie sollten Schritt 2 beenden, indem Sie eine große Portion Mitgefühl für sich zeigen. Den größten Nutzen scheinen meine Klienten aus den klassischen »Wohlwollen-« oder »Güte-Meditationsübungen« zu ziehen. Sie sind sehr einfach. Atmen Sie tief durch, und mit jedem Atemzug wiederholen Sie leise mitfühlende Sätze: »Ich möchte glücklich sein. Es soll mir gut gehen. Ich möchte von allem Leid befreit sein.« Ganz sicher verdienen Sie es, diese Wünsche nach Ihrer Wahrheitssuche zu äußern – etwas, das viele Leute nicht einmal tun würden, wenn Sie ihnen ein Vermögen zahlten oder ihr Leben bedrohten. Fahren Sie einige Atemzüge lang damit fort, sich Mitgefühl anzubieten, und wiederholen Sie es, wann immer es Ihnen einfällt.

Das ist besonders dann entscheidend, wenn Sie entdeckt haben, dass ein Teil von Ihnen sich in tiefer Verleugnung befindet oder dass Sie auch nicht den kleinsten Moment Ruhe ertragen können oder dass Sie ein skrupelloser Drogensüchtiger sind, der gewohnheitsmäßig betrügt, stiehlt und vorsätzlich kleine Tiere verletzt. Der schmutzigste, niederste Teil Ihres Ichs ist es, dem Sie Mitgefühl zukommen lassen müssen, denn dieser Teil ist in Wahrheit ein verletztes und verschrecktes Kind. Er oder sie hat schlechte Gewohnheiten angenommen in dem fehlgeleiteten Versuch, die Welt sicherer erscheinen zu lassen. Liebe und Verständnis schaffen ein Klima, in dem Sie nicht zu irgendwelchen drastischen oder unmoralischen Maßnahmen greifen müssen, um sich sicherer zu fühlen, und in dem Ihr »schlechtes« Ich nicht weiterhin schlecht sein muss.

Etwas anderes ist es, wenn das verwundete Kind in uns grauenhafte Dinge anstellt. Nur, weil Sie verängstigt oder traurig sind, gibt Ihnen das keine Blankovollmacht, Ihre Wut an Ihrer Familie auszulassen, sich mit vier Riesenpizzas voll zu stopfen, Ihren Boss anzulügen, Ihrem Gegner im Boxring das Ohr abzubeißen oder Ihre bösen Geister auf irgendeine andere Art herumwüten zu lassen. Wenn Sie die Ursache für Ihr Verhalten kennen, so tragen Sie gleichermaßen die Verantwortung dafür, anderen keinen Schaden zuzufügen. Der Karriereberater Richard Bolles empfiehlt, dass Sie Ihre möglichen Alternativen nach nur einem Kriterium abwägen:

Welche der mir zur Verfügung stehenden Alternativen macht die Welt ein kleines bisschen besser?

Sie irren, wenn Sie denken, dass Sie nicht in der Lage sind, diese Welt bereichern zu können. Sie werden sich wahrscheinlich solange niedergeschlagen und verwirrt fühlen, bis Sie es ausprobieren. Zumindest bleibt Ihnen die Möglichkeit, sich selbst mit Güte und Verständnis zu begegnen. Allein dadurch kann die Welt ein kleines bisschen besser werden. Möge es Ihnen gut gehen. Mögen Sie glücklich sein. Mögen Sie von allem Leid befreit sein.

Victor Frankl, ein Überlebender des Holocaust sagte: »Es gibt zwei Arten, in die Gaskammer zu gehen: frei oder nicht frei.« Es ist die Wahrheit, die uns diese Freiheit anbietet, die Freiheit auszuprobieren, was uns beigebracht wurde, zu akzeptieren, was wir in unseren Herzen fühlen, zu glauben, was wir in unseren Knochen spüren, und uns selbst zu lieben – einschließlich unserer Fehler – bis wir unsere Illusionen durchschauen und entdecken, wer wir wirklich sein wollen. Genau an diesem Punkt stoßen wir auf die größte Lüge, auf die profundeste Verleugnung von allen: die Verleugnung unserer eigenen unschätzbaren Kraft und unseres unschätzbaren Wertes. Wie Marianne Williamson es ausgedrückt hat: »Unsere größte Furcht gilt nicht unserer Unzulänglichkeit. Unsere größte Furcht gilt unserer unermesslichen Stärke. Es ist unser Licht, nicht unsere Dunkelheit, was uns am meisten erschreckt.« Sind Sie sich dieser Sache erst einmal bewusst geworden, werden Sie sich schrittweise, fast wie von selbst, so verhalten wie es Ihnen entspricht – nicht aus dem Wunsch heraus, die Wahrheit eines anderen anzugreifen, sondern weil Sie nicht ungesehen machen können, was Sie gesehen haben. Ohne dass Sie es erzwingen, versuchen oder auch nur hoffen müssen, wird die Wahrheit Sie frei machen.

Tägliches Pflichtprogramm

Schritt 2: Wahrheit

Mindestens einmal täglich:

1. Beginnen Sie mit Ihrer täglichen Dosis Nichtstun.

Wenn Sie es nicht schaffen, nichts zu tun, können Sie die Anforderungen erfüllen, indem Sie sich die Frage stellen und beantworten: »Warum vermeide ich Ruhe?«

2. Stellen und beantworten Sie sich die folgenden Fragen:

Was fühle ich?
Was schmerzt mich?
Welche schmerzliche Geschichte erzähle ich?
Bin ich sicher, dass meine schmerzliche Geschichte der Realität entspricht?
Ist meine schmerzvolle Geschichte für mich von Nutzen?
Könnte ich mir eine andere Geschichte vorstellen, die besser funktioniert?

3. Zeigen Sie Mitgefühl für Ihren inneren Schweinehund.

Während Sie ein- und ausatmen, bedenken Sie liebevoll die Seiten Ihres Ichs, die es am wenigsten zu verdienen scheinen, mit liebevollen Wünschen.

SCHRITT 3

Herzenswünsche

Entdecken, benennen und erforschen Sie jeden Tag mindestens einen Ihrer Herzenswünsche.

Eine der erstaunlichsten Eigenschaften Ihres Körpers ist, dass die Anleitung, um ihn aus scheinbar zufällig angeordneten Proteinmolekülen, die man überall im Haus finden kann, zusammenzusetzen, in jede Ihrer mehr als eine Billion Zellen eingebaut ist. Sie sind auf Ihrer eleganten DNA-Doppelhelix kodiert, die Ihre physische Identität ein Leben lang bewahrt, sogar während es unaufhörlich die Teilchen, aus denen Sie gegenwärtig bestehen, ersetzt und gleichzeitig sicherstellt, dass Sie sich von der Kindheit über die Pubertät bis ins hohe Alter kontinuierlich verändern. Umwelteinflüsse können zwar die Strukturen Ihres Körpers verändern, aber Ihre grundlegende physiologische Identität ist dauerhaft und unauslöschlich in Ihr elementares Sein eingeschrieben.

Ich glaube, dass das auch auf Ihr Leben zutrifft oder, um es romantischer auszudrücken, auf Ihre Bestimmung. Ich denke, wir kommen alle mit einem Satz herausragender Beschäftigungen und Begabungen auf die Welt, aber darüber hinaus mit einem unerklärlichen inneren Wissen über unsere Bestimmung und die Veränderungen, die wir auf der Welt bewirken werden. Natürlich gibt es keine Möglichkeit, dies wissenschaftlich zu belegen, aber ich habe es so oft bei Klienten beobachtet und bei mir selbst gespürt, dass es mir sinnvoller erscheint, daran zu glauben, als es in Zweifel zu ziehen.

Ich weiß nicht, welcher Teil von uns den Schlüssel für unser richtiges Leben beherbergt – vielleicht eine Ecke unseres Gehirns, vielleicht das sinnbildliche Herz, vielleicht dieses undefinierbare Phantasma, das wir als Seele bezeichnen –, aber ich weiß, wie dieser Schlüssel an unser Bewusstsein weitergegeben wird und es uns ermöglicht, unsere Ziele zu wählen. Die Weitergabe erfolgt über unsere Wünsche. Lange, bevor es wirklicht passiert, kennen wir unser Schicksal über eine Botschaft, die ständig von unserem Herzen zu unserem Verstand geschickt wird – anders gesagt: über unser Verlangen. Dieser Teil des *Enjoy your life-Programms* soll Ihnen helfen, dieses Verlangen, das Sie immer zu Ihrem richtigen Leben führen wird, greifbar zu machen und zu deuten.

Verdrängte Wünsche

Schritt 3 verlangt, dass Sie jeden Tag mindestens eine Sache, die Sie wirklich wollen, erkennen, benennen und erforschen. Klingt ziemlich simpel, nicht wahr? Vögel tun es, Bienen tun es, sogar trainierte Flöhe tun es – ach, Blödsinn, sogar völlig *un*trainierte Flöhe tun es. Jedes empfindsame Wesen weiß, wann es den Wunsch hat, zu essen, sich zu paaren, zu laufen, zu schlafen oder zu kämpfen – jedes empfindsame Wesen, das heißt mit Ausnahme der meisten Exemplare der menschlichen Rasse. Wir sind die einzigen Kreationen der Schöpfung, die das Wissen um ihre eigenen Wünsche systematisch ausrotten.

Die einzigartige menschliche Fähigkeit, abstrakt zu denken und Hypothesen über die Zukunft aufzustellen, trägt wahrscheinlich die Schuld daran. An einem bestimmten Punkt in unserem Leben – gewöhnlich recht früh – lernen wir alle durch eine Kombination aus Beobachtung, Ratschlägen und schmerzhafter Erfahrung, dass es erschreckend gefährlich ist, etwas zu wollen. Bereits als kleine Kinder beobachten wir, wie unsere älteren Geschwister vor ihren Wünschen zurückschrecken, und machen uns gedankliche Notizen, um ihrem Beispiel zu folgen. Wenn wir nicht alles bekommen, was wir uns wünschen, konditioniert uns der, von dem unerfüllten Bedürfnis hervorgerufene stechende Schmerz, dahingehend, dass wir nicht erneut hoffen. Wenn wir es wagen, einen Traum zu äußern, müssen wir uns wahrscheinlich eine ganze Litanei von Gründen anhören, warum wir das nicht träumen können oder sollten. Wenn wir zu Jugendlichen herangewachsen sind, haben viele von uns das Bewusstsein ihrer eigenen Wünsche durch Meditationen zu dem Thema »Warum ich nicht wollen darf, was ich will« ersetzt. Wie Endlosschleifen in einem Computerprogramm hallen die erdrückenden Zurechtweisungen wieder und wieder durch unsere Köpfe, immer dann, wenn ein neuer Wunsch aufkommt: »Ich werde nie das bekommen, was ich will, darüber nachzudenken würde mich also nur frustrieren.« »Wünschen ist etwas Schlechtes, und ich bin schlecht, weil ich diesen Wunsch fühle.« »Wenn ich mir niemals etwas wünsche, kann ich auch nicht enttäuscht werden.« »Zu wollen, was ich will, ist der pure Egoismus.«

Wieder und wieder sagen wir diese Sätze zu uns selbst, weil wir denken, wir könnten auf diese Weise Schmerz vermeiden – den Schmerz des Misserfolgs, der Demütigung, des Verlustes oder der Zurechtweisung durch andere. Einer meiner Freunde bezeichnet diesen selbst auferlegten Pessimismus als »sich gegen Enttäuschung impfen«. Das ist eine fabelhafte Idee, abgesehen davon, dass es nicht funktioniert. Sich selbst die Früchte des Scheiterns zu injizieren sorgt nicht dafür, dass Sie sich wohl fühlen, sondern es macht Sie krank. Es hält Sie davon ab, Dinge zu tun, die Ihre Träume wahr werden lassen könnten, und wenn Ihnen trotzdem etwas Gutes passiert, hält es Sie davon ab, sich zu freuen oder Ihr Glück wertzuschätzen.

Ironischerweise verbannen wir vor allem jene Wünsche, die für unser Glück am entscheidendsten sind. Ist Ihnen jemals aufgefallen, wie viele preisgekrönte Kinderbücher und Filme von einer Person handeln, die ein wildes Tier zähmt und dieses dann wegjagen muss, damit es ein normales Leben mit Artgenossen führen kann? In der

Schlüsselszene muss anscheinend immer ein tränenüberströmter Tierbesitzer vorkommen, der schreiend mit einer Schusswaffe herumfuchtelt und sie auf das geliebte Reh, den Bär, die Schlange oder was es auch immer ist, richtet. Das verwirrte Tier soll dazu gebracht werden, wegzulaufen und den Menschen für den Rest seines Lebens zu misstrauen. Ich denke, es ist ein so beliebtes Thema in der Jugendliteratur, weil es ein Bild für die Art und Weise ist, wie Heranwachsende lernen, ihre Wünsche in die Wüste zu schicken. Um mit dem umzugehen, was wir für die dunklen Seiten des Lebens halten, beherrschen wir die Kunst, uns selbst das Herz zu brechen und dann das, was davon übrig bleibt, auf eine Weise hart zu machen, als würden wir ein gebrochenes Fußgelenk in einen starren Gips stecken. Je mehr wir das lieben, was wir meinen, nicht haben zu können, desto brutaler müssen wir es unterdrücken.

Aus diesem Grund verwende ich die meiste Zeit mit meinen Klienten nicht darauf, sie dabei zu unterstützen, das zu *bekommen*, was sie wollen. Dieser Aspekt ist bedeutungslos, verglichen mit der gewaltigen Aufgabe, ihnen dabei zu helfen, erst einmal *herauszufinden*, was sie überhaupt wollen. Um das zu tun, müssen sie ihre tief verinnerlichte Vorstellung loswerden, dass es egoistisch oder hoffnungslos sei, sich etwas zu wünschen – tatsächlich haben diejenigen, die ihre eigenen Wünsche nicht kennen oder respektieren, keine Basis, von der aus sie anderen gegenüber großmütig und mitfühlend sein könnten. Ich kann die Stunden gar nicht mehr zählen, die ich damit verbracht habe, in die leeren Augen von Menschen zu starren, die – rein äußerlich betrachtet – sehr erfolgreich sind, für die aber der Funke des aufrichtigen Wünschens entweder verborgen oder erloschen ist. Ihr Widerstand gegenüber dem Bewusstmachen ihrer eigenen Wünsche – eines der wenigen Dinge, die es ihnen erlauben, bei allen möglichen schwierigen Unternehmungen erfolgreich zu sein – ist so lückenlos geworden, das er jeglichen Zugang zu einem Gefühl von Zweckbestimmung, Freude, Motivation und sogar Hoffnung verwehrt. Ich kann Ihnen aufgrund umfangreicher Beobachtung sagen:

Nichts ist schmerzhafter als Wünsche abzulehnen. Es ist letztendlich schlimmer, als das, was man will, nicht zu bekommen. Enttäuschungen sind geradezu vorprogrammiert, wenn man sich selbst die Sehnsucht verbietet.

Die Gefahr, wunschlos glücklich zu sein

Wenn ich Klienten vorschlage, sie sollen der Frage nachgehen: »Was will ich vom Leben?«, reagieren viele, als hätte ich ihnen eine Dosis Kokain angeboten. Allein der Vorschlag schockiert sie – nicht, weil sie nie darüber nachgedacht hätten, sondern weil sie unter der blankpolierten Oberfläche ihres angeblich wunschlosen Lebens die schreckliche Angst davor hegen, was passiert, wenn sie sich Wünsche erlauben. Wünschen, so sagen sie mir, ist eine dunkle Macht, die eingedämmt werden muss wie das Höllenfeuer, damit nicht sie selbst und alles, was sie lieben, davon verschlungen wird. Am stärksten ist die Angst bei den Menschen, die in einem sehr religiösen Umfeld aufgewachsen sind. In vielen westlichen Religionen gibt es strikte Regeln, die gute von bösen Wünschen unterscheiden, und auch nur über etwas nachzudenken, das außerhalb der Grenzen des Anstands liegt, wird oft als Sünde betrachtet – gar nicht davon zu reden, etwas wirklich zu *wollen*. Anhänger östlicher Religionen werden ebenfalls unruhig, wenn es um Wünsche geht, da der Hang zu Wünschen die Ursache des Leidens sei. Hör auf zu wünschen, so die grob vereinfachte Auslegung dieser Traditionen, und du wirst aufhören zu leiden.

Diese Gleichsetzung von Wunsch mit Strafe und Pein ist begreiflich, aber irreführend. Den Traditionen, die das Wünschen verbieten, kommt in Wirklichkeit eine Schlüsselrolle zu. Denken Sie an die buddhistische Erzählung, in der ein Anhänger seinen Guru fragt, wie er Erleuchtung erlangen könne. Der Meister antwortet, indem er den Kopf des jungen Mannes zwei, drei Minuten unter Wasser drückt, ihn dann herauszieht und sagt: »Wenn du die Erleuchtung so sehr wünschst, wie gerade jetzt die Luft zum Atmen, wirst du sie erlangen.« Der islamische Dichter Kabir schrieb: »Wenn wir einen Gast in unser Leben einladen, so ist es die Stärke des Verlangens nach dem Gast, die all die Arbeit erledigt.« Jesus scheint über die gleiche Sehnsucht gesprochen zu haben, als er meinte: »Selig, die hungern und dursten nach der Gerechtigkeit, denn sie werden gesättigt werden.« Schmerz leiden, sich verzehren, hungern, dursten, das sind die Signale, mit denen unser wahres Ich uns an unsere Bestimmung gemahnt. Das Bewusstsein für diese Empfindungen auszulöschen heißt, unseren Platz im Universum zu verlieren.

»Aber«, protestieren einige meiner Klienten, »was ist, wenn ich etwas Schlechtes tun will? Was ist, wenn ich meine Frau betrügen, meinen Boss umbringen oder mich zu Tode saufen will?« Auf diese Frage habe ich zwei Antworten.

Antwort 1: Die wahren Wünsche Ihres Herzens sind niemals destruktiv

C. G. Jung sagte, jede Neurose sei immer ein Ersatz für legitimes Leiden. Und ebenso, denke ich, ist jeder zerstörerische oder »böse« Wunsch ein Ersatz für die konstruktive Sehnsucht des wahren Ichs. Zu dieser Annahme kam ich, nachdem ich mehrere Jahre zum Thema Sucht geforscht und etliche Personen befragt hatte, die nach den unterschiedlichsten Dingen süchtig waren, von Drogen über Stehlen bis hin zu anonymen Sex. Eines Tages, während ich meine Notizen durchging, stellte ich plötzlich fest, dass jede von mir befragte Person seine oder ihre spezielle Gewohnheit als Ersatz für emotionales Wohlbefinden einsetzte, insbesondere die Fähigkeit, Liebe zu geben und zu empfangen. Obwohl die Art und Weise, wie diese Süchtigen versuchten, ihre Wünsche zu erfüllen, extrem fehlgesteuert war, waren ihre wirklichen Wünsche nicht nur verständlich, sondern sogar lebenswichtig.

Während all der Jahre, in denen ich Lebensberatung bei Hunderten von Menschen aus allen Schichten und Berufen geleistet habe, wurde mein Glaube an die grundlegende gute Absicht unserer verborgensten Wünsche nur bestärkt. Wie bei den von mir befragten Süchtigen, schienen auch die Sehnsüchte meiner Klienten auf den ersten Blick destruktiv, entpuppten sich dann aber als Verzerrung ihrer gesunden Wünsche. Tim zum Beispiel litt unter dem zwanghaften Verlangen, seinen Cousin aufs Übelste zu verprügeln, weil dieser ihn während seiner Kindheit tyrannisiert hatte. Der Wunsch war so konkret und voller Hass, dass es mich sehr nervös machte, Tim zu ermutigen, diesen Wunsch zu erforschen. Nichtsdestotrotz fuhren wir einige blutrünstige Stunden damit fort, und dann – gerade als ich überlegte, seinen Namen bei der Polizei zu melden – nahm Tims Wunsch eine unerwartete Wende. Von der Stelle, die sich wie der Kern seines Hasses angefühlt hatte, brach ein noch tieferer Wunsch hervor: Tim wollte Kinderpsychologe werden, damit er Kinder trösten und anleiten konnte, die Opfer familiärer Gewalt geworden waren. Von dem Moment an, als er sein Ziel erkannt hatte, wurde es zur treibenden Kraft seines gesamten Verhaltens. Seine Lust auf Rache versiegte und fiel ab wie alter Schorf. Die ganze Zeit über war Tims blutrünstiges Verlangen nur die Dämonenmaske gewesen, die seine Sehnsucht, sich selbst, seine Familie und andere verängstigte Kinder zu heilen, getragen hatte.

Antwort 2: Ihren Herzenswunsch zu unterdrücken, führt zu destruktivem Handeln

Falls Sie glauben, nie nach Ihren »bösen« Wünschen handeln zu müssen oder sie sogar zu vertreiben, indem Sie diese einfach nicht in Ihr Bewusstsein vordringen lassen, sollten Sie noch einmal nachdenken. Wenn Sie Ihre Gefühle nie anerkennen, leben Sie Ihre destruktiven Wünsche viel eher aus, als wenn sie diese ruhig und gründlich überdenken. Die Süchtigen in meiner Umgebung erklärten mir immer wieder, um eine Sucht aufrechtzuerhalten, müsse man sich vorspiegeln, man wolle die Droge nicht. Die Freiheit beginnt mit der Erkenntnis, dass man abhängig ist, dass man diese »böse« Sache verzweifelt will. Genau das zu unterlassen, führt uns zum Dr. Jekyll/Mr. Hyde-Muster der Verleugnung, zu zunehmender Anspannung und verzweifelter, zerstörerischer Auflösung. »Etwas zu wollen, was schlecht für einen ist, ist ungefähr so, als hätte man einen frei herumlaufenden Tiger auf seinem Anwesen«, erzählte mir ein Süchtiger. »Wenn Sie mit der Situation umgehen wollen, indem Sie so tun, als wäre da kein Tiger und sich weigern, hinzugucken, können Sie sicher sein, dass er früher oder später hervorspringt und Sie schnappt. Wenn Sie sichergehen wollen, dass er niemals jemanden verletzt, müssen Sie ihn solange studieren, bis Sie wissen, was in ihm vorgeht. Dann können Sie mit ihm fertig werden.«

Ich habe herausgefunden, dass das für alle unschönen und verwerflichen Wünsche gilt. Sie zu erkennen, sie zu benennen und etwas über sie zu lernen, macht sie greifbarer; sie aber zu verleugnen oder sie zu vermeiden gibt ihnen die Macht, Ihre besten Absichten zu überwältigen. Das bedeutet, dass Schritt 3 keine rücksichtsvolle Methode ist, um Ihre unerlaubten Sehnsüchte zu befriedigen, sondern ein unabdingbarer Schritt zu dem moralischsten und ethischsten Leben, das Sie führen können.

Wie Sie es schaffen, das zu wollen, was Sie wollen

Da die meisten von uns lernen, ihre Wünsche zu unterdrücken, kommt Ihnen der Kreislauf von Zurückhaltung, Kontrollverlust und stärkerer Zurückhaltung vielleicht bekannt vor. Die Alternative dazu – jeden Ihrer Wünsche mit einem wohlmeinenden und neugierigen Verstand zu untersuchen – ist etwas, das Sie vielleicht nie zuvor getan haben. Nutzen Sie die Anweisungen von Schritt 3, um mit dieser faszinierenden Arbeit zu beginnen. Sie werden sehen, wie aufschlussreich Ihre Wünsche sein können. Praktizieren Sie diese Übung über Wochen, Monate und Jahre täglich, und Sie werden schließlich den Anweisungen folgen, die es Ihnen ermöglichen, Ihr bestmögliches Schicksal zu gestalten.

Übung 1: Schaffen Sie sich eine Oase der Ruhe

Beachten Sie, dass das *Enjoy your life-Programm* Sie nicht auffordert, direkt loszustürmen und sich alles zu schnappen, was Sie wollen. Es ist erforderlich, dass Sie Ihre Herzenswünsche *erkennen, benennen und erforschen*. In diesem Stadium ist es zwingend erforderlich, dass Sie dies in einer ruhigen Umgebung tun, wenigstens bis Sie sicher sind, dass Sie die absolute Wahrheit in sich spüren und anerkennen. Beginnen Sie mit Schritt 3, indem Sie den Zustand des Nichtstuns herstellen, der Ihnen durch das Trainieren von Schritt 1 so vertraut geworden ist. Begeben Sie sich zu dem ruhigen Zentrum Ihres Bewusstseins, während Sie an Ihrem Tisch sitzen, zur Arbeit fahren, Geschirr abwaschen oder mit dem Hund Gassi gehen. Aber jetzt verharren Sie nicht einfach nur an Ihrem Platz der Ruhe und des Friedens, sondern fangen an, in Ihrem Herzen nach einem Gefühl für Ihre Wünsche zu suchen.

Oft hilft es, sich selbst leise, laut oder schriftlich zu fragen: »Was wünsche ich mir gerade jetzt am meisten?« Manchmal taucht die Antwort blitzartig auf. Ein anderes Mal ist der aufkommende Wunsch vielleicht nicht mehr als ein sehr vages, kaum greifbares Gefühl der Sehnsucht. Verharren Sie einfach im Zustand der Ruhe und richten Sie Ihre Aufmerksamkeit auf dieses Gefühl, ohne es zu erzwingen. Vielleicht erzählt Ihr Herz Ihnen von einem Wunsch, vor dessen Existenz Sie sich fürchten oder von dem Sie nicht einmal wussten, dass es ihn gibt. Geben Sie ihm Zeit, seine Geschichte zu erzählen.

Alan zum Beispiel, ein Manager, der seinen Job hasste, war hinsichtlich seiner Wünsche so unsicher, dass es mich Wochen kostete, um herauszufinden, dass er Autos liebte – er hatte überall im Haus Fotos davon, wurde von Autozeitschriften magisch angezogen und sammelte Modellautos. Während Alan mir das erzählte, grübelte er darüber nach, dass es sein größter Herzenswunsch sein könnte, einen Porsche zu besitzen. Er machte einige Probefahrten und stellte fest, dass sein Verlangen durch den Kauf eines Wagens nicht wirklich gestillt würde. Sein Wunsch ging darüber hinaus – er sehnte sich danach, von unzähligen verschiedenen Rennwagen umgeben zu sein. Er begann, ständig auf einer Rennstrecke in seiner Nähe herumzuhängen, aber auch das schaffte keine wirkliche Befriedigung – er sehnte sich danach, die Autos zu berühren. Als er sich das erlaubte, kam die Erkenntnis seines wahren Wunsches einem explodierenden Feuerwerk gleich. Was er an Autos so liebte, waren ihre geschwungenen Metallkarosserien. Alans wahres Ich war das eines Bildhauers, mit einem starken Drang, faszinierende, schöne und funktionale Formen aus Stahl zu gestalten. Ich glaube, er hatte diese Sehnsucht unterdrückt, weil sie ihm als Beschäftigung für einen Mann nicht männlich genug erschien. Als ich Alan das letzte Mal sah, hatte er seine eigene Designfirma eröffnet, stellte wunderschöne, handgearbeitete Möbelunikate her, und in seiner Freizeit schuf er noch kunstvollere Skulpturen aus Metall. Zum ersten Mal seit Jahren fühlte er sich wirklich lebendig.

Ich habe viel Zeit damit verbracht, Klienten während dieses Prozesses zu unterstützen, habe sie ermutigt, sich an die Äußerung von Wünschen heranzutasten, die sich noch nicht einmal auf dem Radarschirm ihrer Erwartungen befanden. Ich habe Ärzte erlebt, die herausfanden, dass sie Künstler sein wollten, Invaliden, die zu Athleten wurden, und Griesgrame, die zu Quellen der Zuneigung erblühten, und all das zu ihrer eigenen Verblüffung. Es erstaunt mich, wie oft es genügt, in der Stille darauf zu warten, dass ein Wunsch sich zu erkennen gibt, um meine Klienten genau zu dem zu führen, was sie wollen.

Übung 2: Werden Sie ehrlich zu sich selbst

Für den Prozess der Artikulation von Wünschen ist es unerlässlich, sich begleitend zur Ruhe anzugewöhnen, vollkommen ehrlich zu sich selbst sein (etwas, das Sie durch das Praktizieren von Schritt 2 getan haben). Zu wissen, wie sich eine nackte Wahrheit anfühlt, ist wichtig, denn, mit wie viel gutem Willen Sie die Sache auch angehen, mit ziemlicher Sicherheit werden Sie Schritt 3 beginnen, indem Sie sich anlügen. Warum? Weil einige der starrsten Regeln Ihrer Innenwelt besagen, dass Sie nicht wollen sollen, was Sie wollen. Zuerst werden Sie vermutlich nur Sehnsüchte zugeben, die plausibel, logisch und gesellschaftlich anerkannt sind. Sie werden nach den Wünschen eines Schönheitskönigin-Wettbewerbs streben: Friede auf Erden, Wohlwollen der Menschen untereinander, Hilfe für die Obdachlosen, das Wohlergehen der Kinder und so weiter.

An diesen Wünschen ist nichts falsch und sie können zweifellos echt sein, aber wenn diese Sie nicht mit einem Gefühl grenzenloser Leidenschaft erfüllen, sollten Sie diese Wünsche zwar weiterverfolgen, sich aber gleichzeitig nach etwas mit größerer emotionaler Bedeutung umsehen, etwas, bei dem Sie augenblicklich eine Sehnsucht spüren, die Ihren Puls zum Rasen bringt und Ihr Innerstes zuoberst kehrt. Wir alle laufen mit Wünschen herum, die wir für egoistisch und unangebracht halten, aber genau das sind die verbotenen Sehnsüchte, die wir verstehen müssen, wenn wir jemals die Hindernisse zu unserer Bestimmung überwinden wollen. Sich selbst dies erlauben – mit Ihrem Bewusstsein anzuerkennen, was Sie wirklich, wirklich *wollen* – ist ungefähr so, als würden Sie sich nackt der Öffentlichkeit präsentieren: Selbst wenn Sie perfekt sind, gibt es Ihnen das Gefühl, verletzlich zu sein, und wenn Sie gar irgendetwas zu verbergen haben, verlangt es an Wahnsinn grenzende Kühnheit. Wenn Sie zum ersten Mal mit Schritt 3 arbeiten, können Zorn, Völlerei, Habgier und all die anderen Todsünden knurrend und geifernd aus verschiedenen unterirdischen Höhlen Ihres Verstandes hervorkriechen. Lassen Sie sie einfach, beobachten

Sie sie und benennen Sie sie. Sagen Sie ohne mit der Wimper zu zucken die Wahrheit – weiter brauchen Sie fürs Erste nichts zu tun.

Übung 3: Heben Sie einen Stein auf, jeden Stein

Die Sehnsucht, die unser Schicksal bestimmt, erreicht unser Herz selten als geschlossene Einheit. Unsere Wünsche sind vielmehr lose miteinander verbundene Hinweise, den Steinen gleich, die Hänsel und Gretel auslegten, um ihren Weg aus dem dunklen Wald zurück nach Hause zu finden. Die Sehnsucht nach etwas führt zu einer größeren und dann wieder zu einer größeren – und dann eines Tages, ganz unerwartet, stellen Sie fest, dass Sie aus dem Wald heraustreten in ein Leben, das Sie lieben. Jeder noch so kleine Wunsch, solange Sie ihn nur wirklich spüren, wird Sie auf den Weg zu Ihrer Bestimmung bringen.

Neulich bat ich zum Beispiel meine Klientin Amanda, etwas zu nennen, dass sie sich wünscht – irgendetwas. Mit einem verlegenen Lachen gab sie zu, dass ihr nur eine Sache einfiele: Sie wünschte, ihr Ehemann würde seine Frisur ändern. Amanda dachte, das sei oberflächlich und lächerlich, aber als sie lange genug ganz ruhig dasaß und beobachtete, wie ihr Wunsch sich entwickelte, da erkannte sie, dass es mit dem Aussehen ihres Ehemannes wenig zu tun hatte. Amanda war dabei, ihr Leben zu ändern, sie wurde künstlerischer und unkonventioneller, und das Frisurthema war die Art und Weise ihres wahren Ichs, ihr zu sagen, dass sie hoffte, ihr Mann würde das ungestüme Kind in sich wieder aufleben lassen. Amandas »oberflächlicher« Wunsch ermöglichte es ihr, eine ganze Reihe von Vorstellungen und Gefühlen darüber zu formulieren, wie ihr Leben und ihre Ehe sich entwickeln sollten. Das Gleiche kann passieren, wenn Sie Ihren Wunsch nach einem Satz neuer Golfschläger, einem Spaziergang durch den Park oder einer Terrine richtig guter Zwiebelsuppe artikulieren. Machen Sie sich keine Sorgen, wie sonderbar oder trivial ein Wunsch auch scheinen mag. Konzentrieren Sie sich einfach darauf, ob Sie es wirklich wollen oder nicht.

Falls Sie gleichzeitig auf mehr als einen Stein stoßen – anders ausgedrückt, wenn das Herumschnüffeln in Ihrer Psyche mehrere gleichzeitige Wünsche ans Licht bringt –, sollten Sie den Stein aufheben, den Sie am meisten wollen. Wägen Sie jede Alternative im Kopf ab. Welche wühlt Sie innerlich am stärksten auf? Das ist die Spur, der Sie folgen sollten. Vielleicht stellen Sie fest, dass ein Wunsch jedes Mal, wenn Sie diese Übung machen, wieder und wieder Ihren Namen ruft. Oder aber Sie haben so viele Wünsche, dass Sie jeden Tag einen anderen bearbeiten. Das ist wunderbar. Erforschen Sie einfach den Wunsch, der heute am stärksten ist; dann lassen Sie ihn wieder gehen. Wenn er morgen wieder auftaucht, arbeiten Sie erneut mit ihm. Wenn jeden Tag etwas Neues auftaucht, folgen Sie jedem Stückchen Sehnsucht bis zu seinem Ursprung. Sie müssen nicht jeden Wunsch erfüllen, bevor Sie zum nächsten übergehen dürfen, und Sie können einen Wunsch für Jahre loslassen (um Platz zu schaffen für unmittelbarere Sehnsüchte), ohne Ihre Chancen zu vergeben, seine Erfüllung zu erleben. Gehen Sie dorthin, wohin die Liebe Sie trägt, jeden Tag.

Übung 4: Gehen Sie Ihren Wünschen auf den Grund

Genau wie Amanda oder Tim (der Mann, der seinen Cousin verprügeln wollte) haben Sie vielleicht Ausgangsimpulse, die weniger der Schlüssel zu Ihrer Zukunft sind als vielmehr Hinweise, die Sie zu profunderen und authentischeren Wünschen führen. Deshalb sollten Sie, egal wie Ihre Antwort auf die Frage »Was will ich?« lautet, einige Zeit damit verbringen, sich an den süßen Schmerz der Sehnsucht zu gewöhnen. Lassen Sie ihn wachsen, bis er riesengroß ist, dann streunen Sie darauf herum, wie ein kleiner Hund, der einen fremden Hinterhof inspiziert, erforschen Sie ihn, ohne ein Urteil abzugeben oder Hemmungen zu haben. Wie fühlt er sich wirklich an, dieser Wunsch von Ihnen? Wie sind seine Form und Struktur? Wo liegen seine Grenzen, seine Beschränkungen, seine höchsten und tiefsten Punkte. Falls zum Beispiel Ihre spontane Antwort auf die Frage »Was will ich?« lautet: »Ich möchte berühmt sein«, dann weichen Sie nicht davor zurück. Untersuchen Sie stattdessen den Wunsch. Was würde Ihnen am Ruhm gefallen: Auf der Straße erkannt zu werden? Andere berühmte Leute zu treffen? Ihren Eltern zu beweisen, dass Sie wirklich wichtig sind? Wären Sie am glücklichsten als berühmter Entertainer, Politiker, Sportler, Angehöriger der Schickeria oder Wirtschaftsmagnat? Welche Belohnung genau würde Ihre Wünsche wirklich erfüllen?

Sie werden feststellen, dass sich Ihre Wünsche, während Sie diese erforschen, ausdehnen, zusammenziehen, verändern, entwickeln, dass sie kommen und gehen, bevor sie ihre endgültige Form angenommen haben. Schritt für Schritt werden Sie spüren, dass Sie sehr intensiv auf jene Anteile Ihres Ziels reagieren, die Ihren wahren Herzenswünschen entsprechen, und solche loslassen, die nicht mit der Schablone Ihrer Bestimmung übereinstimmen. Das ist das Gefühl eines wahren Wunsches, der anfängt, sich von einem weniger authentischen zu unterscheiden. Werden Sie damit vertraut. Es wird Ihnen eine Menge Kummer ersparen, diesen Prozess im Kopf durchzuspielen, statt ihn im wirklichen Leben durchzumachen.

Vielleicht wegen unseres grundsätzlichen Unbehagens gegenüber Wünschen, sind die meisten Menschen zumindest etwas verwirrt, wie sie ihre wahren Wünsche von ungesunden Impulsen unterscheiden sollen. Ein Alkoholiker zum Beispiel, dessen wahrer Wunsch es ist, zu lieben und geliebt zu werden, wird diese Sehnsucht zuerst als ein »Ich will einen Drink« erfahren, obwohl die Erfahrung gezeigt hat, dass die Auswirkungen des Trinkens verheerend sind. Es erfordert Konzentration, Übung und manchmal Experimente, um wahre Wünsche von falschen zu unterscheiden, aber wenn Sie fortfahren, Ihre Gefühle zu studieren, wird der Prozess so einfach werden wie das Unterscheiden von Salz und Zucker. Obwohl sie auf den ersten Blick gleich aussehen mögen, so »schmecken« echte und falsche Wünsche vollkommen unterschiedlich. Kurz gesagt, falsche Wünsche schmecken nach Angst; echte Wünsche schmecken dagegen immer nach Liebe. Die Gefühle, die Ihren Wünschen zugrunde liegen, die Logik, mit der Sie diese verteidigen, die Ziele, die Sie dadurch erreichen, und die Ergebnisse, die Sie daraus erzielen, erinnern alle stark an diese zwei Gefühlskategorien. Falls Sie unsicher sind, ob Sie schon bei den richtigen Anleitungen für Ihre Bestimmung angelangt sind, behalten Sie einen Wunsch im Kopf und prüfen Sie, ob seine Beschreibung besser in Spalte 1 oder 2 der folgenden Gegenüberstellung passt:

Falsche Wünsche	*Echte Wünsche*
Gefühl	
ängstlich	froh
festhaltend	befreiend
verweigernd	großzügig
Folgerung	
Der eigene Erfolg bedeutet das Scheitern anderer.	Jeder kann Erfolg haben.
Grundlage	
Gute Dinge sind rar.	Gute Dinge gibt es reichlich.
Im Leben geht es um Wettbewerb.	Im Leben geht es um Kooperation.
Ziel	
Andere beeindrucken.	Dem eigenen Ich Ausdruck verleihen.
Risiken ausschalten.	Bedauern ausschalten.
Sich selbst und andere kontrollieren.	Sich selbst und andere befreien.
Mittel	
Täuschung	Ehrlichkeit
Heimlichtuerei	Offenheit
Forderung nach Konformität.	Aufforderung, einzigartig zu sein.

Nachwirkungen	
Gefühl der Leere	Gefühl der Erfüllung
einschränkende Fixierung	sich ausweitende Interessen
zunehmende Verzweiflung	zunehmender innerer Friede

Denken Sie bitte daran, dass nichts Schlechtes daran ist, falsche Wünsche zu haben – allerdings wird es Sie nicht glücklich machen, diese unbesehen zu erfüllen. Tatsächlich wird es Ihr Glück auf lange Sicht reduzieren. Wenn Sie wieder und wieder einen falschen Wunsch befriedigen und das ihn begleitende schreckliche Gefühl ignorieren, werden Sie sich weit von Ihrer Bestimmung entfernen und in die schlimmste Verzweiflung begeben. Aber der falsche Wunsch ist nicht eigentlich böse, er ist lediglich das verlorene und herumirrende Kind eines echten Wunsches. Wenn Sie das anerkennen und mit Geduld und Mitgefühl untersuchen (allerdings nicht notwendigerweise mit Gehorsam), wird er Sie genauso sicher wie jede andere authentische Sehnsucht zu Ihrer Bestimmung führen.

Übung 5: Setzen Sie Ihre Wünsche konsequent um

Wenn Sie aus Schritt 3 eine Gewohnheit machen – anders ausgedrückt, wenn Sie jeden Tag etwas Zeit darin investieren, Ihren Wünschen liebevolle Aufmerksamkeit zu widmen – werden Sie früher oder später etwas geradezu Magisches erleben. Ihr Verstand wird, geleitet von Ihren Sehnsüchten, eine höhere Bewusstseinsstufe erreichen und Ihr Leben bereichern. Ihre Wünsche und Sehnsüchte hören auf, Fantasiebilder zu sein, und werden Realität. »Ich wünsche« wird zu »Ich will«.

Es ist schwierig, dieses Gefühl zu beschreiben, wenn Sie es nie erlebt haben. Für mich ist es manchmal fast wie ein visuelles Bild, wie eine Kamera, die man scharf stellt. Viele Menschen spüren es als einen

Stoß berauschender Energie, begleitet von gerade genug Angst, um den Puls zu beschleunigen und die Sinne zu schärfen. Sie können es in dem Moment erleben, in dem Sie erkennen, dass Sie sich verliebt haben, oder wenn Ihr schrecklicher Boss anfängt, an Ihnen herumzunörgeln und Ihnen klar wird, dass Sie bald gehen werden, oder wenn aus einem flüchtigen Tagtraum, nach Übersee zu reisen, plötzlich der Plan wird, Tickets zu kaufen. Es ist die Erkenntnis, dass Sie nicht einfach Dinge wollen, mit denen Sie aber eigentlich nie rechnen, sondern dass Sie jedes Quäntchen Energie und Willen darin investieren, diese auch zu bekommen.

Quickening ist ein Begriff, der den Augenblick beschreibt, in dem eine werdende Mutter zum ersten Mal die Bewegung des ungeborenen Kindes in ihrem Bauch spürt. Das ist ein treffender Vergleich für den Moment, wenn aus einem Wunsch eine Absicht wird. Wir erfahren, dass unsere Wünsche nicht wirklich kontrollierbar sind, obwohl sie aus uns selbst heraus entstehen. Sie haben ihr eigenes Leben, ein volles Programm, das für unser Bewusstsein größtenteils nicht verfügbar ist. Alles, was wir tun können, ist zu warten, zu staunen und das Stupsen in unserem Innern wertzuschätzen, das uns sagt, dass sich etwas Neues und Wundervolles bereit macht, auf die Welt zu kommen.

Übung 6: Verlassen Sie den ausgetretenen Pfad

Ist Ihr Verstand erst einmal bereit, die aus Ihrem Herzen kommenden Wünsche zu erfüllen, wird er die Tendenz entwickeln, den Prozess auf seine eigene, vorhersehbare, rationale Art und Weise zu untergraben. Er fängt an, sich nach gut ausgetretenen Wegen, oder noch besser, vielbefahrenen Autobahnen, umzusehen, die Sie zu Ihren Träumen führen, ohne irgendetwas Unkonventionelles oder Schwieriges tun zu müssen. Wenn Sie zum Beispiel das brennende Verlangen verspüren, einen Roman zu schreiben, wird Ihr Verstand umgehend entscheiden, dass Sie Ihren Job kündigen und nach Paris gehen müssen, um in einer Mansarde zu leben. Bei der Erkenntnis, dass Sie furchtbar einsam sind, entscheidet Ihr Verstand vielleicht, dass Sie die Person heiraten sollten, mit der Sie zusammen sind, obwohl die Beziehung nicht gerade befriedigend ist. Wenn Sie sich viel Geld wünschen, meinen Sie vielleicht, in einem verhassten Job in einer »sicheren« Branche arbeiten zu müssen, um viel Geld zu verdienen.

Es ist Ihre Aufgabe, jeden Lösungsvorschlag Ihres Verstandes auf Authentizität zu überprüfen, und währenddessen darauf zu achten, ob dieser, genau wie der Ausgangswunsch, dieses Gefühl von »quickening« in Ihrem Innern auslöst. Falls Sie dies nicht tun, so werden Sie nicht genau wissen, was Sie tun müssen, um zu bekommen, was Sie wollen. Gehen Sie auf einen Herzenswunsch ein, dann auf einen weiteren, dann führt Ihr Weg vielleicht tatsächlich entlang der Straße, auf der Sie immer zu reisen gedachten. Er kann Sie jedoch auch durch ein Gebiet führen, wohin Sie nie reisen wollten. Folgen Sie Ihren Sehnsüchten auf die eine oder andere Art. Keine Handlung kann so beeindruckend sein, dass Sie nicht dem Weg Ihrer Seele folgen sollten.

Übung 7: Fragen Sie: »Und dann?«

Ihr Verstand wird auch versuchen, Ihre Wünsche als »für alle Zeiten glücklich« machende Ereignisse zu speichern, großen Errungenschaften oder Siegen gleich, wie sie in Schlussszenen romantischer Komödien oder Abenteuerfilme präsentiert werden. Sie werden sich einbilden, dass Sie zu innerem Frieden und lebenslanger Zufriedenheit gelangen, wenn Sie Ihren Abschluss in Harvard gemacht, ein Baby bekommen oder Ihr Idealgewicht erreicht haben, was auch immer. Ich nenne diese Beispiele, weil jedes einzelne zu verschiedenen Zeiten in meinem Leben eine meiner kostbaren Fantasien war. Als ich diese Ziele schließlich erreichte, musste ich niedergeschlagen feststellen, dass sie mein Leben keineswegs in der erwarteten Weise veränderten. Tatsache war, dass mein Leben weiterhin wie gewohnt ablief. Einen Tag, nachdem ich meinen Harvard-Abschluss in der Tasche hatte, begann ich, an einer Hochschule zu arbeiten. Am Tag nach der Geburt meines Kindes musste ich immer noch mit all meinen alten Problemen umgehen, begleitet von 500 000 neuen Verpflichtungen. Am Tag, als ich mein Wunschgewicht erreichte, musste ich immer noch bewusst essen und Sport treiben.

Manchmal sorgen die Ereignisse, von denen wir glauben, sie würden uns »für alle Zeiten glücklich« machen, dafür, dass unser Leben nur noch schlimmer wird. Sag »ja« zu Menschen, die du nicht magst, und sie werden nur noch öfter mit umso größeren Erwartungen nach dir rufen. Verschenke dein Herz und deine Seele an eine Arbeit, die du hasst, und du wirst schließlich befördert, sodass du noch mehr arbeiten musst. Wenn das passiert, folgen Sie dem falschen Pfad.

Eine Möglichkeit, um dies zu vermeiden, besteht darin, Ihr Für-alle-Zeiten-glücklich-Bild der Frage zu unterziehen: »Und was dann?« Ich bin dafür bekannt, meine Klienten mit dieser Frage zu verfolgen.

»Ich möchte in der Lotterie gewinnen«, wird ein Klient sagen (irgendwann sagen sie das alle).

»Okay, prima«, antworte ich. »Und dann?«

»Dann kündige ich meinen Job und ziehe in den Süden ans Meer.«

»Und dann?«

»Dann liege ich den ganzen Tag am Strand in der Sonne.«

»Und dann?«

»Ich liege weiter da herum.«

»Und dann?«

Obwohl viele Menschen ein paar Wochen Strandleben aufrichtig genießen würden, habe ich niemals einen Klienten erlebt, der wirklich entzückt von der Vorstellung gewesen wäre, für den Rest seines Lebens im Sand zu sitzen. Erschöpfte, desillusionierte Menschen brauchen eine Pause, aber sie wissen auch, dass sie dazu bestimmt sind, etwas zu *tun* – ihre Energie und Intelligenz einzusetzen sowie Beziehungen mit anderen einzugehen, um die Welt irgendwie ein bisschen besser zu machen.

Sie werden die Aktivitäten, die Sie zu Ihrer Bestimmung führen, daran erkennen, dass sich die Antwort auf die Frage »Und dann?« genauso gut anfühlt – oft noch besser – als der Traum von dem einen großen Ereignis. Die Vorfreude auf eine romantische Beziehung ist nur ein Vorgeschmack auf die Freude, jeden Morgen mit diesem Menschen, den man liebt, gemeinsam aufzustehen und zu frühstücken. Der Adrenalinstoß bei einem Konzert wird nicht größer sein, als wenn man Tag für Tag seine eigene Musik macht. Der Reiz, eine Mannschaft zusammenzustellen ist nur ein Vorspiel zu der täglichen Freude des Trainierens der Mannschaft oder des Gewinnens und Verlierens. Wenn Ihr Wunsch den »Und was dann?«-Test besteht, können Sie sicher sein, dass Ihr Herz und Ihr Verstand harmonisch zusammenarbeiten.

Glauben Sie es einfach

Haben Sie einen wahren Wunsch erst einmal erkannt, benannt und erforscht, so sind Sie für diesen Tag fertig mit Schritt 3. Ohne dass Sie sich weiter bewusst anstrengen, werden Sie merken, wie der Wunsch automatisch ins Zentrum Ihrer Gedanken rückt. Ihre Sehnsucht nach diesem Teil Ihres Lebens wird in die Freiräume zwischen Telefonaten während der Arbeit kriechen, Ihnen durch den Kopf gehen, während Sie den Rasen mähen, Ihnen aus einem Liedtext entgegenspringen, den Sie im Radio hören. Es ist so, als würde das wilde Tier, das Sie geliebt haben, aber pflichtbewusst verjagten, seinen Weg nach Hause finden und durch alle Türen und Fenster Ihres Lebens gekrochen kommen. Sie können den Rest Ihres Lebens damit verbringen, es wieder zum Verschwinden zu drängen, oder Sie geben dem nach, was Ihr Herz Ihnen schon die ganze Zeit sagt: Dass wahre Liebe – jede wahre Liebe, egal wie unmöglich, unwahrscheinlich oder ungewöhnlich – nicht einfach eine von diesen Sachen ist, um die herum Sie Ihr Leben gestalten. Es *ist* die zentrale Sache in Ihrem Leben.

Wenn Sie dies zu dem Leitsatz in Ihrem Leben machen, dann fühlt es sich etwa so an wie das Auftauen eines gefrorenen Gliedmaßes: Der Schmerz ist so stark, dass Sie schreien könnten, denn der Wunsch dringt aus der Taubheit in Ihr Leben zurück. Er bringt Sie in Ihre Kindheit zurück, als Sie noch hoffnungsvoll, begeisterungsfähig, verwundert und verwundbar waren. Schritt 3 macht Sie empfindlich, im wahrsten Sinne des Wortes. Er öffnet Sie für großen Schmerz, aber auch für unglaubliches Glück. Leben Sie eine Zeit lang mit dieser empfindsamen Offenheit, und Sie können Ihre Veränderung gar nicht mehr stoppen. Sie werden sich unweigerlich auf ein frisches, neues Leben zu bewegen – nicht zu vergessen auf den nächsten Schritt des *Enjoy your life-Programms*.

Tägliches Pflichtprogramm
Schritt 3: Herzenswünsche

1. Schaffen Sie sich eine Oase der Ruhe.
Falls Sie Schwierigkeiten haben, innerlich zur Ruhe zu kommen, trainieren Sie solange mit Schritt 1, bis es einfacher wird.

2. Werden Sie ehrlich zu sich selbst.
Dito, Schritt 2.

3. Heben Sie einen Stein auf, jeden Stein.
Halten Sie den ersten aufrichtigen Wunsch fest, der Ihnen in den Kopf kommt, egal wie trivial oder hochtrabend er zu sein scheint.

4. Gehen Sie Ihren Wünschen auf den Grund.

Falls der von Ihnen angestrebte Wunsch nicht von Gefühlen wie Offenheit, Frieden und Ausweitung der Interessen begleitet wird, handelt es sich nicht um Ihren Herzenswunsch. Folgen Sie der Spur Ihrer Wünsche, bis Sie auf Ihre echte Sehnsucht stoßen.

5. Setzen Sie Ihre Wünsche konsequent um.

Fangen Sie an, von sich als jemandem zu denken, der nicht nur will, was Sie wollen, sondern es auch bekommen wird.

6. Verlassen Sie den ausgetretenen Pfad.

Gehen Sie nicht davon aus, das Ziel Ihrer Wünsche mit »normalen« Mitteln zu erlangen, seien Sie offen für ungewöhnliche Lösungen.

7. Fragen Sie »Und dann?«

Stellen Sie sich vor, wie Ihr Leben aussehen wird, nachdem Ihr Wunsch in Erfüllung gegangen ist. Wenn das, was darauf folgt, genauso befriedigend ist wie das Ziel selbst, haben Sie einen Treffer erzielt.

8. Glauben Sie daran, dass Sie Ihr Leben um die Erfüllung Ihrer Wünsche herum arrangieren können.

Vielleicht müssen Sie sich Mut machen, wenn die Anti-Wunsch-Truppe in Ihrem Kopf loslegt. Sagen Sie sich einfach immer wieder, dass es möglich und notwendig sei, zu bekommen, was Ihr Herz sich wirklich wünscht. Letzten Endes wird die Erfahrung Sie lehren, dass es wirklich so ist.

SCHRITT 4

Kreativität

Entwickeln und notieren Sie jeden Tag mindestens eine neue konkrete Idee, die Ihnen dabei hilft, etwas zu erlangen, was Ihr Herz sich wünscht.

»Und jetzt«, singt die Lehrerin des Yogakurses, den ich gerade angefangen habe, leise, »um die Übung zu intensivieren, atmen Sie in Ihre Hüften und *dehnen* Sie den Raum in Ihrem Becken, heben Sie Ihre Hirnschale *hoch* Richtung Decke und drücken Sie Ihre Milz *runter* zum Erdzentrum.« Beruhigende Sitar-Musik läuft im Hintergrund, während sie uns die Übung vormacht, ein Bein hinter ihrem Nacken verschränkt, das andere in ihre Achselhöhle geschoben, ihren Kopf (soweit ich das sagen kann) sachte neben ihrem Hintern auf dem Boden platziert. Sie sieht aus wie das sehr gelassene Opfer eines ganz furchtbaren Verbrechens. Ich könnte diese Position genauso wenig annehmen, wie ich zum Neptun fliegen kann. Nichtsdestotrotz bin ich froh, hier zu sein. Diese großartige Frau mit der honigsüßen Stimme hat ihren Körper trainiert, so biegsam und nachgiebig zu sein, dass er sich auf jede Art von Stress einstellen kann, der auf ihn einstürmt, und ich möchte so sein wie sie.

Ich erinnere mich, über einen Footballspieler gelesen zu haben, er lerne Yoga, damit sein Körper in seinem Vollkontaktsport vor Überraschungen sicher ist. Nun, für den Fall, dass Sie es noch nicht gemerkt haben: Auch das Leben ist ein Vollkontaktsport, zumindest für die Seele. Ein psychologisches Äquivalent zu Yoga, das auf sanfte, aber beharrliche Weise dehnt und kräftigt, ist der schöpferische Akt. Ich verwende diesen Begriff, um auf den Vorgang der Verwirklichung –

des tatsächlichen Umsetzens – von Ereignissen, Zielen oder Beziehungen zu verweisen, die ursprünglich nur in unserer Vorstellung existieren. Das geistige Bild, das ich Sie zu verwirklichen bitte, ist die Befriedigung Ihrer Herzenswünsche. Wenn das Praktizieren von Schritt 3 offen gelegt hat, dass Sie sich ein Leben mit vielen Reisen wünschen, so verlangt Schritt 4 von Ihnen, über konkrete Ideen nachzudenken, wie Sie dieses Leben umsetzen können. Falls Sie sich inneren Frieden, haufenweise Geld oder einen Mentor wünschen, so müssen Sie sich etwas einfallen lassen, um diese Dinge zu bekommen.

Falls Sie einen drängenden Wunsch haben, der alle anderen jeden Tag in den Hintergrund stellt, wird Schritt 4 Sie geradewegs dazu bringen, ihn zu erfüllen. Eine meiner Klientinnen war zum Beispiel Eliteschwimmerin, und ihr größter Wunsch war es, eine olympische Medaille zu gewinnen. Andererseits haben Sie vielleicht eine ganze Reihe von Wünschen, die an verschiedenen Tagen auftauchen: Am Donnerstag ist es Ihr dringlichster Wunsch, Ihren eigenen Roman zu schreiben; am Freitag wünschen Sie sich nichts mehr als mit einem Ihnen Nahestehenden allein zu sein. Um Schritt 4 zu praktizieren, sollten Sie einfach an dem arbeiten, was Sie sich gerade jetzt am meisten wünschen. Wenn ein Wunsch dauerhaft wichtig für Sie ist, wird er schon oft genug aufkreuzen, und Ihnen werden genug kreative Ideen einfallen, um ihn umzusetzen. Oder Sie werden schließlich mit äußeren Bedingungen konfrontiert, die einen anderen Weg für Sie schaffen und von Ihnen verlangen, sehr hart zu arbeiten. Ein Arzt muss Medizin studiert haben, ein Kind muss man aufziehen, auch wenn man keine elterlichen Gefühle hegt. In diesem Fall ist das, was ursprünglich die Erfüllung von Schritt 4 war, etwas anderes geworden. Sie werden spielerisch lernen, wie Sie damit umgehen können, wenn wir zu Schritt 7 kommen. Schritt 4 ist dazu gedacht, den Ball in Richtung Wunschbefriedigung ins Rollen zu bringen. Ein starker Wunsch wird immer weiter rollen und sich wiederholt melden. Falls nicht, wird er es Ihnen zumindest ermöglichen, Ihre Wünsche weit genug zu erforschen, um zu sehen, ob Sie eine wirkliche, tragfähige Leidenschaft für sie hegen.

Der einzige Weg, um das zu erreichen, besteht darin, mit Ihrem Verstand sonderbare, nicht eingängige Positionen einzunehmen, so wie Yogis es mit ihrem Körper tun. Während dieses Prozesses werden Sie Ihre Fähigkeiten steigern, mit jeder Art von Problem fertig zu werden, angefangen mit der banalen, täglichen Plackerei bis hin zu Fragen nach der richtigen Art zu lieben oder so unangenehmen Dingen wie dem Kampf gegen Terrorismus. Schritt 4 des *Enjoy your life-Programms* ist so konzipiert, dass Sie innerhalb dieses ganzen Aktionsspektrums geübter werden. Machen Sie sich keine Gedanken, wie albern, unmöglich, hochtrabend oder armselig Ihre Idee *du jour* auch scheinen mag. Das Einzige, was zählt, ist, dass Sie sich diese ausdenken und dann aufschreiben – Tag für Tag.

Göttliches Unbehagen

Wenn ich Klienten frage, wie ihre Pläne aussehen, um das zu bekommen, was sie wollen, ist die typische Reaktion Verblüffung, durchsetzt (manchmal auch mehr als durchsetzt) von Ärger. Moment mal, regen sich die Klienten auf, bezahlten sie nicht eigentlich mich dafür, dieses Problem zu lösen? Nein, in Wahrheit bezahlen sie mich dafür, sie dahin zu bringen, das Problem *selbst* zu lösen. Wenn ich für sie ihre geistigen Yogaübungen mache, werden sie am Schluss genauso unflexibel und festgefahren sein wie zu Beginn. Diese Schlussfolgerung hilft mir, einen *meiner* Herzenswünsche zu erfüllen – dafür bezahlt zu werden, praktisch nichts zu tun – aber sie entspricht auch der Wahrheit. Dennoch mögen meine Klienten es nicht, weil Kreativität eine Anstrengung des Verstandes erfordert, die so unbequem sein kann, dass viele Menschen sie ihr Leben lang vermeiden.

Wenn Sie mit Schritt 4 beginnen, sollten Sie wissen, dass dabei anhaltendes psychisches Unbehagen entstehen kann, und das ist gut so. Beim Yoga bezeichnet man das als »bis an die Grenzen gehen«, sich in eine Position zu begeben, in der man sich *leicht* unbehaglich fühlt, und so zu verharren, während die Beweglichkeit langsam zunimmt. Geht man dagegen über seine Grenzen hinaus, so verursacht das auf der Stelle Schmerzen und konditioniert Sie auf Vermeidung, was Sie dann tatsächlich weniger beweglich macht. Wissen Sie erst einmal, wie es sich anfühlt, an die Grenzen Ihrer Kreativitätskapazität zu gehen, werden Sie anfangen zu erkennen, dass Probleme gelöst werden können, indem Sie sich in dieses Gefühl hineinbegeben, statt sich davon zurückzuziehen. An vielen Tagen wird Schritt 4 eine Herausforderung sein. Die Herausforderung als Teil des Prozesses anzusehen, hilft Ihnen, damit aufzuhören, Ihrer Kreativität in die Quere zu kommen. Hier sind einige unbequeme Wahrheiten, die Sie auch von vornherein kennen sollten.

1. *Unbequeme Wahrheit:* Für Ihre Lebensgestaltung sind immer Sie selbst verantwortlich

Es ist bedauerlich, dass das Wort Kreativität zumeist in Zusammenhang mit großer Kunst gesehen wird oder mit der Art von Finger-Painting-Kursen, die Sie an der Volkshochschule besuchen können. Irgendwo zwischen diesen beiden Enden des Spektrums lassen sich die meisten Menschen einordnen, und diese Leute sind es gewohnt, zu denken, sie würden rein gar nichts kreativ gestalten. Diese Einstellung ist kompletter Unsinn. Selbst wenn Sie nie an die schönen Künste heranreichen werden, kreieren Sie jeden Tag drauflos, während Sie im Medium der Erfahrung arbeiten. Handlungen, Dinge, Wörter, Gesten – buchstäblich alles, was Sie durch Ihre Wahl beeinflussen, wird zum Teil Ihrer Kreativität. Jedes Mal, wenn Sie Ihre Gedanken einem geliebten Menschen mitteilen, eine Mahlzeit kochen oder ein neues Stück Seife für die Schale auf Ihrem Badewannenrand aussuchen, schaffen Sie eine Veränderung in Raum oder Zeit, zu der es ohne Sie nie gekommen wäre. Ob bewusst oder unbewusst, Sie selbst haben mehr Macht, Ihr eigenes Leben zu gestalten als irgendjemand oder -etwas sonst.

Das ist womöglich schwer zu verdauen, falls Sie sich gerade in einer schwierigen oder enttäuschenden Situation befinden. Christine zum Beispiel kam zu mir, nachdem sie in einer ganzen Reihe von Jobs und Beziehungen gescheitert war. Geschickt, fleißig und voller guter Vorsätze wie Christine war, hatte sie keine Ahnung, warum für sie immer gerade dann alles schief lief, wenn sie kurz vor dem Erfolg stand. Nachdem wir ein paar Minuten in ihrer Psyche herumgestöbert hatten, entdeckten Christine und ich gemeinsam etwas: Christine hatte von ihren Eltern (unbewusst) die starke Überzeugung beigebracht bekommen, dass sie ihre Sache im Leben gut machen sollte, aber nicht so gut, dass sie völlig unabhängig von den Eltern würde. Nun die gute Nachricht: Christine war überhaupt nicht gescheitert – tatsächlich hatte sie immer genau das erreicht, was sie sich vorgenommen hatte: bei jedem Vorhaben schnell erfolgreich zu sein und das Ganze in dem Moment zu sabotieren, wenn sie kurz davor war, finanziell und emotional unabhängig zu werden. Was Christine für unerklärliches Pech oder den Beweis von Hilflosigkeit gehalten hatte, war in Wahrheit ein Ausdruck ihrer kreativen Macht.

Zu verstehen, dass Sie diese Art von Macht besitzen, kann schmerzhaft und ärgerlich sein, weil es verlangt, dass Sie die Verantwortung für viele Ihrer vergangenen, derzeitigen und zukünftigen Erfahrungen übernehmen und nicht die Schuld abwälzen, das Opfer spielen oder den Schwarzen Peter weitergeben. Wenn Ihnen das nicht gefällt, so erlauben Sie mir trotzdem, Ihnen vorzuschlagen (das ist positiv gemeint und soll Ihnen helfen), dass Sie es akzeptieren und danach handeln. Auch wenn Sie Ihre Rolle unvollkommen spielen, so sollten Sie doch Ihr ganzes Potenzial an Kreativität ausschöpfen.

2. Unbequeme Wahrheit: Kreativität ist anstrengend

»Meine Frau spielt wirklich gut Geige«, erzählte mir ein Klient namens Benjamin, »aber sie hat kein Talent. Sie übt nur sehr intensiv.« Mit dieser spontanen Bemerkung kommentierte Benjamin 50 verbissene Jahre voller hinter den Erwartungen zurückgebliebener Leistungen. Aber ich glaube zu wissen, was er dachte: Er meinte, Talent bedeute Erfolg ohne Anstrengung. Benjamin hatte sein Leben lang erfolglos nach seinem eigenen Genie gesucht, weil er nicht wusste, wie es aussieht. Er dachte, er würde es an der großartigen Arbeit erkennen, die spontan aus ihm herausströmen würde. Niemals hatte er damit gerechnet, dass sich das Talent hinter langwieriger, chaotischer, schwieriger und ernüchternder Arbeit zeigen würde. Michelangelo sagte einmal: »Wenn die Menschen wüssten, wie hart ich arbeite, fänden sie meine Leistungen nicht so bemerkenswert.« Die meisten Menschen ordnen kreativen Erfolg einer unglaublichen Leichtigkeit zu, obwohl sich in Wahrheit große Anstrengung dahinter verbirgt.

Menschen mit Benjamins Denkstruktur neigen dazu – manchmal auf gehässige Art und Weise –, sehr kritisch zu sein. Ihre Annahme, Kreativität sei nicht schwierig, stoppt sie nicht nur auf ihrem Weg, sobald sie auf Schwierigkeiten stoßen, sondern rechtfertigt ihre Kritik an anderen in puncto Kindererziehung, Arbeit oder Lebensführung. Kritik ist ein verlockender Ersatz für Kreativität, denn Dinge zu zerstören statt sie zu bewahren, ist so einfach wie das Herunterfallen von einem Baumstumpf. Es ist so einfach, eine herablassende Pose einzunehmen, wenn man die schöpferische Arbeit eines anderen angreift, doch das alte Sprichwort hat Recht: Jeder Narr kann eine Scheune abbrennen – eine zu bauen, ist schon eine andere Sache.

Bis an die Grenzen Ihrer Kreativität zu gehen, heißt, sich ständig dazu herauszufordern, im Schützengraben zu stehen, anzupacken, aufzubauen und zu arbeiten, statt auf den mühelosen Erfolg zu warten oder die Arbeit anderer Leute zu zerstören. Wenn Sie die Arbeit eines kreativen Meisters betrachten, gehen Sie nicht davon aus, dass es leicht war; studieren Sie diese Arbeit, um zu sehen, wie der schöpferische Geist arbeitet, und erinnern Sie sich daran, dass Sie lernen könnten, genauso zu arbeiten, wenn Sie sich sehr bemühen. Bevor Sie negative Kommentare über die Arbeit anderer Leute abgeben, verlangen Sie von sich selbst, unter vergleichbaren Bedingungen eine bessere Arbeit abzuliefern. Denken Sie daran, dass Sie, wie jeder andere auch, die großen Visionen vor Ihrem geistigen Auge nur durch die Arbeit mit den schmutzigen, widerspenstigen Werkzeugen der materiellen Welt realisieren können.

3. *Unbequeme Wahrheit:* Kreativität funktioniert für gewöhnlich nicht

Mit triumphierender Stimme rief mich einmal ein Freund an, um mir die Ergebnisse einer Studie vorzulesen, in der aufgezeigt wurde, dass Pessimisten häufiger Recht haben als Optimisten. Ich war nicht überrascht. Weil Kreativität schwierig und problematisch ist, schlagen sogar die perfektesten Pläne fehl. Ob Sie es in Angriff nehmen, ein Vermögen zu machen, eine Freundschaft zu schließen oder das Leben der Tiere im Zoo zu verbessern, bei jedem Versuch ist Ihre Chance, erfolgreich zu sein geringer als die zu scheitern. Da ich selbst ein Optimist bin (der deshalb auch gewöhnlich falsch liegt, aber nicht in diesem Fall), glaube ich nicht, dass die entmutigenden Aussichten uns von dem Versuch abhalten sollten, unser Leben so zu gestalten, dass es voller Freude ist. Ich denke, es bedeutet viel eher, wir sollten es öfter und auf verschiedenen Wegen probieren.

Während meiner Arbeit als Lebensberaterin ist mir aufgefallen, dass der größte Unterschied zwischen extrem erfolgreichen Menschen und völligen Versagern darin besteht, dass die Erfolgreichen häufiger scheitern. Sie stecken ihr Herz in ein hoffnungsvolles Projekt nach dem anderen, und die meisten dieser Versuche schlagen fehl. Der Comedy-Autor John Vorhaus behauptet, dass in seinem Beruf die Durchfallquote bei ungefähr 90 Prozent liege. Er bezeichnet das als die »9er-Regel«, was bedeutet, für jeden guten Witz, den ein Komiker schreibt, gibt es neun weitere, die ungefähr so lustig sind als würde man unter Aussatz leiden. Erfolgreiche Komiker sind nicht notwendigerweise Menschen, die in 100 Prozent der Fälle – oder nicht einmal 50 Prozent – den Spaßnerv treffen. Sie sind einfach Menschen, die tausend Witze schreiben und dann die 900 streichen, die nicht funktionieren.

Ich ermutige Sie, sich an die 9er-Regel zu erinnern, wenn Sie sich daran machen, Ideen zur Erfüllung Ihrer Wünsche zu entwickeln. Außerdem schlage ich vor, dass Sie sich die folgende Aussage (die ich bereits erwähnte und bis ans Ende meiner Tage wiederholen werde) an einer gut sichtbaren Stelle auf Ihre Stirn tätowieren:

Wenn etwas es wert ist, getan zu werden, ist es sogar wert,
schlecht getan zu werden.

Das ist die grundlegende Prämisse, die allen erfolgreichen Kreativen hilft, im Angesicht häufigen Scheiterns weiterzumachen. An manchen Tagen werden alle Ideen, die Sie sich für Schritt 4 ausdenken, furchtbar sein. Gut gemacht! Sie sind eine schlechte Idee näher an eine gute herangerückt.

Denken Sie sich etwas aus und notieren Sie es

Da Sie nun einiges über die hässliche Wahrheit des Entwickelns kreativer Ideen wissen, lassen Sie uns zur Tat schreiten. Wenn Sie die ersten drei Punkte des *Enjoy your life-Programms* bisher regelmäßig geübt haben, so haben Sie den wichtigsten Teil schon fast abgeschlossen.

Sorgfältig und ausdrücklich die zu beantwortende Frage beziehungsweise den zu erfüllenden Wunsch festzulegen, gewährleistet, dass Ihre kreativen Ideen das richtige Problem ansteuern. Die meisten Menschen, die ihr Leben nicht bewusst gestalten, kommen niemals so weit. Ihre Lebenspläne resultieren aus halbherzig formulierten Neigungen und den Ansprüchen anderer Menschen, was bedeutet, dass ihre Kreativität niemals zur Lösung der Probleme eingesetzt wird, die wirklich wichtig für sie sind. Nehmen Sie sich also genug Zeit für die Schritte 1, 2 und 3, bevor Sie sich in die Kreativität stürzen.

Wenn Sie für Schritt 4 bereit sind, benötigen Sie ein Blatt Papier und einen Stift. Fangen Sie damit an, Ihren Wunsch in Form einer »Wie«-Frage aufzuschreiben. Wenn Ihr Wunsch zum Beispiel lautet: »Ich möchte mich mit einem Bundeswehrsoldaten treffen«, so schreiben Sie: »Wie kann ich einen Bundeswehrsoldaten dazu bewegen, sich mit mir zu verabreden?« oder »Wie kann ich es anfangen, einen Bundeswehrsoldaten zu treffen?« Falls Ihr Wunsch ist: »Ich möchte einen neuen Hamster«, versuchen Sie, welche Frage am besten zu Ihrer Situation passt. Für den einen kann es sein: »Wie beschaffe ich mir einen neuen Hamster?« Bei einer anderen Person lautet die Frage vielleicht: »Wie kann ich herausfinden, wie man für einen Hamster sorgt?« oder »Wie kann ich herausfinden, wo genau ich die Art Hamster bekomme, die ich möchte?«

Schreiben Sie jetzt mindestens fünf Antworten zu dieser Frage auf. Seien Sie einfallsreich und offen, sogar ein bisschen skurril. Das Wichtige hierbei ist Quantität, nicht Qualität, also Treffer für Sie, falls Ihre vorgeschlagenen Lösungen verrückt, befremdlich oder unmöglich scheinen. Sich wilde, unter Umständen lächerlich wirkende Ideen auszudenken, bringt Ihre Kreativität in Bewegung, und eine vernünftige (aber vordem ungeahnte) Lösung taucht vielleicht gerade dann auf, wenn Sie es am wenigsten erwarten. Tatsächlich ist der beste Weg, Lösungen zu hartnäckigen Problemen zu finden, sich sonderbare, verrückte oder überraschende Dinge auszudenken, die Sie tun könnten, um Ihre Herzenswünsche zu erfüllen. Sobald Sie auf eine Antwort gestoßen sind, die umsetzbar wäre, sind Sie mit Ihrem täglichen Training von Schritt 4 fertig.

Falls Sie auf Ihrem Stift herumkauen wie ein Hase auf einer Möhre, unfähig, sich auch nur eine einzige Idee auszudenken, oder falls Sie das derzeitige Ende Ihrer Vorstellungskraft erreicht haben, so verstehen Sie das bitte nicht als Sackgasse. In Wahrheit ist es eine Chance für einen konzeptionellen Durchbruch. Wie Einstein sagte, wurde ein Problem niemals innerhalb der gedanklichen Grenzen gelöst, in denen es entstanden ist. Kreativität bedeutet immer, über die Grenzen Ihrer derzeitigen Weltsicht hinauszugehen. Dabei kann ein bisschen geistiges Yoga helfen. Im Folgenden sind einige Techniken aufgeführt, die konzipiert sind, um Ihren Verstand in ungewohnte Positionen zu bringen. Diese können Ihnen dabei helfen, wie am Fließband so viele furchtbare Ideen hervorzubringen, dass früher oder später eine gute dabei sein wird. Probieren Sie die folgenden Techniken, während Sie Ihren unerfüllten Wunsch im Hinterkopf behalten.

Übung 1: Entwickeln Sie neue Ideen

Eine Freundin von mir ist Lehrerin und unterrichtet im Jahr bis zu 100 Schüler. Sie beginnt ihren Unterricht immer damit, dass sie die ganze Klasse bittet, eine bestimmte Stelle des Fußbodens zu überqueren. Es gibt dabei einen Haken: Niemand darf die Stelle auf eine Art und Weise überqueren, wie es bereits ein anderer vor ihm getan hat. Die ersten Schüler setzen die nahe liegenden Methoden ein – rückwärts gehen, kriechen, hüpfen, springen. Die nächsten Schüler sind zunächst etwas verblüfft, bis plötzlich jemand eine bahnbrechende Idee hat – zum Beispiel einen Stuhl mit Rollen zu benutzen oder mit anderen zusammenzuarbeiten und sich auf verschiedenste neuartige Weisen zu bewegen. Je mehr Möglichkeiten ausgeschöpft sind, desto mehr neue Ideen kommen den Schülern. Außerdem erzählte mir meine Freundin, dass in jedem Jahr immer irgendjemand einen ganz neuen Einfall hat, den es vorher nicht gegeben hat. Sich selbst dazu zu zwingen, etwas noch nie Dagewesenes zu erfinden, eröffnet ganze Welten von Möglichkeiten, gerade wenn Sie glauben, Ihnen gingen die Ideen aus. Das *Enjoy your life-Programm* verlangt nach einer reellen, machbaren Idee pro Tag, aber wenn Sie erst einmal loslegen, kommen Ihnen wahrscheinlich 20 neue Ideen auf einmal.

Übung 2: Verharren Sie bei Ihren Feinden

»Ausharren« ist ein Begriff aus der Psychologie, der bedeutet, man solle sich bis zur Besessenheit auf eine Sache konzentrieren. Falls Sie noch nie bei etwas ausgeharrt haben, können Sie diese Übung überspringen – aber ich halte das für höchst unwahrscheinlich. Die meisten von uns haben ihre Themen, über die sie bevorzugt grübeln. Wir können bei unserer Einsamkeit verharren, beim Verhalten unserer Kinder, der Ausbreitung afrikanischer Killerbienen oder was auch immer. Vielleicht gibt es einen Persönlichkeitstyp (freizügig, verklemmt, beherrschend), der uns wütend macht, sobald wir ihn bei jemandem vorfinden. Vielleicht konzentrieren wir uns unerbittlich auf einen Menschen, verharren jahrzehntelang bei einer aktuellen oder beendeten Beziehung.

Diese Übung beginnt damit, eine Person oder Gruppe von Menschen auszumachen, über die Sie oft grübeln. Ich interessiere mich besonders für die Menschen, die Sie absolut nicht ausstehen können, unangenehme Zeitgenossen, deren Verhalten dermaßen verwerflich ist, dass Sie stundenlang darüber nachdenken könnten, wie furchtbar diese Menschen sind. Seien Sie ehrlich, wenn Sie diesen Menschen oder diese Gruppe benennen. Machen Sie sich dabei keine Gedanken darüber, ob es vernünftig, vorurteilsfrei oder politisch korrekt klingt. Ich habe ganze Monate meines Lebens damit verbracht, über Leute nachzudenken, die ich verabscheue, obwohl sie immer nur nett zu mir waren. Ich habe ohne große Rechtfertigung ganze Berufszweige verurteilt. Ich machte zum Beispiel eine Phase durch, in der ich alle verabscheute, die einen Doktortitel hatten. Ob das gerecht oder richtig war? Natürlich nicht. Hat es mir dabei geholfen, kreative Wege zu finden, um das zu bekommen, was ich mir vom Leben wünsche? Allerdings, sobald ich einmal angefangen hatte, es auf die folgende Art und Weise anzugehen. Zuerst schreiben Sie die Person oder Gruppen auf, die Sie als absolut empörend empfinden. Das ist dann Ihr Feindbild.

Benennen Sie Ihren Feind.

Wen ich wirklich absolut nicht ertragen kann: ______________

Nun denken Sie darüber nach, was Sie an Ihrem Feind am meisten hassen. Was hat er an sich, was tut er, das Sie wirklich rasend macht. Das muss gar keine echte Eigenschaft oder Verhaltensweise sein. Es kann frei erfunden sein, ein Produkt Ihrer Vorstellungskraft. Fahren Sie fort und legen Sie es ganz genau fest, ob es nun gerechtfertigt ist oder nicht.

Ich dachte zum Beispiel, Menschen mit einem Doktortitel wären alle überbildete, selbstgefällige Narzissten ohne jegliche Erfahrung im wirklichen Leben. Meine Klientin Dorothy gestand, sie verabscheue Frauen, die freizügige Kleidung tragen – sie hielte sie für dumm und mit einem übermäßig starken Sexualtrieb ausgestattet. Bill hasste Polizisten; für ihn waren sie gefährliche Überwachungs-Fanatiker. Helen wurde ständig von ihrer Mutter heimgesucht, die sich mit 58 Jahren immer noch so hilflos gebärdete wie eine Fünfjährige. Was an Ihrem Feind bringt Sie um den Verstand? Schreiben Sie auf – aber aufrichtig –, was immer Ihnen einfällt.

Benennen Sie die bösen Taten Ihres Feindes.

Was mich an ____________ am meisten stört, ist

____.

Gut möglich, dass Sie den zur Verfügung stehenden Platz, um all das aufzuschreiben, was Sie an Ihrem Feind hassen, für nicht ausreichend halten. Wunderbar! Begeben Sie sich in Ihre Grübelstimmung und machen Sie eine Liste der wirklich abscheulichen Eigenschaften, die Ihr Feind an den Tag legt. Das kann ein bisschen Zeit in Anspruch nehmen, aber was soll's – es wird Zeit, dass Sie auf eine andere Art und Weise intensiv über dieses Thema nachdenken. In die folgende Liste tragen Sie bitte die Eigenschaften desjenigen Feindes ein, den Sie am meisten hassen.

Liste der Eigenschaften meines Feindes

Ich hasse insbesondere die folgenden Dinge an meinem Feind:

1. ____________________
2. ____________________
3. ____________________
4. ____________________
5. ____________________

Bisher fühlen Sie sich wahrscheinlich ziemlich gut bei dieser Übung. Über seine Feinde zu grübeln, ist ein unterhaltsamer Zeitvertreib, sehr stärkend für das Ego. Bedauerlicherweise ist dieser Teil der Party jetzt vorbei. Nun schlage ich vor, dass Sie *genau* diese aufgelisteten Eigenschaften und Verhaltensweisen in Ihr eigenes Verhalten integrieren, um Ihre Herzenswünsche zu erfüllen. Ja, Sie haben mich völlig richtig verstanden. Ich fordere Sie auf, sich all die Verhaltensweisen anzueignen, die Sie am meisten hassen, um sich mit Ihrem Feind zusammenzutun – oder zumindest von ihm zu lernen.

Das Grundprinzip hinter diesem Vorschlag ist, dass wir nicht über Dinge grübeln, wenn sie nicht psychisch wichtig für uns sind. Wenn das Objekt der Besessenheit eine andere Person ist, so ist das gewöhnlich deshalb der Fall, weil diese Person einen Aspekt unseres

Ichs verkörpert, den wir aufzunehmen und zu akzeptieren versuchen. Das trifft gleichermaßen auf die zu, die wir am meisten hassen, wie auf die, die wir am stärksten lieben. Es kann gut sein, dass der Grund, warum Ihre Gedanken sich um Ihren Feind drehen, der ist, dass Sie quasi in einen Spiegel schauen, einer, der Ihnen all die Dinge zeigt, von denen Sie meinen, dass Sie so nicht sein sollten. Verurteilendes, missbilligendes Grübeln ist häufig unsere Methode, uns gegen Teile unseres Ichs zu sträuben, die wir vertrieben haben, weil wir sie für schlecht halten. Dieser Glaube macht uns starr, in einer Position festgefahren, unfähig, die ganze Bandbreite unserer Persönlichkeit zu erforschen und deshalb nicht in der Lage zu sein, uns dem Leben auf kreative Weise zu nähern. Das heißt nicht, dass Ihre Feinde moralisch gesehen Recht haben oder dass Sie diese nicht verabscheuen sollten. Es heißt, dass Sie vielleicht eine umgearbeitete Version ihrer Eigenschaften in Ihrem eigenen Verhaltensrepertoire benötigen.

Mein Hass auf alle mit einem Doktortitel entstand zum Beispiel kurz nachdem ich ein geistig zurückgebliebenes Kind bekommen und Harvard verlassen hatte, wo ich selbst Anwärter auf den Doktortitel war. Ich wollte so sein wie die anderen jungen Mütter, und ich wollte, dass die Welt meinen Sohn unabhängig von seinem Intelligenzquotienten akzeptiert. Ich lehnte unbewusst – aber sehr rigoros – den Teil von mir ab, der es in Wirklichkeit mochte, mit gelehrten, ehrgeizigen Leuten an einer angesehenen Universität herumzuhängen. Ich konnte nicht aufhören, darüber zu grübeln, wie sehr ich Akademiker hasste, weil ein Teil von mir nicht aufgeben wollte, dass ich selber einer war, und dass der Doktortitel, wie unfair es auch sein mochte, helfen würde, meine Träume zu erfüllen. Solange ich diesen Teil von mir, der (wie hatte ich es genannt) ein überbildeter, selbstgefälliger Narzisst ohne jegliche Erfahrung im wirklichen Leben war, nicht akzeptierte, war ich nicht in der Lage, all meine Fähigkeiten und Legitimationen zur Erfüllung meiner Herzenswünsche einzusetzen.

Hier sind einige Beispiele, wie die Übung bei einigen Klienten, die ich bereits erwähnte, erfolgreich wirkte: Dorothys Leben änderte sich dramatisch, als sie tatsächlich begann, die sexy Kleidung, die sie immer verachtet hatte, zuerst zu probieren, dann zu kaufen und schließlich zu tragen. Es stellte sich heraus, dass Dorothy selbst sehr sexy aussehen konnte, etwas, von dem man ihr beigebracht hatte, es sei verrucht, provozierend und würde sie wahrscheinlich in größte Schwierigkeiten bringen. Tat es nicht. Nachdem Dorothy ihre Sexualität stärker einbezogen hatte, führte sie eine bessere Ehe und hatte ein lebendigeres Leben. Bill erkannte, dass sein Hass auf Polizisten von einem Teil seines Ichs kam, das nicht länger ein, milde ausgedrückt, Fußabtreter sein wollte. In Bills sensibler Seele gab es einen stahlharten Helden, und diese Tatsache anzunehmen, gab ihm ein Gefühl von Ausgeglichenheit und Selbstvertrauen. Helens Verhältnis zu ihrer Mutter änderte sich gravierend, als Helen klar wurde, dass sie in dieser Beziehung immer die Erwachsene gespielt hatte, während ihre Mutter das Kind war. Sobald Helen es zuließ, selber mehr Kind zu sein – weniger geduldig und nachsichtig, sich dafür stärker ihres eigenen Bedürfnisses bewusst, umhegt zu werden – grenzte sie sich besser ab und schenkte ihrer Mutter weniger grollgetränkte Aufmerksamkeit, aber dafür mehr Ansporn, erwachsen zu werden.

Überprüfen Sie Eigenschaften, die Sie in die vorhergehende Liste eingetragen haben, mit dem Bewusstsein, dass dies genau die Dinge sind, die Sie an sich selbst akzeptieren müssen. Nähern Sie sich dann dem Problem, Ihre Wünsche zu erfüllen, aus der Perspektive des »Feindes«. Wenn Sie faule Menschen hassen, werden Sie Ihre Probleme vielleicht nur lösen, indem Sie bereit sind, nicht mehr so viel zu arbeiten. Wenn Sie als Frau über die schrecklichen Eigenschaften der Männer grübeln, müssen Sie vielleicht Strategien und Persönlichkeitseigenschaften einsetzen, die Sie für typisch männlich halten – das Gleiche gilt für Männer, die keine Frauen ausstehen können. Wenn Sie entsetzt sind über die Schlamperei anderer Leute, so schieben Sie vielleicht eine Lösung Ihrer Probleme beiseite, nur weil sie chaotisch wirkt. Überlegen Sie sich Möglichkeiten, wie Sie Aspekte Ihrer Feinde aufnehmen können, und Sie werden wahrscheinlich eine neue Perspektive entdecken, aus der gänzlich neue Ideen entstehen.

Übung 3: Überwinden Sie falsche Dichotomien

Auf dieser Welt gibt es zwei Arten von Menschen: diejenigen, die die Menschen in zwei Gruppen einteilen und diejenigen, die das nicht tun. Im Ernst, es gibt wirklich eine Stufe der psychologischen Entwicklung, die durch »zweigeteiltes Denken« oder die Überzeugung, das Universum bestehe aus gegensätzlichen Paaren, gekennzeichnet ist. Der Psychologe Carl Rogers hat eine ganze Therapieform auf der Prämisse aufgebaut, dass falsche Dichotomien bei den meisten fehlgesteuerten Verhaltensweisen eine Rolle spielen. Wenn wir glauben, dass alles in unserem Leben »entweder/oder« sei, neigen wir dazu, zwischen den beiden Extremen zu wechseln, ohne jemals die unbegrenzten Möglichkeiten erforscht zu haben, die irgendwo dazwischen oder ganz woanders liegen.

Kim zum Beispiel führte ein wildes Leben, sie lebte in einer Mansarde und ging auf ausgelassene Partys, bis sie ein Kind bekam und plötzlich ein »braves Mädchen« wurde, das niemals etwas nur zum Spaß tat. Leonard dachte, Arzt zu werden hieße, mit seiner Karriere verheiratet und nicht in der Lage zu sein, eine erfüllende Beziehung aufrechtzuerhalten. Lorraine glaubte, wenn sie eine Katze wolle, müsse sie mit einer unangenehmen Allergiebehandlung weitermachen. All diese Menschen dachten, sie müssten sich zwischen zwei Möglichkeiten entscheiden. Das hielt sie davon ab, nach Wegen zu suchen, mit denen ihre Probleme gelöst werden könnten. Versuchen Sie, eine Liste zu machen mit den »Entweder/Oders« Ihres Lebens, um falsches zweigeteiltes Denken abzustellen. Dies können alle Arten von Gegensätzen oder Widersprüchen sein.

Mein zweigeteiltes Leben

Ich kann entweder ________________ oder ____________________sein.
Ich kann entweder ________________ oder __________________haben.
Ich kann entweder ________________ oder _________________machen.

Jetzt tragen Sie die gleichen Dinge in die folgende Liste ein:

Mein kreatives Leben

Ich will gleichzeitig ________________ und ____________________ sein.
Ich will gleichzeitig ________________ und __________________ haben.
Ich will gleichzeitig ________________ und _________________ machen.

Sie werden zunächst eine Menge Widerstand gegenüber dem spüren, was Sie in die Liste »Mein kreatives Leben« geschrieben haben. Je wütender es Sie macht (»Nein, verdammt noch mal, ich kann nicht gleichzeitig professioneller Hula-Tänzer und Richter am Obersten Gericht sein«), desto wahrscheinlicher ist es, dass die Dichotomie auf falschen Vorstellungen und nicht auf der Realität beruht. Selbst wenn diese Ideen Sie aus der Fassung bringen, *gerade* wenn sie das tun, dann notieren Sie die Sätze aus der Liste mehrmals. Achten Sie darauf, dass jede Wiederholung eine kleine Veränderung dessen mit sich bringt, was Sie dabei empfinden. Ihre Starrheit beginnt vielleicht wackelig zu werden, ähnlich wie Ihre Milchzähne, kurz bevor sie ausfielen. Indem Sie etwas festhielten, was Sie für unmöglich hielten, haben Sie Ihren Verstand in Bewegung gesetzt, um ungewöhnliche Lösungen zu finden. Das Wort »oder« wegzunehmen und durch »und« zu ersetzen, ermutigt Ihr kreatives Hirn, sich Mittel und Wege auszudenken, die es sonst für sich behalten hätte.

Ich habe Dutzende von Klienten erlebt, die auf gleichermaßen unübliche Methoden der Problemlösung kamen, indem sie das Rohmaterial ihres Lebens auf Arten miteinander kombinierten, die sie niemals für möglich gehalten hätten. Kims ganzes Leben veränderte sich, als sie erkannte, dass sie die Anforderungen der Mutterschaft sowie Freundschaften und Feste miteinander vereinbaren konnte, und dass beides zu haben ihr ein Gefühl von Ausgeglichenheit bescherte, das sie die ganze Zeit vermisst hatte. Leonard eröffnete seine eigene Arztpraxis, um unabhängiger zu sein, er arbeitete weniger Stunden als die meisten seiner Kollegen und heiratete schließlich eine Ärztin, mit der er eine Gemeinschaftspraxis führte. Jeder für sich betrachtet verdiente weniger Geld als Kollegen, die mehr arbeiteten, aber ihre Lebensqualität war höher. Lorraine behielt sowohl ihre Gesundheit als auch ihre Liebe zu Katzen, als sie sich eine von Geburt an haarlose Katze namens Pinkie kaufte, die bei Lorraine keine Allergien auslöste. Auf mich wirkte Pinkie wie ein großer, hässlicher, insektenähnlicher Fötus, aber Lorraine liebte sie abgöttisch.

Übung 4: Brechen Sie mit den Regeln des Garten Eden

Wie Sie vielleicht noch aus der Bibellektüre wissen, war die eine Sache, die Adam und Eva im Garten Eden tun sollten, sich vom Baum der Erkenntnis von Gut und Böse fern zu halten. Was dazu führte, dass sie aus dem Paradies vertrieben wurden, war nicht Sex oder Gewalt oder weil sie versäumt hatten, die Kerngehäuse ihrer gegessenen Äpfel wegzuräumen, sondern es war Erkenntnis. Ob Sie diese Geschichte nun im wahrsten Sinne des Wortes glauben oder nicht, es gleicht bildlich dem, was passiert, wenn uns die unausgesprochene Dynamik bewusst wird, die in jeder sozialen Situation am Werk ist. In jeder Familie gibt es zum Beispiel stillschweigend vereinbarte Regeln bezüglich der Art und Weise, wie Dinge ablaufen, Regeln, die jeder äußerst gewissenhaft einhält: vielleicht, dass Vater immer seinen Willen durchsetzt, oder dass jeder auf Zehenspitzen um Mabels zarte Gefühle herumschleicht, oder dass niemand Kellys Scheidung erwähnt. Wie auch immer die Regeln lauten, fast immer gibt es eine entscheidende Ober-Regel: *Es ist allen untersagt, offen und ehrlich über diese Regeln zu sprechen.* Uns diese Regeln bewusst zu machen, bedeutet, dass wir sie nicht länger nur aus Gewohnheit und Unwissenheit befolgen können; haben wir gesehen, wie das System funktioniert, so können wir eine Wahl treffen.

Wenn wir es schaffen, über die Eden-Regel zu sprechen, anstatt sie einfach nur zu befolgen, können wir Blockaden aufheben. Diese können romantischer, familiärer, freundschaftlicher oder beruflicher Natur sein. Einer meiner Freunde aus der Gruppentherapie nennt das »sich auf den zweiten Rang begeben«, weil man sich quasi von dem Bühnendrama löst, um es aus der Entfernung besser analysieren zu können. Einer meiner Professoren an der Universität war zum Beispiel ein ruppiger Typ, der dazu neigte, seine Beurteilungen mit Lästereien und Kränkungen zu versehen. Eines Tages sagte er mir, die Arbeit, die ich eingereicht hätte, wäre »das mit Abstand Erbärmlichste, was er je gelesen hätte«. Ich dachte sofort daran, mich gleich zu erschießen, aber da ich sozusagen schon fast tot war, kam ich auf die Idee, mich auf den zweiten Rang zu begeben.

»Könnte ich Sie einmal etwas fragen?«, sprach ich ihn an.

»Das haben Sie soeben getan, Sie Schwachkopf«, entgegnete er.

»Das stimmt«, erwiderte ich, »aber ich frage mich – ob Sie tatsächlich mich hassen oder einfach nur die Art, wie Sie unterrichten?«

Er dachte zwei Sekunden lang nach, bevor er erwiderte: »Es ist die Art, wie ich unterrichte.«

Von dem Moment an fand ich es viel einfacher, mit diesem ungewöhnlichen Mann zusammenzuarbeiten und interessanterweise begann er sich so zu verhalten, als würde er mich irgendwie mögen.

Ich habe Klienten bei hunderten solch kleiner und weniger kleinen Konfrontationen wie dieser beraten. Wayne wurde beinahe verrückt vor Angst, weil er mit einem Chef arbeiten musste, der anscheinend entschlossen war, ihm zu kündigen. Als er endlich zu seinem Chef sagte: »Ich glaube, Sie sind entschlossen, mir zu kündigen«, fand er heraus, dass sein Chef den Eindruck hatte, dass Wayne dafür sorgen wollte, dass man *ihm* kündigte. Louise quälte sich ein schmerzvolles Jahr mit der Frage, ob der Mann, den sie liebte, ihre Liebe wohl jemals erwidern würde. Als sie das Thema schließlich anschnitt, stellte sich heraus, dass er ihre Zurückhaltung als Hinweis gedeutet hatte, dass er selbst Zurückhaltung wahren sollte. Sich auf den zweiten Rang begeben, die Regeln anzusprechen, die Frucht vom Baum der Erkenntnis zu essen; wie auch immer Sie diesen Prozess nennen, er vertreibt kindliche Unwissenheit und lässt uns auf den Kern unserer Beziehungen blicken. Das mag beängstigend sein, weil es uns die Macht des Schöpfers verleiht, unser eigenes Leben zu gestalten. Letztendlich wird es die Schleusentore Ihrer Vorstellungskraft öffnen.

Übung 5: Vereinen Sie das Unvereinbare

Zu häufig konzentriert sich meine Klientel nur auf die Lösung ihres Problems: Wenn das Problem mit ihrer Karriere zu tun hat, so lesen sie Dutzende von Karriereratgebern, gehen zu Karriereberatern, checken Websites zum Thema Karriereentwicklung. Wenn sie auf der Suche nach dem perfekten Partner sind, lassen sie ihren Namen bei einer Partnervermittlung eintragen oder halten sich ständig in Singlebars auf. Wenn sie ein berühmter Maler für Ölgemälde werden wollen, dann imitieren sie bedeutende Ölmaler.

Wie auch immer Ihr Wunsch lautet, es spricht nichts dagegen, verschiedene nahe liegende Wege zu verfolgen, um diesen zu erfüllen. Allerdings erhöhen sich die Erfolgschancen immens, wenn Sie auch Dinge tun, die soweit es geht vom Naheliegenden entfernt sind. Wenn ich einen Klienten hätte, der mit einem oder allen der gerade genannten Probleme konfrontiert ist, würde ich ihm raten, Aktivitäten zu verfolgen wie Jazzklarinette zu spielen, Physikbücher zu lesen oder angeln zu gehen. Es ist wichtig, die Aufmerksamkeit zwischen dem Erwarteten und dem Unerwarteten aufzuteilen, denn nur so kommt es zu Ideenkonstellationen, die innovatives Denken fördern.

Sie können unvereinbare Ideen auch dadurch entstehen lassen, dass Sie mit Leuten reden, die völlig andere Ansichten vertreten. Diskutieren Sie Ihre Herzenswünsche mit den drei unterschiedlichsten Personen, die Ihnen einfallen – zum Beispiel mit einem Ihrer ersten Lehrer, mit Ihrer Sekretärin und mit dem eingewanderten Taxifahrer, der Sie zufällig nach Hause fährt. Sammeln Sie deren Antworten in Ihrem Kopf, schütteln Sie alles gut durch und beobachten Sie, was daraus entsteht. Manchmal sind eine oder mehr gute Ideen dabei. Ein anderes Mal bringt die Mischung aus Unterschiedlichem eine gänzlich neue Idee hervor. Die meisten der Ideen, die ich bei der Lebensberatung einsetze, sowohl in der persönlichen Beratung als auch in meinen Büchern, resultieren aus der Mischung von asiatischen und westlichen Denkrichtungen, Mutterschaft und Berufswelt, fachlichen Anforderungen und intuitiven Eindrücken. Je unterschiedlicher die Perspektiven sind, die ich auf das Problem einwirken lasse, desto innovativer und effektiver ist die Lösung.

Übung 6: Machen Sie mal etwas anders

Der Satz »etwas anders zu machen« bezieht sich auf das Buch *Do one thing different* des Psychologen Bill O'Hanlon. Er geht von der Prämisse aus, dass wir aus fest eingefahrenen psychologischen Bahnen herauskommen, indem wir irgendetwas an der Art ändern, wie wir normalerweise an Probleme herangehen. Wenn ein Ehepaar zum Beispiel wieder und wieder die gleiche Auseinandersetzung führt, wäre O'Hanlons Vorschlag, dass sie damit weitermachen – dass sie aber das nächste Mal, wenn der Streit losgeht, beide einen Hut aufsetzen oder in die leere Badewanne steigen oder sich auf den Boden legen. Dann können sie mit dem Streit fortfahren.

Ich habe herausgefunden, dass diese Technik bei mir und meinen

Klienten sehr gut funktioniert. Einen Teil einer Gewohnheit zu ändern, ermöglicht es einem zu erkennen, dass auch andere Dinge anders sein können. Ihre Rechnungen durchzugehen, während Sie an einem Bistrotisch statt an Ihrem Schreibtisch sitzen, kann Ihnen helfen, herauszubekommen, wie Sie Ihre Finanzen in den Griff bekommen. Auf einem anderen Weg zur Arbeit zu fahren, bringt Sie vielleicht auf die Idee, wie Sie Ihr lästiges Übergewicht loswerden. Wie, wo und wann das passieren wird? Ich habe keine Ahnung. Sie sind derjenige, der es merken wird, wenn es passiert. Ich weiß nur eines: Wenn Sie sich in ungewohnte Situationen begeben, sehen Sie die Dinge mit anderen Augen und es werden plötzlich Lösungen auftauchen, die Ihnen sonst vielleicht nie aufgefallen wären, bis Sie erkennen, dass Sie soeben eine brillante Idee hatten, eine, die Ihnen helfen kann, Ihre Herzenswünsche zu erfüllen. Schreiben Sie diese auf.

Zum Mitnehmen

Wenn Sie die bisherigen Übungen alle gemacht haben, während Sie Ihren Wunsch fest im Kopf hatten, und immer noch keine denkbaren Antworten auf Ihre Frage gefunden haben, möchten Sie vielleicht zusätzliche Meinungen hinzuziehen, Freunde, Nahestehende, einen Therapeuten oder einen Lebensberater wie mich. Ich habe allerdings herausgefunden, dass es für meine Klienten sehr schwierig ist, die Übungen zu machen und dabei nicht auf neue Ideen zu kommen. Ich wette, dass Sie auf jeden Fall selber eine nette kleine Liste mit Ideen zusammenstellen können, von denen mindestens eine machbar ist.

Da Sie Ihre kreativen Ideen jetzt aufgeschrieben haben, stellen Sie sich die Frage, was Sie damit anfangen sollen. Was immer Sie wollen: Postieren Sie überall Zettel, lernen Sie diese auswendig, vergessen Sie sie, verbrennen Sie sie, heften Sie sie ab – es ist ganz egal. Das Wichtige daran ist, dass Sie eine kreative Herangehensweise gelernt haben, um die wichtigsten Rätsel Ihres Lebens zu lösen. Das jeden Tag einmal zu tun, ist wie Yoga für den Körper; es verbessert Ihre allgemeine Fitness und steigert Ihre Fähigkeit, Dinge zu bewältigen, die in scheinbar keinerlei Zusammenhang zu Ihrer Übungssitzung stehen. Durch das ständige Praktizieren von Schritt 4 werden Sie anfangen, den ganzen Tag kreative Ideen zu entwickeln. Einige werden völlig logisch scheinen (»Wieso bin ich nicht früher darauf gekommen?«) und manche werden äußerst bizarr anmuten (»Du liebe Güte, denken Sie wirklich, ich sollte ...?«). So oder so wird eine veränderte Denkweise bei Ihnen nicht von der Hand zu weisen sein. Sie wird sich von selbst einstellen und bei Ihnen verweilen.

Die Ideen, die in Ihrem Kopf hängen bleiben, sind diejenigen, die Sie in die nächste Phase des *Enjoy your life-Programms* mitnehmen. Vielleicht meinen Sie, an Ihrer angefertigten Liste als Grundlage für Schritt 5 festhalten zu müssen, aber das brauchen Sie nicht. Allein durch das Aufschreiben – selbst, wenn Sie sonst nichts damit anfangen – haben Sie Ihre Kreativität in Gang gesetzt. Jetzt sind Sie so weit, zur Tat zu schreiten und Ihre Ideen umzusetzen. Ich hoffe, Sie sind gut vorbereitet, denn was jetzt folgt, ist ein harter Kampf.

Tägliches Pflichtprogramm

Schritt 4: Kreativität

Denken Sie sich etwas aus und notieren Sie es.

Beginnen Sie Ihre täglichen Übungen, indem Sie Ihren drängendsten Herzenswunsch in Form einer Frage aufschreiben (»Wie kann ich ...?«). Danach notieren Sie fünf mögliche Antworten, falls keine davon realisierbar ist, notieren sie fünf weitere. Machen Sie solange weiter, bis mindestens eine machbare Idee aufkommt.

Um die Bandbreite Ihrer Kreativität zu erweitern, probieren Sie die folgenden »Gehirn-Yoga«-Techniken aus.

1. Entwickeln Sie neue Ideen.
Denken Sie sich zehn Möglichkeiten aus, um das Problem zu lösen, mit dem Sie konfrontiert sind. Diese Lösungen müssen weder vernünftig noch moralisch, nicht einmal legal sein. Sie müssen sich lediglich alle voneinander unterscheiden. Haben Sie das? Gut. Nun denken Sie sich zehn weitere aus.

2. Verharren Sie bei Ihren Feinden.
Konzentrieren Sie sich auf eine Person oder Gruppe, die Sie hassen. Stellen Sie fest, was Sie am meisten an der Person oder Gruppe hassen. Prüfen Sie, ob eine andere Version dieser Eigenschaft etwas sein könnte, das Sie benötigen oder bereits besitzen. Verhalten Sie sich – innerhalb Ihrer moralischen Grenzen – so, wie Ihr Feind sich verhält.

3. Überwinden Sie falsche Gegensätze.
Machen Sie eine Liste von Dingen, die in Ihrem Verhalten, Ihrer Umgebung oder Ihrem Leben nicht koexistieren können. Lassen Sie sich darauf ein, beides zusammen zu sein, zu tun oder zu haben. Schauen Sie, ob eine Lösung entsteht.

4. Brechen Sie mit den Regeln des Garten Eden.
Fangen Sie an, die unausgesprochenen Regeln eines sozialen Systems, innerhalb dessen Sie leben, zu erkennen. Beschreiben Sie die Dynamik, die Sie in dieser Situation erleben. Sprechen Sie es laut aus.

5. Vereinen Sie das Unvereinbare.
Denken Sie an ein Problem, das Sie lösen müssen, um einen Herzenswunsch zu erfüllen. Tun Sie etwas, das rein gar nichts mit diesem Problem zu tun hat. Lassen Sie Ihren Verstand einfach nur beobachten; falls er eine Lösung sieht, wird er sie Ihnen nennen.

6. Machen Sie mal etwas anders.

Während Sie gewohnte Handlungen durchführen, ändern Sie Ihr Verhalten in einem Punkt. Gehen Sie auf einem anderen Weg in die Küche, essen Sie Spaghetti mit den Fingern, gehen Sie mit der Katze Gassi.

Haben Sie erst einmal eine Idee zur Realisierung Ihres Herzenswunsches, tun Sie damit, was immer Sie wollen. Nutzen Sie die Ideen, die hängen bleiben, als Basis für Schritt 5.

Schritt 5

Risiko

Tun Sie jeden Tag mindestens eine beängstigende Sache, die zur Erfüllung Ihrer Wünsche beiträgt.

Dieses Kapitel schrieb ich im Flugzeug nach San Francisco, auf dem Weg zu meiner Freundin Isabella, deren Ärzte eine verdächtige Geschwulst entdeckt hatten. Das Wort »Tumor« war gefallen. Das war deshalb besonders nervenaufreibend, weil ihre Symptome mit denen ihrer Mutter, die eines qualvollen Todes gestorben war, identisch waren. Am Tag darauf sollte sie weitere Untersuchungsergebnisse erfahren.

Mein Verstand (denn er ist trotz allem mein Verstand) sprang mit einem Satz ins schlimmste aller Szenarien: Zuallererst hatte ich Angst vor dem, was Isabella vielleicht durchmachen müsste. Auf egoistische Weise hatte ich auch Angst, meine Freundin an den Sensenmann zu verlieren. Und dann ist da noch die nüchterne, engstirnige Angst, dass es falsch von mir war, nach San Francisco zu fliegen. Denn als ich Isabella fragte, ob ich kommen solle, lehnte sie ab. Sie hatte sehr viel zu tun in ihrem Stress-Job – wirklich, sagte sie mir, wenn ich käme, würde ihr das nur zusätzlichen Stress verursachen, und das brauchte sie ungefähr so dringend wie ... nun ja, Krebs.

Ich hatte vor, Isabellas Wunsch zu akzeptieren, ganz ehrlich. Das Problem war nur, dass ich gerade das *Enjoy your life-Programm* absolvierte, und immer, wenn ich die ersten drei Schritte hinter mir hatte – ein paar Minuten der Ruhe, gefolgt von einem Moment der Wahrheit und anschließender Benennung meines Herzenswunsches –, wurde mir klar, dass mein momentan größter Wunsch darin bestand, für meine Freundin da zu sein, falls sie mich brauchte. Nachdem ich Schritt 4 absolviert hatte, kam mir eine Idee, die sowohl meine als auch Isabellas Interessen berücksichtigte. Ich würde nach San Francisco fliegen, mir ein Hotelzimmer ganz in ihrer Nähe nehmen und mit ihr in Telefonkontakt bleiben, ohne zu erwähnen, dass ich in der Stadt sei. Wenn sie sich im letzten Moment dazu entschied, dass sie nach den ganzen medizinischen Tests Gesellschaft bräuchte, wäre ich nur ein paar Minuten entfernt. Falls nicht, flöge ich einfach wieder nach Hause.

Ein großer Teil von mir sah mit absoluter Klarheit, dass dies der Plan eines Dummkopfes war. Ich hatte immer eine Scheu, mich anderen aufzudrängen, wenn ich nicht erwünscht war, und ich weiß, dass ich vermutlich einem Pseudo-Bedürfnis frönte, das von meinen eigenen persönlichen Erfahrungen und dem damaligen Bedürfnis nach Gesellschaft herrührte. Mein Verhalten machte die Dinge für Isabella vielleicht nur noch schlimmer und für mich peinlich. Aber nun saß ich da, zwischen einem Mann, der mit dem Kopf an meiner Schulter eingeschlafen war, und einer Frau, die soeben ihr Getränk gefährlich nahe an meinem Laptop verschüttet hatte, weil ich die Angewohnheit habe, im Interesse meiner Herzenswünsche, Risiken einzugehen. Nach San Francisco zu fliegen, war mein Beitrag zu Schritt 5.

Das ist ein ungewöhnlich ereignisreiches Beispiel für Schritt 5. Normalerweise lege ich keine riesigen Entfernungen zurück oder gebe Unmengen von Geld aus, um ein Beispiel für *Enjoy your life* anführen zu können. Gestern zum Beispiel bestand meine Schritt-5-Aktion darin, »Nein« zu einer erhaltenen Einladung zu sagen. (Das klingt für Sie vielleicht nach keiner großen Sache, aber bei mir löst es eine Lawine von Es-den-Leuten-recht-zu-machen-Ängsten aus.) Wir werden jedoch feststellen, dass Sie, wenn Sie diesen Schritt im Kleinen zu Ihrer täglichen Routine hinzufügen, am Ende wahrscheinlich große Wagnisse eingehen können. Beginnen Sie damit, über die Ideen nachzudenken, die Sie sich bei Schritt 4 ausgedacht haben und suchen Sie nach inneren Ängsten in Form von Besorgnis, Nervosität, Unbehagen, ja, geradezu Schrecken. Arbeiten Sie an Ihrer Kreativität, bis Sie auf eine Idee stoßen, die Sie (mehr oder weniger stark) zurückschrecken lässt. Ihre Angst zeigt, dass Sie die Grenze Ihrer persönlichen Wohlfühlzone erreicht haben. Sie sind dabei, diese Grenze zurückzudrängen und neuen Raum in Ihrem eigenen Leben einzufordern, und das können Sie nur auf eine Weise: indem Sie Risiken eingehen.

Warum Risiken eingehen?

Fast alle meiner Klienten kommen letztendlich an den Punkt, zu wissen, was sie wirklich vom Leben wollen, und sie haben einige kreative Ideen, wie sie das realisieren könnten. An dieser Stelle finden sich alle, ohne Ausnahme, mit einem Handlungsschritt konfrontiert, der ihnen Angst macht. Das kann alles Mögliche sein: den Job zu wechseln, einem psychopathischen Nachbarn entgegenzutreten, ein Buch zu schreiben, ein Kind zu adoptieren. Manche Klienten legen sofort los und packen diese ängstigende Absicht am Kragen. Andere bleiben stehen ... und stehen ... und stehen. Ich hatte angenommen, wenn ich diesen Leuten nur genug Unterstützung und Trost zukommen ließe, würden ihre Ängste verschwinden und sie könnten sich stressfrei vorwärts bewegen. Ich habe mich geirrt. Letztendlich habe ich diesen Menschen einen schlechten Dienst erwiesen, indem ich ihren Stillstand für sie angenehmer machte. Einige verharrten ganze Monate oder sogar Jahre am Rand entscheidender Risiken und gingen sie nie wirklich ein.

Heute bin ich weniger eine umsorgende, nie Anweisungen gebende Therapeutin, als vielmehr ein Lehrer beim Fallschirmspringen, der an der offenen Flugzeugtür steht und verschreckte Schüler systematisch hinausschubst. Erfahrung hat mich gelehrt, dass der Weg zu einem glücklichen Leben immer angsterfüllt ist, und dass man, um es zu finden, seinen Herzenswünschen durch die zwangsläufigen Schrecken, die entstehen, um uns zurückzuhalten, hindurch folgen muss. Wenn Sie das nicht tun, wird Ihr Leben durch Angst geformt statt durch Liebe, und ich garantiere Ihnen: Der Entfaltungsraum, den Ihnen diese Angst lässt, wird im Vergleich zu Ihrer bestmöglichen Bestimmung winzig klein sein.

Wenn Sie merken, dass Sie davor zurückscheuen, das Risiko als Muss-Bestandteil für ein glückliches Leben anzuerkennen, dann bedenken Sie bitte, dass es für Ihr wahres Ich weitaus gefährlicher ist, Angst zu vermeiden als sich auf ein Leben voller offensichtlicher Risiken einzulassen. Ihre Angst verhindert all die Belohnungen, die Sie nur bekommen können, wenn Sie es wagen, und sie kann niemals Unheil abwenden. Herman Melville beschreibt in *Moby Dick* die Erkenntnis des Walfängers, dass die an den Harpunen befestigten Leinen, die »Walleinen«, ihn jederzeit in den Tod reißen könnten. Melville führt aus, dass sein Protagonist sich in diesem Moment nicht weniger sicher fühlte, als wenn er in seinem Wohnzimmer säße, weil der Tod überall lauern kann. Wir sind alle umgeben von »Walleinen«, egal wo wir uns befinden. Ob wir mutig oder ängstlich sind, hängt von unserer Wahrnehmung ab und nicht von unserer Umgebung.

Wenn Sie es wirklich auf die Probe stellen, werden Sie vermutlich herausfinden, dass Ihre Wohlfühlzone willkürlich und irrational ist. Bei den meisten Menschen ist das so. Sie kennen vielleicht jemanden, der Angst vorm Fliegen hat, sich aber äußerst wohl fühlt, wenn er mit 130 Stundenkilometern Auto fährt und gleichzeitig isst, telefoniert und sich rasiert. Die gleichen Leute, die völlig angstfrei ungeschützten Sex haben (um, wie sie sagen, bei neuen Bekanntschaften das Eis zu brechen), sind oft nicht in der Lage, die Worte »ich liebe dich« zu sagen. Es gibt Menschen, die sich sorgfältig vor der Gefahr schützen, von Fremden angegriffen zu werden, die aber fügsam jeden Tag in ein Zuhause zurückkehren, wo ein gewalttätiger Partner auf sie wartet. Diese Menschen fühlen sich – so wie wir alle – in Situationen sicher, die sie für sicher *halten*, selbst wenn sie sich in Todesgefahr befinden.

Risiken einzugehen, die Ihnen helfen können, Ihre Träume zu verwirklichen, ist der einzige Weg, um angstbesetzte Vorstellungen zu hinterfragen, die Sie bisher davon abhielten, sie schon längst zu realisieren. So erhalten Sie den tatsächlichen Beweis, um Ihre verschiedenen Hypothesen darüber, wie die Welt funktioniert, zu be- oder zu widerlegen. Es reißt die von der Angst gesetzten Mauern nieder, und das wird die Schranken, die Sie davon abhalten, Ihr wahres Leben zu führen, öffnen. Ich bin immer härter geworden, wenn es darum geht, Klienten durch Schritt 5 zu führen, denn auf wundersame Weise habe ich tatsächlich angefangen, es zu genießen, selber Risiken einzugehen. Der Angstschauder, der mich überfällt, wenn ich mein tägliches Wagnis betrachte, geht manchmal einem Desaster voraus, aber genauso oft bedeutet es, dass ich auf dem Weg zu größerer Zuversicht, größerer Einsicht und mehr Glück bin, als ich jemals zuvor gespürt habe.

Je länger ich diesen Teil des *Enjoy your life-Programms* praktiziere, desto besser werde ich bei meiner Einschätzung, welche Risiken es überhaupt wert sind, eingegangen zu werden, und bei welchen es einfach nur dumm wäre, sich darauf einzulassen (vertrauen Sie mir, mit Letzterem habe ich viel Erfahrung). Ich habe außerdem gelernt, wie ich ein erstrebenswertes Risiko so sicher wie möglich gestalten kann, das heißt, sich im übertragenen Sinne einen Fallschirm anzuschnallen oder wenigstens ein Bungeeseil, bevor Sie Ihren Sprung ins Glück machen. Im Rest dieses Kapitels erkläre ich Ihnen, wie Sie Ihre Angst reduzieren können, um Ihr bestmögliches Leben zu gestalten. Aber keine Sorge, ich kann Ihnen nicht den ganzen Nervenkitzel nehmen. Nachdem Sie die besten Ratschläge, die ich anbieten kann, gelesen haben, werden Sie immer noch Todesängste ausstehen. Verlassen Sie sich darauf.

Wie Sie ein lohnendes Risiko erkennen

Entgegen herkömmlicher Weisheit ist ein lohnendes Risiko nicht zwangsläufig eines, das zum Erfolg führt. *Jedes Risiko, das es wert ist, eingegangen zu werden, sollte auch eingegangen werden, unabhängig davon, ob es zu Erfolg oder Misserfolg führt.* Das Kriterium, nach dem Sie entscheiden sollten, welcher Gefahr Sie sich stellen und welche Sie vermeiden, ist nicht die Erfolgschance, sondern die Intensität Ihres Wunsches. Wenn Sie nur Risiken verfolgen, die mit Ihren Gefühlen verbunden sind, wird Ihr Leben so werden, wie es sein soll, unabhängig vom Ergebnis einer bestimmten Situation. Wenn Ihr Ziel nichts ist, was Sie wirklich wollen, dann ist es dumm, selbst das kleinste Risiko einzugehen.

Martin Luther King, Jr. sagte einmal, dass niemand wirklich frei sei, der Angst vor dem Tod habe. Er tat genau das, was sein Herz ihm gebot, setzte sich kategorisch für seinen Traum ein – und wurde dafür ermordet. Wäre er die gleichen Risiken eingegangen, hätte er genauso mutige Schritte unternommen, wenn er das Ergebnis gekannt hätte? Sie kennen mich mittlerweile gut genug, um meine Antwort zu erraten: Ich denke, er *war* sich dessen bewusst. Aber genauso gut wusste er, dass es ein kleineres Risiko war, dieser Wahrheit zu folgen, als weiterhin den gehorsamen Untergebenen in einer ungerechten Gesellschaft zu spielen. Letztere Möglichkeit hätte vielleicht sein Leben gerettet, aber seine Seele zerstört.

Ich hoffe, Sie und ich werden nie vor eine solch schwierige Wahl gestellt, aber die gleichen Triebkräfte, die in den Leben berühmter Märtyrer wirken, kommen selbst bei Ihren bescheidensten Wünschen zur Anwendung. Schlagen wir eine Handlungsweise ein, die unseren wahren Wünschen dient oder ergeben wir uns Stück für Stück dem Diktat der Angst? Meine Klientin Lora, eine brillante Künstlerin, die nach jahrelanger Pause kürzlich wieder mit dem Malen anfing, erzählte mir, dass sie 20 Jahre lang immer am Neujahrstag in ihrer Küche stand, Geschirr spülte und dachte: »Nächstes Jahr wird alles anders. Ich kann es kein weiteres Jahr lang aushalten ohne das zu tun, was ich liebe.« Als sie schließlich anfing, professionell zu malen, fühlte es sich nach einem großen Risiko an, aber, wie Lora sagte: »Ich kann bei dem Versuch nicht mehr verlieren als bei meiner Ablehnung, es überhaupt zu versuchen. Was ist denn sicher daran, nicht der zu sein, der man sein sollte?«

Wenn Sie überlegen, ob Sie ein bestimmtes Risiko eingehen sollen, versuchen Sie, die folgenden Fragen zu beantworten.

Wenn Sie ein Vorgehen in Erwägung ziehen, das Sie ängstigt, dann fragen Sie sich …

1. Ist dieses Risiko wirklich notwendig zur Erfüllung meiner Herzenswünsche? Spüre ich eine aufrichtige Sehnsucht nach dem, was ich auch immer anstrebe?

2. Erzeugt der Gedanke, diesen Schritt zu tun, in mir ein Gefühl von Klarheit, trotz meiner Befürchtungen? (Wenn ein Risiko gut für Sie ist, können Sie Befürchtungen haben, aber Sie verspüren wenig oder keine Verwirrung.)

3. Spüre ich nur Angst oder ist da auch ein bitteres Gefühl, ähnlich wie Abscheu? (Geben Sie Acht. Ein gutes Risiko fühlt sich an wie ein Sprung aus großer Höhe in ein glitzerndes klares Schwimmbecken, ein schlechtes Risiko fühlt sich auch an wie ein Sprung, aber in verschmutztes, morastiges Wasser.)

4. Was würde ich am Ende meines Lebens mehr bedauern: dieses Risiko eingegangen und gescheitert zu sein, oder mich geweigert haben, es einzugehen und niemals zu wissen, ob es erfolgreich oder erfolglos ausgegangen wäre?

Das Beantworten dieser Fragen hat mich in Tausenden von Situationen, die sich riskant anfühlten, wieder geerdet. Im Alter von 14 Jahren, als ich mich entschied, täglich eine beängstigende Sache zu tun, fing ich damit an, bis zu jenem Augenblick, als ich in einem Flugzeug nach San Francisco saß. Für jeden aufregenden Erfolg, den ich verzeichnen konnte, gab es viele, viele Misserfolge. Aber ich kann ehrlich sagen, dass ich es kein einziges Mal bedauert habe, im Interesse meiner Herzenswünsche Risiken eingegangen zu sein, unabhängig davon, ob das Ergebnis dem entsprach, was ich erhofft hatte. Mein Bedauern gilt den Augenblicken, als ich vor einem Risiko zurückwich, anstatt auf meine wahren Bedürfnisse einzugehen.

Wie man ein Risiko eingeht

Falls Sie gegenüber Schritt 5 Vorbehalte hegen, so liegt das wahrscheinlich daran, dass Sie verängstigt sind. Ich schlage vor, dass Sie unvoreingenommen weiterlesen, so, als hätten Sie diesen Schritt Ihres täglichen *Enjoy your life-Programms* bereits absolviert. Es folgt nun eine detaillierte Beschreibung des Prozesses, der Ihnen sehr vertraut sein wird, wenn Sie ihn erst einmal in Ihre tägliche Routine integriert haben.

Übung 1: Suchen Sie sich ein beängstigendes Ziel

Beginnen Sie Ihre tägliche Übung des Eingehens von Risiken, indem Sie eine beängstigende Handlungsweise ins Auge fassen, die Sie durchführen müssen, um Ihre Wünsche zu erfüllen. Es kann etwas sein, dass Sie während Ihrer Arbeit zu Schritt 4 aufgeschrieben haben, oder etwas, das Sie immerzu im Kopf haben, wie »Mich meiner Mutter widersetzen, wenn sie mich kritisiert«, oder »Freunde finden, die mich wirklich verstehen«, oder »Mehr Geld verdienen«. Präzisieren Sie Ihren Handlungsschritt, den Sie heute tun können und der Sie näher an Ihre Herzenswünsche heranbringt.

Tun Sie das bitte jetzt.

Halt, stopp, zurück! Das war nur eine Simulation, um zu sehen, wie Sie auf die Herausforderung reagieren. Wenn Sie voller Enthusiasmus losgestürmt sind wie ein Windhund auf der Jagd nach einem Hasen, müssen Sie einen riskanteren Handlungsschritt benennen. Wenn Sie das Gefühl hatten, ins Schwimmen zu geraten, sich sträubten oder zögerten, auch wenn es nur für einen Moment war, so haben Sie einen Teil Ihres Lebensplans entdeckt, der Schritt 5 wert ist. Notieren Sie ihn:

Eine riskante Sache, die ich tun kann, um meine Herzenswünsche zu erreichen:

____

____

____

____

____

Wenn Sie Schwierigkeiten damit haben, ein erstrebenswertes Risiko auszumachen, überlegen Sie sich verschiedene Kategorien von Gefahren. So ziemlich jeder ist bei bestimmten Risikoarten mutiger als bei anderen. Einige der folgenden machen Sie vermutlich nervös, selbst, wenn es die meisten nicht tun. Sie müssen sich nicht Hals über Kopf in diese furchteinflößenden Aktivitäten stürzen, nur um zu sagen, dass Sie es getan haben. Sie müssen lediglich herausfinden, welche Ängste Sie von Ihren Herzenswünschen abhalten, selbst wenn sorgfältiges Nachdenken, Vorbereitung und Vorsicht es Ihnen ermöglichen würden, diese wohlbehalten durchzustehen.

Risikoarten

Kategorie	*Beschreibung*	*Beispiele*
Körperliches Risiko	Alles, was sich für Ihren Körper gefährlich anfühlt	• in einem gefährlichen Viertel spazieren gehen • das Licht ausschalten • einen Skorpion anfassen
Emotionales Risiko	Gefühle erleben, ausdrücken oder offenbaren	• Angst zugeben • einen Antrag machen • einen Tod betrauern
Berufliches Risiko	jedes Risiko, das Ihr Arbeitsleben betrifft	• einen Vorschlag unterbreiten • eine Bewerbung schreiben • wieder die Schulbank drücken
Soziales Risiko	jede Situation, in der Sie von anderen beurteilt werden	• öffentlich auftreten • zu einem Blind Date gehen • eine neue Fertigkeit innerhalb einer Gruppe lernen

Falls Sie nicht wissen, welches Risiko Sie eingehen sollen, oder wenn Sie zu den Leuten gehören, die behaupten, sie hätten vor nichts Angst, zwingen Sie sich dazu, ein Risiko innerhalb der Kategorie einzugehen, bei der Sie sich am *unbehaglichsten* fühlen. Noch einmal, riskieren Sie nicht Leib und Leben oder ein gebrochenes Herz, nur um sagen zu können, dass Sie es getan haben. Stellen Sie sicher, dass Ihr Risiko notwendig ist, ergreifen Sie alle möglichen Vorsichtsmaßnahmen und gehen Sie sehr langsam vor.

Übung 2: Machen Sie den kleinstmöglichen furchteinflößenden Schritt

Eines schönen Tages begleitete meine Klientin Paulette ihren Ehemann Henry in den Skiurlaub. Paulette leidet unter einer Angststörung und ist nie gut mit Situationen zurechtgekommen, die mit körperlicher Gefahr verbunden sind. Henry dachte, ihre Unsicherheit beim Skilaufen wäre nur Spaß, also lockte er Paulette einmal zu einer schwarzen Piste für wirkliche Könner, einer Mischung aus Felsvorsprüngen, verreisten Flächen, nahezu senkrechten Abhängen und Baumgruppen. Als Paulette anderthalb Stunden später zu ihrer Hütte zurückkehrte, teilte sie Henry mit, sie würde sich von ihm scheiden lassen. Und das tat sie.

Der Punkt ist, dass Gefahr am besten in kleinen Portionen serviert wird. Forschungen zu Phobien (ganz zu schweigen vom gesunden Menschenverstand) zeigen, dass wir unsere Ängste verlieren, wenn wir so genannten abgestuften Risiken ausgesetzt werden. Wenn Sie zum Beispiel unter einer Fledermausphobie litten, würde ein guter Therapeut Sie nicht einfach während der Abenddämmerung in den Karlsbad-Höhlen stehen lassen und das Beste hoffen. Stattdessen würden Sie damit beginnen, in einem hell erleuchteten Raum zu sitzen und sich über Fledermäuse zu unterhalten. Mit der Zeit würden Sie »im Hinblick auf den Auslöser dekonditioniert werden« – anders ausgedrückt würden Sie sich durch das Fledermaus-Gespräch allmählich weniger erschreckt als vielmehr belästigt fühlen. Dann würde der Therapeut Ihnen vielleicht solange Zeichnungen von Fledermäusen zeigen, bis Sie sich beim Betrachten der Zeichnungen gut fühlen. Dann gehen Sie möglicherweise über zu Fotografien von Fledermäusen, dann eventuell zu einer toten Fledermaus, dann zu einer Fledermaus in einem Käfig, zu fünf Fledermäusen im Gehege im Zoo und so weiter. Ab einem bestimmten Zeitpunkt werden Sie als Hobby-Höhlenforscher durch Horden dieser fliegenden Säuger hindurchgehen, vielleicht nicht mit heiterer Gleichgültigkeit, aber auch nicht mit lähmender Angst.

Um am besten mit Schritt 5 zu arbeiten, sollten Sie Ihre riskante Aktion in winzig kleine Portionen aufteilen. An den meisten Tagen komme ich dem nach, indem ich einfach ein paar Absätze schreibe, die zur Veröffentlichung gedacht sind, oder schlimmer noch, ich gehe meine E-Mails durch, die jedes Mal eine Schar verwirrender Anforderungen zu beinhalten scheinen. Der damalige Tag im Flugzeug war, wie ich bereits sagte, eine Ausnahme; der kleinste Schritt, der meinen Herzenswunsch wirklich erfüllen konnte, war ein ziemlich großer. Es wird Tage geben, an denen werden Sie ebenfalls einen Sprung statt eines kleinen Schrittes machen müssen. Halten Sie diesen Sprung einfach so klein wie möglich.

Einige abgestufte Risiken (kleinste Schritte) auf dem Weg
zu meinen Herzenswünschen:

____

____

____

____

____

Übung 3: Gestalten Sie das Aussteigen genauso schwierig wie das Vorwärtsgehen

Die gerade von Ihnen aufgelisteten Schritte sind das Erste, das Sie tun sollten. Setzen Sie täglich mindestens einen um. Wenn Sie mir zustimmen, aber nicht genug Motivation aufbringen, um Ihren Widerstand zu überwinden, versuchen Sie diesen gemeinen, aber effektiven kleinen Trick, den ich bei mir selbst und meinen Klienten anwende. Dafür ist es notwenig, dass Sie von dem sicheren Ort eines wirklichen oder gedachten Armsessels aus über ein Ziel nachdenken und dabei eine Situation konstruieren, in der Ihr zukünftiges Ich in einer Zwickmühle steckt, die es für Sie genauso unangenehm macht, sich vor dem Risiko zu drücken wie es in Angriff zu nehmen.

Für viele Leute ist Gruppen-Druck die effizienteste Verpflichtungsstruktur. Als ich zum Beispiel eine 18-jährige Studentin war, versuchte ich während einer Sprachübung in meinem Chinesischkurs, den anderen Studenten zu sagen, dass ich vorhätte, an einem 5-Kilometer-Lauf teilzunehmen. Unglücklicherweise führten meine begrenzten Vokabelkenntnisse und meine furchtbare Aussprache dazu, dass mein Professor am Ende davon überzeugt war, ich meinte den Boston Marathon. Ich hatte keine Idee, wie ich diesen Irrtum korrigieren könnte, also lächelte ich nur und nickte, als meine Kommilitonen anerkennende Äußerungen von sich gaben. Jetzt steckte ich fest. Während der folgenden Monate, wenn das Wetter scheußlich und meine Beine müde waren und ich nicht trainieren wollte, beschwor ich vor meinem geistigen Auge die Bilder meiner Kommilitonen und Lehrer herauf, die so desillusioniert und enttäuscht guckten wie Kinder, die der Nikolaus zu besuchen vergessen hatte. Auf verstandesmäßiger Ebene ist mir heute klar, dass es keinen dieser Menschen wirklich beschäftigte, ob ich einen Marathon durchstand oder nicht. Nichtsdestotrotz hat mich der Gedanke, diese Menschen enttäuscht zu haben, unzählige Male dazu angetrieben, meine Schuhe anzuziehen und mich zu einem Lauf aufzumachen. Tatsächlich bin ich in jenem Frühjahr das große Rennen bis zum Ende gelaufen.

Sich gegenüber einer Gruppe zu verpflichten, ist vielleicht die wirkungsvollste Art, um Schritt 5 umzusetzen. Je mehr Menschen von Ihrem Versprechen wissen, desto besser. Sie sollten dabei aber beachten, das der mit einem guten Freund geschlossene Pakt weniger wirkungsvoll ist als die Bekanntmachung Ihres Vorhabens gegenüber relativ Fremden, so wie ich es im Chinesischunterricht tat. Der Grund ist: Je wahrscheinlicher jemand Sie verstehen und Ihnen verzeihen wird, desto eher schleichen Sie sich aus Ihrer Verpflichtung davon, darauf vertrauend, dass ein Ihnen Nahestehender Sie damit eher durchkommen lässt. Ich behaupte nicht, dass das gut für die Psyche ist, ich sage lediglich, dass es funktioniert.

Geld ist ebenfalls eine starke Motivation. Ich pflegte viele Probono-Aufgaben zu übernehmen und beriet arbeitslose Klienten kostenlos, bis ich erkannte, dass diese Leute nie sonderlich von meinem Rat profitierten. Diejenigen, die gutes Geld dafür bezahlten, waren wesentlich emsiger bei der Sache, weil sie ihre Investition ausgleichen wollten.

Sie können Ihr eigener Trainer werden, indem Sie für Ihre Risiken Geld ausgegeben müssen. Ich arbeitete einmal mit einer sehr talentierten Autorin mit Namen Mary zusammen, die ihr Leben damit verbracht hatte, die Texte anderer Leute zu lektorieren. Sie wollte Romanschriftstellerin werden, aber ihre Angst hatte sie davon abgehalten, mehr als ein paar unzusammenhängende Absätze zu verfassen. Während einer Beratungssitzung schleppte ich Mary zu einem Geschäft, das nur sehr teure Schreibgeräte verkaufte. Ihre Aufgabe war es, einen extrem hohen Betrag für einen besonderen Stift auszugeben, den sie nur benutzen durfte, um an ihrem Roman zu schreiben. Da sie so viel Geld ausgegeben hatte, würde Mary sich genauso nervös und schuldig fühlen, nicht zu schreiben, wie sie es tat, wenn sie mit den leeren Seiten konfrontiert war. Selbst ich war ein wenig entnervt, als Mary einige hundert Dollar ausgab (für einen Stift!), aber einige Monate später fühlte ich mich bestätigt, als mir der Briefträger etliche hinreißend geschriebene Seiten ihres ersten Buches überbrachte.

Meine augenblickliche Variante von Schritt 5 stand in dem Moment endgültig fest, als ich meine Kreditkartennummer den Sachbearbeitern der America West Airlines durchgegeben hatte. Geld auszugeben bedeutete, das Flugzeug auch dann zu besteigen, wenn Isabella niemals auf meine zwanglosen »Wie geht's dir denn so«-Nachrichten auf ihrem Anrufbeantworter reagieren würde. Als sie gegen Mitternacht des Ankunftsabends noch nicht zurückgerufen hatte, mutierte meine Barmherzigkeitsmission zu einer unheilvollen Einmischung. Ich nahm mir damals vor, mich zu erschießen, sobald meine Kinder erwachsen wären.

Übung 4: Fürchten Sie sich nicht vor der Angst

Wie Sie sehen können, neige ich manchmal ein wenig zur Hysterie, insbesondere wenn das kleinste Risiko, das mich voranbringen kann, etwas zu groß zu sein scheint. Dennoch geht es mir gut, weil Angst mich bei weitem nicht so erschreckt wie es früher der Fall war. Ich scherze nicht. Angst ist doppelt schädlich, wenn Sie sich davor fürchten: Es gibt die anfängliche Reaktion auf das, was Sie erschreckt und dann eine zusätzliche Abwehr gegenüber dem Angstgefühl, wodurch Ihr Angstniveau ansteigt, was wiederum eine stärkere Abwehr nach sich zieht ... Wie jeder, der schon einmal von einer Panikattacke heimgesucht wurde, bezeugen wird, kann sich dieser selbst verstärkende Prozess innerhalb weniger Sekunden zu einem absoluten Terror entwickeln, der einen außer Gefecht setzt.

Die Methode, dieses Problem zu entschärfen, wenn nicht gar zu lösen, besteht darin, sich nicht länger Ihrer Angst zu widersetzen. Akzeptieren Sie die Tatsache, dass Sie viele Male in Ihrem Leben Angst haben werden und seien Sie bereit, dieses Gefühl auszuhalten, auch wenn es unangenehm ist. Wenn Panik oder Angst aufsteigt, hilft es sehr, es mit sich selbst durchzusprechen, im wahrsten Sinne des Wortes. Tun Sie es, wenn möglich, laut. Sagen Sie so etwas wie: »Du bist verängstigt, und das ist in Ordnung«, oder »Das ist nur Angst, sie wird dich nicht umbringen«. Ich bin jedes Mal überrascht, wie sehr das die Angst begrenzt, statt ihr zu erlauben, sich zu überwältigender Panik auszuweiten.

Laotse schrieb: »Sei wie die Naturgewalten, wenn es weht, ist es nur der Wind; wenn es regnet, ist das nur der Regen; wenn die Wolken vorüberziehen, bricht die Sonne hindurch.« Daran dachte ich im Herbst 1987, als der Hurrikan Gloria die Ostküste entlang bis zu meiner Heimat Massachusetts zog. Das war ein furchterregender Tag: Der bewölkte Himmel verfärbte sich sonderbar widerlich gelb, und jeder, der eigentlich zur Arbeit oder in die Schule musste, verbarrikadierte sich hinter mit Brettern zugenagelten Fenstern, um auf den Sturm zu warten. Am frühen Nachmittag begann der Wind erst zu summen, dann zu heulen und dann zu tosen. Ich sah, wie er die Aluminiumverkleidung des Hauses auf der anderen Straßenseite so geschickt ablöste, als würde man eine Orange schälen. Und dann zog er weiter. Einfach so. So ist die Angst, wenn man sie nicht bekämpft. Sie ist wahnsinnig unangenehm, aber nicht annähernd so unangenehm wie die eskalierende Rückkopplungsschleife des Widerstands.

Übung 5: Begeben Sie sich ins Innere des Monsters

Einer der größten Heiligen des tibetanischen Buddhismus, ein Mann namens Milarepa, wurde eines Tages von einer Horde Dämonen heimgesucht, die entschlossen waren, ihm Angst einzujagen. Einige von ihnen konnte er vertreiben, andere durch sein großes Mitgefühl zähmen. Aber das größte, niederträchtigste und hässlichste Monster von allen wollte einfach nicht verschwinden, bis Milarepa, entweder aufgrund seiner tiefgründigen Intuition oder dem Genuss einer zu starken Droge, direkt darauf zu ging und sich in das Maul des Monsters legte. Als dieses ihn hinunterschluckte, verschwand es, und Milarepa erlangte Erleuchtung.

Wann immer Sie über ein Risiko nachdenken, das zum Erreichen Ihrer Herzenswünsche notwendig ist, es wird eine Zeit kommen, in der die einzige Alternative darin besteht, mit dem Geist eines Dämons zu leben – der Geist einer Hoffnung, die Sie nicht verlassen und die auch nicht sterben wird – oder sich mitten in genau die Sache hineinzubegeben, die Sie am meisten schreckt. Nachdem Sie das ein paar Mal durchgestanden haben, erkennen Sie solche Situationen früher und werden dem Monster weniger unsicher entgegentreten. Natürlich werden Sie sich fürchten. Wenn Sie etwas wirklich Wichtiges tun, werden Sie sich unbeschreiblich ängstigen. Aber Sie werden auch das Verlangen spüren, voranzugehen, Angst hin oder her. Sie werden feststellen, dass Sie dieser süßen Versuchung in die gefährlichsten Unternehmungen folgen können, und dass, sobald die Angst die Person zerstört, die Sie bisher waren, jemand Stärkeres und Mutigeres zum Vorschein kommt. Es spielt wirklich keine Rolle, welches Risiko Sie eingehen. Der Zweck von Schritt 5 besteht darin, den seltsamen Zauber zu erfahren, von etwas, das Ihnen Angst macht, lebendig geschluckt zu werden.

Im Laufe der Zeit

Es ist einige Zeit her, seit ich mich für eine Art Florence Nightingale haltend nach San Francisco gereist bin. Nachdem ich erfolglos versucht hatte, Isabella zu erreichen, war ich in jener Nacht um zwei Uhr morgens ins Bett gegangen, unbeschreiblich beschämt, dass ich Geld und Zeit verschwendet hatte, um jemandem meine Unterstützung anzubieten, der diese gar nicht wollte. Als ich gerade das Licht in meinem Hotelzimmer ausmachte, klingelte mein Handy. Es war Isabella, die mitten in der Nacht mit dem Gedanken wach wurde: »Martha ist in San Francisco«. Ich eilte zu ihrem Appartement, um einfach nur bei ihr zu sein, während sie schlief.

Die Ergebnisse von Isabellas medizinischen Tests waren eingetroffen. Daraus ging hervor, dass ihre alarmierenden Symptome nicht durch Krebs, sondern durch eine bakterielle Infektion hervorgerufen worden waren. Ich hoffe, meine Odyssee hat meiner Freundin Vertrauen darin gegeben, dass sie niemals in ihrem Leben allein sein wird. Was auch immer das Resultat für sie war – für mich war es ein

Segen. In diesem Moment war ich frei von dem Bedauern, das ich gespürt hätte, wenn ich den Abend einfach nur damit verbracht hätte, mir zu Hause vorzustellen, wie es für Isabella sein musste, die Nacht allein zu verbringen, allein mit der Erinnerung an den Tod ihrer Mutter und einer ungewissen Zukunft für sich.

Diese Variante von Schritt 5 mündete in ein Happy End, aber darauf kommt es nicht an. Entscheidend war, dass ich mich dadurch, dass ich meinen wahren Wünschen und nicht etwa meinen Ängsten oder sozialen Konventionen gefolgt bin, viel ganzheitlicher fühle und stärker wurde, als wenn ich das Risiko gescheut hätte. Was auch immer geschieht, durch jede Umsetzung von Schritt 5 lernen Sie etwas Nützliches: entweder, dass die Welt ungefährlicher ist, als Sie dachten, oder dass Sie Enttäuschung aushalten können und nicht daran sterben.

Oscar Wilde schrieb einmal an einen Freund, dass »Herzen dazu da sind, gebrochen zu werden«. Ich habe diese Zeile in etwa 20 Artikeln verwendet, und jedes Mal haben meine Redakteure sie gestrichen. Offenbar fördert so etwas nicht den Verkauf von Zeitschriften. Aber Oscar Wilde wollte damit nicht sagen, dass wir immer traurig sein werden, sondern dass wir, wenn wir der Liebe statt der Angst folgen, zwar riskieren, dass unser Herz gebrochen wird, dass wir daran aber nur wachsen können, und nicht, dass es uns lähmt. Unsere angeborenen Wünsche zu verdrängen, verletzt unser Herz so sehr, dass es sich vielleicht nicht mehr erholt; das bewusste Riskieren von Herzschmerz auf dem Weg zur Erfüllung unserer Wünsche macht uns in Wirklichkeit stärker. Das Herz ist ein Muskel, und wie jeder Gewichtheber weiß, werden Muskeln stärker und kräftiger, wenn sie ein kleines bisschen einreißen und dann wieder heilen dürfen. Machen Sie sich nichts vor: Ihr Herz der Welt gegenüber zu öffnen, indem Sie Risiken für Ihr wahres Ich eingehen, heißt, dass es gebrochen werden wird – aber es wird heilen und stärker sein als zuvor. Sich dem Risiko zu verweigern, heißt im übertragenen Sinn, seine Muskeln schwinden zu lassen: Es tut nicht weh, aber wenn der Muskel seinen Zweck nicht erfüllt, verliert er jegliche Stärke, die er besitzt. Der Schmerz, der entsteht, wenn man riskiert, seine wahren Wünsche einzufordern, ist nicht das Gegenteil der Freude, sondern einer ihrer Bestandteile!

Weitere Wagnisse

Wenn Sie Schritt 5 täglich praktizieren, werden die Wälle der Angst, die Ihr Leben beschränken, weiter und weiter zurückgedrängt, und Sie bekommen mehr Raum. Sie verlieren Ihre Angst vor kleinen Risiken, die vormals Ihre Entscheidungen beeinflusst hat, und Dinge, die Ihnen bisher unlösbar riesig erschienen, wirken auf einmal machbar. Mit der Zeit werden Sie feststellen, dass Sie Ihre Grenzen ein ganzes Stück erweitern müssen, um die Anforderungen für Schritt 5 zu erfüllen, weil es immer schwieriger werden wird, etwas zu finden, vor dem Sie sich fürchten.

Mein Klient Steve zum Beispiel entschied sich, die *Enjoy your life*-Methode gegen seine Höhenangst einzusetzen, die zwar nicht lähmend für ihn war, aber doch stark genug, um ihn davon abzuhalten, auf einem Balkon zu stehen oder über Bergstraßen zu fahren. Er ging ein hohes Risiko ein, indem er sich beim örtlichen Sportartikelgeschäft für einen Kletterkurs anmeldete. Das erste Mal, als Steve die Kletterwand hinaufstieg, schaffte er kaum fünf Meter, bekam Panik, zitterte und fiel hinunter. Seine Sicherungsleine fing ihn auf und sein Lehrer seilte ihn ab. Paradoxerweise begann Steve gerade aufgrund dieses Erlebnisses, Vertrauen in seine Ausrüstung zu entwickeln und beim nächsten Versuch schaffte er die Wand bis ganz nach oben. Er machte das alle paar Wochenenden, bis er tatsächlich anfing, es zu mögen – nein, bis er es liebte. Der kleine Adrenalinstoß, den Steve als Überbleibsel seiner Angst verspürte, machte das Erlebnis erst richtig aufregend. Um zu spüren, dass er wirklich ein Risiko einging, musste er schließlich anfangen, an Felsen in der freien Natur zu klettern, dann an richtig hohen Felsen und zum Schluss auf waschechten Bergen. Steve hat immer noch Höhenangst, aber jetzt reden wir von Höhen ab 300 Metern und darüber, Höhen, die jeden normalen Menschen in ein Angst-Koma fallen lassen würden. Darüber hinaus ist Steve so daran gewöhnt, seine Ängste herauszufordern, dass er, wenn er sich daranmacht, eine schwierige Felswand zu besteigen, einfach nur mit den Schultern zuckt und loslegt, ängstlich, vorsichtig, aber unerschrocken.

Schritt 5 wird nicht die Angst aus Ihrem Leben verschwinden lassen. Nichts kann das erreichen. Aber ein tägliches Risiko kann diese Pein in einen Segen verwandeln. Es wird Ihren Horizont, Ihre Zuversicht, Ihre Beziehungen, Ihre Erfolge und Ihr Glück so sehr erweitern, dass Sie mit der Zeit nach dem Schauer der dunklen Vorahnung Ausschau halten werden, der Ihnen sagt, dass Sie die Grenzen Ihrer Wohlfühlzone erreicht haben. Sie werden zufrieden damit sein, die Schwelle zwischen Wagemut und Angst erreicht zu haben, weil Sie jetzt aus Erfahrung wissen, dass dies der Ort ist, an dem der Zauber sich vollzieht.

Tägliches Pflichtprogramm
Schritt 5: Risiko

Mindestens einmal täglich:

1. Suchen Sie sich ein beängstigendes Ziel.
Benennen Sie einen Handlungsschritt, den Sie sich überlegt haben, um einen Ihrer Herzenswünsche zu realisieren. Stellen Sie sicher, dass Sie wirklich wollen, dass das passiert und dass es Ihnen wirklich Furcht einflößt.

2. Machen Sie den kleinstmöglichen furchteinflößenden Schritt.
Kann Ihr Handlungsschritt in noch kleinere Teile zerlegt werden? Bestimmen Sie den wirklichen kleinsten Vorwärtsschritt, den Sie machen können.

3. Gestalten Sie das Aussteigen genauso schwierig wie das Vorwärtsgehen.
Setzen Sie Ihren Stolz, Ihre Zeit und Ihr Geld ein, um Ihr ultimatives Ziel zu erreichen. Machen Sie Ihr Ziel so publik wie möglich.

4. Fürchten Sie sich nicht vor der Angst.
Akzeptieren Sie, dass Sie Angst haben, wenn Sie diesen Schritt machen. Beruhigen Sie sich durch Akzeptanz und stärkende Selbstgespräche.

5. Begeben Sie sich ins Innere des Monsters.
Wie Eleanor Roosevelt sagte: »Sie müssen das tun, von dem Sie glauben, es nie tun zu können.« Holen Sie tief Luft und springen Sie.

Schritt 6

Belohnungen

Gönnen Sie sich täglich mindestens drei ganz besondere Belohnungen: eine für jedes Risiko, dass Sie eingehen, und zwei einfach dafür, dass Sie sind, wer Sie sind. Keine Ausnahmen, keine Ausflüchte.

Ja, es stimmt: Sie können einem Schwein wirklich beibringen, einen Einkaufswagen zu schieben, und Sie müssen ihm nicht einmal zeigen, wie es geht.

Diese erfreulichen Neuigkeiten entnahm ich einem Psychologielehrbuch, in dem tatsächlich ein Foto mit einem Schwein abgebildet war, das einen Einkaufswagen schob. Seine Vorderpfoten balancierten gefühlvoll auf der Lenkstange, während es einen Ausdruck zaghafter Hoffnung in den hübschen braunen Augen hatte. Das Schwein war hungrig und hoffte auf kleine Futterhappen, die die Forscher ihm zuwarfen, wenn es bestimmte Aufgaben erfüllte. Anfänglich hatten sie ihm jedes Mal eine Belohnung gegeben, wenn es sich dem Wagen näherte. Dann fingen sie an, die Belohnung solange zurückzuhalten, bis es den Wagen mit einem Körperteil tatsächlich berührte. Nach einer Weile bekam das Schwein die Belohnung nur, wenn seine Vorderpfoten auf dem Korb lagen, und schließlich mussten sie auf der Lenkstange liegen. Am Ende hatten die Forscher durch reines Verstärken zufällig auftretender Verhaltensweisen ein Schwein, das durch den Raum stolzierte und seinen Einkaufswagen genauso sachkundig steuerte wie jeder bewährte Einkäufer im Supermarkt.

Die Forscher, die das Experiment durchführten, waren Vertreter einer psychologischen Richtung, die sich Behaviorismus nennt. Sie überprüften die Hauptthese ihres Begründers, B.F. Skinner: Jedes Tier wird Verhaltensweisen wiederholen, die positiv verstärkt werden (anders ausgedrückt, die an eine Belohnung oder Befriedigung gekoppelt werden) und Verhaltensweisen vermeiden, die negativ verstärkt werden (die gefolgt sind von Schmerz, Bestrafung oder Unbehagen). Obwohl ich persönlich der Meinung bin, dass der Ansatz des Behaviorismus ein bisschen zu einfach ist, um die Feinheiten der menschlichen Psyche wirklich zu erklären, sind seine Prämissen solide, und Sie stehen kurz davor, diese als Bestandteil des *Enjoy your life-Programms* zu nutzen.

Dieses Kapitel erklärt, wie Sie sich buchstäblich trainieren können, Ihr bestmögliches Leben zu erkennen, indem Sie sich mit einem auf Sie zugeschnittenen Repertoire an Belohnungen aus Schritt 6 bestärken. Ich will Ihnen erklären, wie Sie die Belohnungen erkennen können, die Sie am stärksten motivieren, und wie Sie diese einsetzen können, um Ihr tägliches Verhalten grundlegend zu verändern. Indem Sie sich das Schweinefutter in Form hoch motivierender Belohnungen selbst zuwerfen, werden Sie lernen, den Einkaufswagen Ihres Lebens entlang des hell erleuchteten Schicksalsweges zu schieben, unbeeindruckt vom herumeiernden rechten Rad selbstzerstörerischer Gewohnheiten oder dem lästigen Scheppern unangebrachter Sozialisation, während Sie obendrein noch unbehindert von den hübsch verpackten Waren erfreulicher Erlebnisse kosten können.

Warum Belohnungen notwendig sind

Die meisten Übungen des *Enjoy your life-Programms* sind durch und durch angenehm. Allerdings kann Schritt 5, den Sie gerade abgeschlossen haben, Ihre psychischen und physischen Energien verbrauchen und oft verbunden sein mit Gefahr, Scheitern, Enttäuschung und Angst – einige der stärksten negativen Stimuli, die man sich vorstellen kann. Natürlich werden die Erfolge, die Sie erzielen, sobald Sie anfangen, Ihre Herzenswünsche zu realisieren, so positiv sein, dass sie ausreichen, um Sie durch größte Schwierigkeiten hindurchzubringen. Nur einen einzigen Traum wahr werden zu lassen, lässt beinahe jedes Risiko trivial wirken, wie der Preis für einen Lottoschein im Vergleich zum 50-Millionen-Euro-Jackpot. Aber große Erfolge stellen sich nicht unbedingt sofort ein, und ich glaube nicht an das Aufschieben von Belohnung, bis dieser Zeitpunkt erreicht ist: Das ist langweilig und funktioniert einfach nicht.

Mir wurde zum Beispiel jahrzehntelang beigebracht, dass mich ein Beschränken meiner Diät auf Biogemüse und unablässiges Fitnesstraining gesünder, tüchtiger, hübscher und bei allen beliebter machen würde. Aber hielt mich das davon ab, heute Morgen vor neun Uhr bereits sechs riesige Schokoladenkekse gegessen zu haben? Tat es nicht. Meine Argumentation lautete wie folgt: »Auf der einen Seite meine Gesundheit, auf der anderen Seite die Schokoladenkekse. Gesundheit, Kekse: Kekse, Gesundheit. Gesundheit ... Keeeeeekse!« Kurz gesagt denke ich buchstäblich wie ein Schwein: Obwohl mein Verhalten durch langfristige Planung auf gewisse Weise beeinflussbar ist, wird es von sofortigen Belohnungen kraftvoll gesteuert.

Das ist verständlich, wenn Sie berücksichtigen, dass ich – trotz allem – ein Tier bin. Das soll jetzt keine Beleidigung sein, aber Sie sind das auch. Ihr Körper – einschließlich Ihres Gehirns – verfügt über ein hoch spezifiziertes angeborenes Programm, und dazu gehört auch die Jagd auf kurzfristige Belohnungen, selbst wenn diese Sie nicht in Richtung Ihrer langfristigen Ziele führen. Verglichen mit anderen Tieren sind Menschen erstaunlich gut im Hinausschieben von Belohnungen, aber wie jede andere Kreatur, die von unseren sympathischen Behavioristen getestet wurde, werden wir es am Ende müde, Dinge zu tun, die überhaupt keine ersichtliche Befriedigung bringen. Wenn Sie mein letztes Buch gelesen haben, dann wissen Sie bereits, dass ich empfehle, sich selbst zu bestechen, um unangenehme, aber notwendige Arbeiten zu erledigen. Das *Enjoy your life-Programm* setzt voraus, dass Sie auf diese Strategie bauen und einen instrumentierten Feldzug eines auf Verstärkung beruhenden Trainings führen. Die Grundidee ist, bestimmte Verhaltensweisen als gewohnheitsmäßige Reaktionen fest zu implementieren, sodass Sie diese automatisch ausüben.

Mein Beagle zum Beispiel, der passend zur familiären Besessenheit von Plätzchen »Cookie« genannt wird, bekommt jeden Nachmittag gegen vier Uhr einen besonderen Snack. In einem erfolglosen Versuch, unsere Teppiche sauber zu halten, wollten wir, dass Cookie seinen Leckerbissen auf einem kleinen Läufer zu sich nimmt, da dieser ein unruhiges Muster aufweist und man deshalb Flecken weniger sieht. Cookie hat keine Vorstellung von der Teppichpflege und schien über lange Zeit sehr verwirrt angesichts der Tatsache, dass er seinen Snack auf diesem Läufer essen sollte. Nach einer Weile hatte er sich allerdings so daran gewöhnt, dass er sich jetzt unbehaglich dabei fühlt, diesen Snack woanders zu essen oder sich zwischen Mittagessen und Sonnenuntergang weit von dem Läufer zu entfernen. Als wir den Läufer neulich wegbrachten, damit er gereinigt wird, fiel Cookie beinahe in Ohnmacht.

Risiken, harte Arbeit und Schwierigkeiten, mit denen Sie konfrontiert werden, um Ihre Träume zu verwirklichen, sind die »Läufer« (und damit meine ich die Einkaufswagen) Ihres wahren Lebens: Sie mögen sich im ersten Moment fremdartig oder sogar abstoßend anfühlen, aber sobald Sie diese wiederholt mit etwas in Zusammenhang gebracht haben, das Sie stark motiviert, werden sie anfangen, angenehm, liebenswert und sogar unverzichtbar zu scheinen. Belohnungen sind der einzige Weg, um diesen Trainingseffekt zu erzielen, und aus diesem Grund verlangt das *Enjoy your life-Programm*, dass Sie sich selbst eine Belohnung gönnen, nachdem Sie Ihr tägliches Risiko eingegangen sind. Aber Belohnungen haben noch eine andere wichtige Funktion: Sie sorgen für ausreichend gleichmäßige kurzfristige Befriedigung, um das Vertrauen und Glück des wohlwollenden Tieres zu stärken, das Ihr Körper nun mal ist. Sich selbst jeden Tag zwei Belohnungen zu gönnen, ob Sie diese verdient haben oder nicht, ist ein zentraler Bestandteil von *Enjoy your life*. Es ist mir so ernst damit, dass ich die Arbeit mit Klienten, die sich nicht dazu verpflichten, beende.

Belohnen Sie sich richtig

Ich habe erwähnt, dass die Belohnungen, die Sie sich gönnen, auf Sie zugeschnitten sein müssen. Das Sortiment an Belohnungen, das Sie am stärksten motiviert, ist einzigartig entsprechend Ihrer Physiologie und Persönlichkeit; was für den einen Menschen eine Belohnung zu sein scheint, kann bei einem anderen tatsächlich Widerwillen auslösen. Zum Beispiel wären Sie vielleicht außer sich vor Freude, wenn Ihnen jemand eine Reise zu den Spielcasinos in Las Vegas anböte, während ich es vorzöge, von einer Horde Vielfraße verspeist zu werden. Der erste Schritt zur Umsetzung von Schritt 6 besteht also darin, eine Liste mit kleinen Freuden zusammenzustellen – wirklich nur ganz kleinen –, die Ihre besonderen Vorlieben widerspiegeln.

Ich bin überrascht, wie viele Menschen Schwierigkeiten haben, das zu tun. Wenn ich meine Klienten bitte, Ihre liebsten Belohnungen aufzuzählen, sehen die meisten mich an, als hätte ich von Ihnen verlangt, mir zu sagen, wie in der Urdu-Sprache der Ausdruck für »Trägheit« lautet. Viele können nicht einmal einen einzigen Punkt nennen. Im Allgemeinen ist es so: Je ehrgeiziger der Klient ist, desto langsamer und geduldiger muss ich die grundsätzliche Definition und die Erkennungsmerkmale dieser geheimnisvollen Dinge, die ich als Belohnungen bezeichne, erklären. Da Sie gerade ein Selbsthilfebuch lesen, gehe ich davon aus, dass Sie zum Club der Ehrgeizigen gehören, und fange ganz am Anfang an. Hier kommt also die Definition des Begriffs *Belohnungen*, die mit Ihrem üblichen Verständnis des Begriffs übereinstimmt oder auch nicht:

Belohnungen: Alles, was Ihnen ein Gefühl verleiht, als würden Sie lächeln.

Einige Leute wirken überrascht, wenn ich ihnen diese Definition nenne, hauptsächlich weil die Betonung auf »lächeln« liegt. Ich begann, diese Definition zu verwenden, nachdem ich die Arbeiten des Mönchs und Aktivisten Thich Nhat Hanh gelesen hatte, der sehr viel über das Lächeln geschrieben hat und fordert: »Wenn ein Kind lächelt, wenn ein Erwachsener lächelt, so ist das sehr wichtig.« Die meisten meiner Klienten glauben das nicht. Schließlich, so argumentieren sie, lächeln die meisten Menschen aus einer Masse von Gründen täglich x-mal (und wir sind nicht die einzigen; Cookie lächelt mich gerade in diesem Moment an, was, wie ich vermute, heißen soll, dass er gerade einen Aufstand plant). Das ist völlig richtig. Wir sind so daran gewöhnt, auf liebenswürdige Weise unsere Zähne zu entblößen, als Ausdruck sozialen Anstands oder Schicklichkeit, dass unser Lächeln genauso bedeutungslos geworden ist wie die Zärtlichkeit einer Prostituierten.

Aber ein gesellschaftlich angemessenes, jedoch nicht gefühltes Lächeln unterscheidet sich sehr von einem spontanen. Ein aufrichtiges Lächeln, wie ein Niesen oder Gähnen, initiiert sich selbst und unterliegt nicht völlig Ihrer Kontrolle. Es geht einher mit einem bestimmten inneren Gefühl, das jeder anders empfindet, das aber unverkennbar ist, wenn Sie es spüren. Bei Ihnen ist es vielleicht ein Gefühl übersprudelnder Freude oder der Wunsch zu summen oder ein leichtes Kribbeln in Ihrem Herzen. Vielleicht lächeln Sie nicht immer, wenn Sie es spüren, aber es würde Ihnen nichts ausmachen. Im Unterschied dazu ist jede andere Art des Lächelns eine kleine Vergewaltigung Ihres wahren Ichs.

Sie glauben mir nicht? Versuchen Sie Folgendes: Setzen Sie ein breites Lächeln auf, sofort. Wie fühlt sich das an? Falls Sie schon in einer ganz guten Stimmung waren, hat es Sie vielleicht noch stärker aufgeheitert, wie ein emotionales Kitzeln. Wenn Sie allerdings ernsthaft unglücklich sind, merken Sie wahrscheinlich, dass es nicht nur sehr anstrengend ist, zu lächeln, sondern auch ein Verrat. Rufen Sie sich eine Situation in Erinnerung, in der Sie sich genötigt fühlten, zu lächeln, obwohl Sie traurig waren oder Schmerzen litten, und Sie werden sich wahrscheinlich eines Gefühls tiefgehenden Widerwillens entsinnen. Zu lächeln ist eine sehr ernste Angelegenheit für Ihren Körper und Ihr Herz, und um diesen Teil des *Enjoy your life-Programms* zu praktizieren, müssen Sie es respektvoll behandeln.

Übung 1: Erstellen Sie eine Liste von Auslösern für spontanes Lachen

Beginnen Sie mit Schritt 6, indem Sie einfach nur Ihr eigenes Lachverhalten für ein oder zwei Tage beobachten. Unternehmen Sie keinerlei Anstrengungen, sich zu kontrollieren; beobachten Sie einfach nur. Können Sie spüren, wie es sich anfühlt, wenn ein Lächeln aufsteigt (ob Sie nun tatsächlich grinsen oder nicht)? Ist Ihr Lächeln meistens kalkuliert, um einen bestimmten sozialen Zweck zu erfüllen, oder sehen Sie sich auch dann strahlen, wenn dadurch nichts gewonnen werden kann? Gibt es Unterschiede, wenn Sie sich lächeln fühlen, weil Sie etwas lustig finden, jemanden sehen, den Sie lieben, oder bei irgendeiner Unternehmung erfolgreich sind? Am allerwichtigsten ist jedoch: Wann spüren Sie einen spontanen Drang zu lächeln? Ist Ihr spontanes Lächeln kurz und flüchtig oder scheint es sich in Ihrem ganzen Körper auszubreiten?

Wenn Sie feststellen, dass Sie sich niemals so fühlen, als würden Sie lächeln, dann brauchen Sie nicht nur das *Enjoy your life-Programm*, sondern ernsthaft Hilfe. Ich mache keine Scherze: Bitte reden Sie mit einem Therapeuten, um herauszufinden, welches situative oder chemische Ungleichgewicht das Glück aus Ihrem Leben heraussaugt. Sie könnten klinisch depressiv sein und therapeutische Hilfe oder eine medikamentöse Behandlung benötigen. Nehmen Sie am besten sofort fachmännische Hilfe in Anspruch.

Wenn Sie nicht depressiv sind, sollten ein paar Stunden Beobachtung zu einer Liste von Ereignissen, Situationen, Personen und Dingen führen, die das Gefühl eines inneren (und vielleicht eines äußeren) Lächelns hervorrufen. Schreiben Sie alles, woran Sie denken, auf Ihr eigenes Blatt Papier oder in den folgenden Freiraum. Schreiben Sie am Anfang mindestens zehn Punkte auf. Wenn Sie nicht so viele zusammenbekommen, variieren Sie Ihre Aktivitäten einige Tage lang, immer wachsam für ein Lächeln.

Einige der Dinge, die bei mir ein Gefühl des spontanen Lächelns hervorrufen:

1. ______________________________
2. ______________________________
3. ______________________________
4. ______________________________
5. ______________________________
6. ______________________________
7. ______________________________
8. ______________________________
9. ______________________________
10. ______________________________

Wenn Sie sich aufmerksam beobachtet haben und Ihre Liste immer noch sehr kurz ist, haben Sie sich wahrscheinlich schon zu lange Belohnungen verweigert. Viele Leute, die gerade mit diesem Abschnitt des *Enjoy your life-Programms* beginnen, neigen dazu, sich an ein oder zwei altbewährte Dinge zu erinnern, die sie mit Luxus oder Hingabe in Zusammenhang bringen. Häufig aufgeboten werden die Standard-Freuden, die man in jeder Frauenzeitschrift dieses Planeten finden kann:

Massage, heiße Bäder, Kerzen, Pediküre. An diesen Dingen ist nichts Schlechtes – auch ich liebe sie alle –, aber wenn das die einzigen Posten in Ihrer Übersicht sind, die Sie zum Lächeln bringen, so haben Sie noch nicht angefangen, das hoffnungsvolle Schwein zu belohnen, das in Ihnen wartet und auf echte, maßgeschneiderte, speziell zugeschnittene Leckereien hofft. Es wird Zeit, dass Sie auf Ihr inneres Schwein hören.

Übung 2: Geben Sie Ihrem »tierischen Ich« nach

In ihrem Gedicht »Wild Geese« schreibt Mary Oliver: »Du musst einfach nur das sanfte Tier deines Körpers lieben lassen, was es liebt.«

Wenn Sie so sind wie die meisten kultivierten Menschen, dann mutet dieses Bild vielleicht ziemlich befremdend an. Sie sind es wahrscheinlich nicht gewohnt, Ihren Körper als ein »sanftes Tier« anzusehen, und noch weniger als eines, das lieben dürfen sollte, was es liebt. In der Regel schrecken meine Klienten vor dieser Vorstellung zurück, werden ganz besonders intellektuell, wenn Ihnen gesagt wird, sie sollen ihr tierisches Ich belohnen. »Was würde sich gut anfühlen?«, frage ich und die Antwort lautet: »Ich denke, es könnte nett sein, mehr ausländische Filme anzusehen«, oder »Ich sollte wohl versuchen, mehr zu trainieren.« Das sind Überlegungen, keine Gefühle. Sie kommen von dem bösen Kommandanten Ihres Überichs und nicht von dem unkonventionellen Wesen aus Fleisch und Blut, das es Ihnen ermöglicht, sowohl Freude als auch Schmerz so eindringlich zu erleben. Wenn sich das Anschauen ausländischer Filme oder das Trainieren für Sie so gut anfühlt, dass allein der Gedanke, es zu tun, Sie »anlacht«, dann, und nur dann, ist es Ihnen erlaubt, diese Dinge auf Ihre Liste der Belohnungen zu setzen.

In der Zwischenzeit sollten Sie versuchen, die Räder Ihres Belohnungsdetektors zu schmieren, indem Sie Ihre fünf Sinne befragen und Dinge nennen, die diese erfreuen. Fangen Sie jetzt direkt damit an, Ihren Katalog der Sinnesfreuden zu erstellen.

Vervollständigen Sie jede Aussage, indem Sie fünf Dinge nennen, die Ihnen sinnlichen Genuss bereiten.

1. Ich liebe den Geschmack von: ____________________
____
____
____
____

2. Ich liebe den Anblick von: ____________________
____
____
____
____

3. Ich liebe das Gefühl von: ____________________
____
____
____
____

4. Ich liebe den Duft von: ____________________
____
____
____
____

5. Ich liebe das Geräusch von: ____________________
____
____
____
____

Sie werden wahrscheinlich feststellen, dass Ihre Sinne sich an seltenen und kostspieligen Dingen erfreuen, wie exzellenter Champagner oder Luxusurlaub. Aber ich hatte noch nie einen Klienten, dessen inneres Tier nicht auch Dinge nannte, die schlicht sind und nichts kosten: das Licht, das bei Sonnenuntergang durch Ihre Jalousien schimmert, das Schnurren einer Katze, das Gefühl, sich hinzulegen und alle Muskeln gleichzeitig zu entspannen. Ihr Verstand wird Ihnen wahrscheinlich sagen, dass sogar diese Dinge – vielleicht insbesondere diese Dinge – immer noch zu »teuer« seien, dass sie Zeit und Aufmerksamkeit erfordern, die Sie weiß Gott nicht haben. Widmen Sie sich diesen Gedanken sorgfältig. Beachten Sie die Energie, die Sie spüren, wenn Sie diese Gedanken hegen. Wahrscheinlich ist sie kritisch, wertend, angespannt (erinnern Sie sich an die Anzeichen für falsche Wünsche?). Das ist ein Zeichen dafür, dass Sie mit Ihrem Tier auf Kriegsfuß stehen, und das wahrscheinlich schon seit Jahren. Was Sie vielleicht nicht erkennen, ist, dass Ihr Tier zurückschlägt und normalerweise gewinnt. Nehmen Sie sich dreimal täglich ein paar Minuten Zeit, um es zu verwöhnen, und Sie werden merken, dass die Urkräfte Ihres Geistes und Körpers beginnen, auf eine Weise für Sie zu arbeiten, die Sie nie zuvor erlebt haben.

Ich erzähle den Leuten diese Dinge jetzt schon seit vielen Jahren, aber es fühlt sich immer noch sonderbar an, wenn ich es selbst erlebe. Zum Beispiel machte ich mich eines Tages mit meinem Laptop auf den Weg, um mich in ein Café zu setzen und einen Artikel zu schreiben, den ich einfach nicht hinbekam, egal, wie hart ich auch daran arbeitete. Auf dem halben Weg zu meinem Ziel merkte ich, dass ich auf der falschen Straße war und in die falsche Richtung fuhr. Ich war auf sonderbare Weise außer Kontrolle geraten, dabei wusste ich genau, wo ich hinfuhr: zu dem größten Fachgeschäft für Künstlerbedarf in unserer Stadt.

Sie müssen wissen, dass ich mehr sinnlichen Genuss aus den Farben und der Beschaffenheit von Künstlermaterial ziehe als aus irgendetwas sonst auf dieser Welt, aber seit Jahren nicht mehr daran gedacht hatte, so etwas zu kaufen, da ich eine vielbeschäftigte berufstätige Mutter geworden war. Ich war fasziniert und ein bisschen ängstlich angesichts der Intensität, mit der mein tierischer Körper die Künstlermaterial-Durststrecke beendete. Als ich die Tür des Geschäftes öffnete, verschlug mir der Duft von Farbe, Terpentin, handgeschöpftem Papier aus Baumwollfasern, Zeichenkohle und Radiergummis fast den Atem und trieb mir Tränen in die Augen. Ich beobachtete mich dabei, wie ich durch die Gänge raste und Leinwände, Spachtel und Farbtuben in meinen (und hier kommt das Schlüsselwort) Einkaufswagen warf. Während der ganzen Zeit sagte mein Verstand mir immer wieder: »Ich habe dafür keine Zeit, ich habe dafür keine Zeit, ich habe dafür keine Zeit.« Aber ich hatte Unrecht. Nachdem ich das Geschäft verlassen hatte, meine Geldbörse um einiges leichter und mein künstlerisches Fieber ein bisschen abgeklungen war, kam der Artikel, mit dem ich so gerungen hatte, innerhalb einer Stunde auf die Welt, wie bei einem Ei – offensichtlich ist mein inneres Tier genauso sehr Huhn wie Schwein.

Seit diesem Ereignis ist mir aufgefallen, dass es meinen Körper und meinen Verstand in eine bestimmte Grundhaltung versetzt, die mich in allen anderen Lebensbereichen wesentlich produktiver macht, wenn ich es mir erlaube, mit Farben zu spielen, sie zu berühren, sie zu sehen und das Material zu riechen, das mich so entzückt. Ich habe Möglichkeiten gefunden, dies in meinem Stundenplan unterzubringen, trage eine Grundausstattung an Malutensilien in meiner Handtasche bei mir, male oder zeichne während Flugreisen und beschäftige mich mit diesen Dingen, während ich telefoniere. Wenn ich es tue, steigt die Wahrscheinlichkeit, dass ich meine Ziele erreiche, und mein Leben insgesamt fühlt sich sehr viel interessanter an.

Ich empfehle, dass Sie so viele sinnliche Genüsse wie möglich in Ihren Stundenplan packen (drei pro Tag ist absolutes Minimum). Sie sollten insbesondere Ihre unliebsamsten Beschäftigungen mit Sinnesgenüssen koppeln. Kaufen Sie sich einen ganz einfachen, tragbaren

Kassettenrekorder und hören Sie Ihre Lieblingsmusik, während Sie Geschirr spülen. Legen Sie Ihr Lieblingsparfum auf, wenn Sie Rechnungen bezahlen. Wenn Sie sich mit einem unangenehmen Arbeitskollegen treffen müssen, tun Sie es in Ihrem Lieblingsrestaurant, während Sie Ihr Lieblingsgericht essen. (Aber Vorsicht: Wenn Sie es seiner anderen Sinnesgenüsse berauben, kann es passieren, dass Ihr tierisches Ich anfängt, Essen als Allheilmittel zu betrachten!) Überprüfen Sie Ihre Liste der Sinnesfreuden jetzt sofort und überlegen Sie sich Möglichkeiten, wie Sie diese in Ihr tägliches Leben integrieren können, insbesondere in jene Bereiche, die langweilig oder beängstigend sind.

Ich habe Dutzende von Klienten dabei beobachtet, wie sie durch diese Methode ihre Produktivität und ihre Lebensfreude steigern konnten. Ihre Sinne zu verwöhnen ist, als ob Sie gleichzeitig das behavioristische Forscherteam und das Schwein mit dem Einkaufswagen wären. Sie werden feststellen, dass langweilige oder gefährliche Aufgaben sehr viel erträglicher werden, wenn Sie Ihren Verstand einsetzen, um die nützlichen Verhaltensweisen Ihres tierischen Ichs zu stärken, statt das Tier mit Logik davon zu überzeugen, Regeln zu befolgen, die es nicht kennt, auf die Kommandos von Leuten zu hören, die es nicht versteht, zu einem Zweck, den es nicht nachvollziehen kann.

Übung 3: Setzen Sie sich über die Tugenden hinweg, die Sie verkörpern

Das ist mit Abstand meine Lieblingsmethode zur Identifizierung von Belohnungen. Beginnen Sie damit, sich zu fragen, welche menschlichen Tugenden Sie am stärksten verkörpern. Kennen Ihre Freunde Sie als geduldig, tüchtig, sorgfältig, mutig, vertrauenswürdig, anständig, hilfsbereit, einfühlsam? Schreiben Sie die Eigenschaften auf, von denen Sie denken, dass es Ihre Stärken sind, oder solche, die andere an Ihnen beeindrucken.

Vervollständigen Sie die folgenden Sätze:

1. Menschen beglückwünschen mich oft zu meiner Fähigkeit,
____

2. Ich bin stolz, dass ich die Fähigkeit ________________ besitze.

3. Ich bin tugendhafter als andere, wenn es vorkommt, dass
____

4. Auch wenn mir nicht danach ist, bemühe ich mich immer,
____

Jetzt werden wir Ihre Antworten dazu nutzen, um göttliche Dekadenz zu praktizieren. Das sieht so aus, dass Sie etwas tun, womit Sie sich über all die Tugenden hinwegsetzen, die Sie verkörpern. Der Grund dafür ist, dass sich, wie das Sprichwort sagt, »übertriebene Stärke in Schwäche verwandelt«. Die Geschichten, die wir über uns selbst erzählen, basieren oft auf dem idealisierten Bild eines perfekten Verhaltens, das eigentlich unserer wahren Natur widerspricht – sonst müssten wir es uns nicht ständig so bewusst machen oder so sehr betonen. Während meiner Arbeit mit Hunderten von Klienten fand ich heraus, dass eine Person, die wieder und wieder betont, gütig und sanftmütig zu sein, wahrscheinlich so viel Wut unterdrückt, dass sie schließlich zu dem wird, was ich einen explodierenden Fußabtreter nenne, der jegliche Selbstbehauptung solange zurückhält, bis er vor Wut explodiert. Eine Klientin, die sich ständig als »fleißig« bezeichnet, wird sich so lange selbst antreiben, bis sie körperlich krank wird. Jemand, der davon besessen ist, ein guter Christ zu sein, wird vielleicht so selbstgerecht, dass er Menschen auf eine Weise angreift, wie Christen es nie tun würden.

Das Gegenmittel zu dieser Form von Maßlosigkeit besteht darin, eine kleine Dosis des Wüstlings Mr. Hyde (er war der Böse) Ihrem eigenen tugendhaften Dr.-Jekyll-Verhalten beizumischen. Ich habe einmal den Gesundheitsguru Dr. Andrew Weil sagen hören, wenn er genug davon habe, der perfekte gesundheitsbewusste Esser zu sein, würde er eine Cola direkt aus der Dose trinken. Das ist die Art Belohnung, die es wesentlich lustiger machen kann, Tugend aufrechtzuerhalten. Wenn Sie für Ihre Ordentlichkeit bekannt sind, beginnen Sie ein Projekt, das eine große Unordnung mit sich bringt (wie das Formen von Keramiken oder das Bauen von Modellflugzeugen) und verbringen Sie einige Tage damit, Ihre gesamte Energie in die Gestaltung zu stecken, bevor Sie auch nur anfangen, aufzuräumen. Wenn Sie unglaublich verantwortungsbewusst sind, melden Sie sich krank, wenn ein unwichtiges Meeting ansteht, und gehen Sie ins Kino. So etwas in Bereichen zu tun, in denen Sie sich extrem regelkonform verhalten, hält Sie davon ab, am Ende in gefährliche Tiefen zu geraten – ich möchte einfach nur, dass Sie ein bisschen durch den flachen Teil des Beckens waten. Hier sind ein paar Beispiele, wie Sie Tugend mit netten, harmlosen Lastern ausgleichen können.

1. Seien Sie unintellektuell Patrick ist einer der intelligentesten Menschen, die mir je begegnet sind. Wie auch schon sein Vater ist er im wahrsten Sinne des Wortes ebenso Raketenwissenschaftler wie brillanter Autor und verfügt über die Gabe, unverständliche wissenschaftliche Ideen in reinste Poesie zu verwandeln. Patricks Methode, göttliche Dekadenz zu betreiben, besteht darin, sich ein ärmelloses T-Shirt anzuziehen und zu Monster-Truck-Rennen zu gehen. Er verbringt seine Zeit damit, mit den Automechanikern zu reden und ihnen die dümmsten Fragen zu stellen, die ihm einfallen. Er erzählte mir, dass er sich dadurch nicht nur frisch und energiegeladen fühle, sondern dass es ihm zu einigen konzeptionellen Durchbrüchen bei seiner technischen Arbeit verholfen habe.

2. Seien Sie verschwenderisch Ich habe viele Bücher über Finanzmanagement gelesen, die uns sagen, wie viel unseres hart verdienten

Geldes wir einsparen können, indem wir zum Beispiel Pulverkaffee trinken, statt unzählige Euros für die Spezialmischung aus dem Fachhandel zu bezahlen. Ich schlage vor, wenn Sie ein wirklich sparsamer Mensch sind, sollten Sie diese Beträge sorgfältig berechnen. Und dann gehen Sie hin und trinken vier Tassen des teuersten Mochaccinos, den Sie auftreiben können. Geben Sie dem Kellner ein großzügiges Trinkgeld. Und wenn Sie wirklich dekadent sein wollen, dann sorgen Sie dafür, dass Sie es genießen.

Natürlich sollen Sie sich nicht mit Geldausgeben in eine finanzielle Krise stürzen, aber meiner Erfahrung nach scheinen kleine Belohnungskauforgien immer Hand in Hand zu gehen mit der gesteigerten Fähigkeit, Einkommen zu erzielen. Mein Lieblingsbeispiel ist eine Klientin namens Rosa, eine unglaublich sparsame Hausfrau, die, als ich sie kennen lernte, nicht in der Lage war, ein Stück Luxusseife für sich selbst zum Preis von 3 Euro zu kaufen (als sie es versuchte, wurde sie von Ängsten überwältigt und musste es zurücklegen). Rosa zwang sich schließlich dazu, kleine Belohnungen zu kaufen. Als sie es tat, begann sie plötzlich, Verdienstmöglichkeiten zu entdecken, angefangen von einem privaten Flohmarkt in ihrer Garage bis zu Privatstunden für Studenten in Spanisch, ihrer Muttersprache. Innerhalb von drei Jahren verfügte Rosa über mehr Einkommen als sie jemals für möglich gehalten hätte und leistete sich Belohnungen wie teure Wellness-Aufenthalte und ein schickes Tourenrad.

3. Seien Sie kindisch Als Lebensberaterin und Mutter habe ich viel Zeit mit dem Versuch verbracht, ein vernünftiger, besonnener, ruhiger Erwachsener zu werden – außer in den Momenten, in denen ich wild und willentlich kindisch bin. Ich liebe es, Augenblicke zu finden, in denen ich herumspringen, mich verstecken oder mich verkleiden kann und weinen darf, wenn ich nicht das bekomme, was ich möchte.

Ich kaufe mir auch viele kleine kindische Belohnungen, wie diese Gelstifte mit glitzernder Tinte. Kürzlich, bei einer Buchsignierstunde, war es mir peinlich, dass ich nicht einen einzigen normalen, schwarz oder blau schreibenden Stift bei mir hatte. Ich fragte die Buchkäufer, ob sie mir ihre Stifte leihen könnten, um dabei festzustellen, dass drei Viertel von ihnen ihre eigenen rosafarbenen, gelben und roten Gelstifte dabei hatten. Verwöhnen Sie Ihre kindische Seite, und Sie stellen vielleicht fest, dass die Welt voller kindischer, impulsiver, verspielter, wunderbarer kleiner Kinder ist, von denen viele nur als Erwachsene verkleidet sind.

4. Seien Sie unbescheiden Einer meiner früheren Therapeuten (es wird Sie freuen, zu hören, dass ich bei verschiedenen war) begann jede Therapiestunde mit »Prahlereien«. Jeder in dem Raum (es handelte sich um eine Gruppentherapie und nicht um Schizophrenie) musste eine Geschichte über etwas Gutes erzählen, dass er kürzlich erreicht, fertig gestellt, gewonnen, verdient oder erlebt hatte. Je unbescheidener die Prahlerei ausfiel, desto besser. Versuchen Sie, mindestens eine Person zu finden, mit der Sie einen Prahl-Pakt eingehen können. Treffen Sie sich mit dieser Person und loben Sie sich selbst wie ein gedopter Profisportler. Stellen Sie sich im Vergleich zu Ihrem Konkurrenten besser dar. Verhöhnen Sie alle, von denen Sie unterschätzt werden. Seien Sie so eingebildet, wie Sie es nur können, bis die Prahlstunde vorbei ist.

5. Seien Sie unproduktiv Ein Freund schickte mir kürzlich via E-Mail ein sehr einfaches Computerspiel, bei dem man lange Reihen von »Juwelen« in einem Gitternetz aufzieht. Die Sache ist die, dass die Juwelen sehr stark glitzern. Nachdem ich das Spiel einmal gelernt hatte, verbrachte ich so viel Zeit damit, dass ich mir im Daumen eine chronische Sehnenentzündung zuzog. Ich rief meinen Freund an, der ein engagierter Geschäftsmann mit einem unglaublichen Produktivitätslevel ist und beschwerte mich: Mir ein Spiel mit Glitzersteinen zu schicken sei ungefähr so, als würde man einem Drogenabhängigen Heroin geben. Vorwurfsvoll erzählte ich ihm von meiner Daumenverletzung.

Mein Freund lachte sehr herzhaft, was ich als sein Erstaunen darüber interpretierte, dass jemand seine Zeit so unnütz und unproduktiv vergeuden konnte, wie ich es getan hatte. Ich irrte mich, er lachte, weil er genau die gleiche Verletzung auskurierte, die er sich bei genau der gleichen Sache zugezogen hatte. Mit ihm zu reden erinnerte mich an etwas, an das ich schon die ganze Zeit hätte denken sollen: dass eine gelegentliche Phase verschwenderischer göttlicher Dekadenz eine Belohnung ist, welche das wahre Ich befriedigt und auf lange Sicht zu gesteigerter Produktivität führt.

Diese kurze Liste deckt nicht einmal annähernd die Möglichkeiten für göttliche Dekadenz ab. Gehen Sie zurück zu Ihrer Liste mit Tugenden, machen Sie ein Brainstorming und Sie werden auf Dutzende von Ideen kommen, wie Sie für kurze Zeit das Gegenteil von sich selbst werden können, wann immer Sie eine Belohnung nötig haben. Vielleicht genießen Sie es, gelegentlich unaufrichtig, faul, unordentlich, langweilig, feige ... zu sein. Gehen Sie eine Liste von Adjektiven durch, bis Sie eines finden, bei dem Sie spontan lächeln müssen. Und dann streben Sie genau das an.

Übung 4: Teilen Sie sich Ihre Belohnungen ein

Jeder gute Behaviorist wird Ihnen sagen, dass für das Dressieren eines Tieres mittels Verstärkung ein sorgfältiges Portionieren der Belohnungen erforderlich ist. Sie müssen selten genug sein, um als etwas Besonderes angesehen zu werden, aber häufig genug, um die Hoffnung zu erhalten. Sie können Ihrem Leben so viele Belohnungen hinzufügen wie möglich, aber für Schritt 6 wählen Sie einige spezielle aus, die nicht so leicht zu haben sind, dass sie nicht mehr als etwas Besonderes empfunden werden. *Gönnen Sie sich jedes Mal so schnell wie möglich eine Belohnung, nachdem Sie Ihre Übung mit dem täglichen Risiko beendet haben.* Das wird Sie nicht nur dafür belohnen, dass Sie sich um einen bestimmten Herzenswunsch bemüht haben, sondern auch für Ihre grundsätzliche Bereitschaft, ein Risiko einzugehen.

Abgesehen von der Risikobelohnung möchte ich, dass meine Klienten sich eine Belohnung ganz früh am Morgen gönnen und eine weitere am späten Nachmittag. Falls Sie beschäftigt sind, finden Sie Möglichkeiten, Ihre Belohnung mit anderen Tätigkeiten zu kombinieren, so wie ich male, während ich telefoniere. Kaufen Sie Hörbücher (oder leihen Sie welche in der Bibliothek) und hören Sie diese während Ihrer Pendelzeit. Machen Sie einen Schaufensterbummel, während Sie Ihren Spaziergang machen, der als Ihr täglicher Ausgleichssport fungiert. Rufen Sie Ihren Schatz in Ihrer Mittagspause für einen schnellen befriedigenden Austausch in naiver Babysprache an. Was auch immer Sie tun, finden Sie einen Weg, um mindestens eine Belohnung am Morgen und eine am Nachmittag unterzubringen. Denken Sie daran, ein Tier kann man nicht mit Entschuldigungen oder Ausflüchten dressieren. Tiere, einschließlich des Tieres in Ihnen, wissen lediglich, ob sie belohnt wurden oder ob nicht. Halten Sie unbedingt Ihre Vereinbarung ein!

Übung 5: Überlisten Sie Ihren Widerstand

Wenn Sie ein normales Leben führen, ist es wahrscheinlich, dass Sie auf Widerstand stoßen, wenn Sie beginnen, sich regelmäßig Belohnungen zuzuteilen. Der gravierendste Widerstand kommt wahrscheinlich von Ihrem eigenen überaktiven Gewissen, von dem Teil Ihres Ichs, das wegen der Genusssucht bestürzt und beleidigt ist.

Um diesem Problem entgegenzuwirken, benötigen Sie lediglich eine simple Sache: eine Erlaubnis. Das Interessante daran ist, dass Sie diese von so ziemlich jedem bekommen können. Ich kenne zwei erfolgreiche und kultivierte Frauen, beide mittlerweile Ende sechzig, welche die Kunst der Selbst-Verstärkung beherrschen, aber immer noch gelegentlich die Erlaubnis brauchen, um sich die richtigen Belohnungen zu erlauben. Wann immer es notwendig ist, erhält Meryl ihre Erlaubnis von Barbara, und Barbara bekommt ihre von Meryl.

»Wir machen das schon seit Jahren so«, erzählte mir Barbara. »Ich würde Meryl anrufen und sagen: ›Ich brauche die Erlaubnis, den Klaviervortrag meines Enkels zu schwänzen.‹ Sie wird sagen: ›Barbara, warum zum Teufel solltest du zu einem Klaviervortrag gehen wollen, wenn du stattdessen einen Einkaufsbummel machen könntest?‹ Es funktioniert jedes Mal wie ein Zauber.«

Wenn Sie über großen Widerstand verfügen, sich selbst Belohnungen zuzuteilen, dann suchen Sie sich eine Meryl oder Barbara. Holen Sie sich die Erlaubnis von Ihrem Bruder, Ihrem Ehepartner, dem freundlichen Lebensberater in Ihrer Nachbarschaft, diesem Buch – wo immer Sie diese finden können. Nebenbei bemerkt sollten Sie sehr wählerisch sein, wen Sie um Erlaubnis fragen. Falls Sie versuchen, Ihren arbeitswütigen Partner oder Ihre nachtragende Mutter in diese Rolle zu stecken, kann das darauf hinauslaufen, dass Sie sich sehr schlecht behandeln. Sie sollten es nicht nur unterlassen, diese Personen in Ihr Selbsttrainings-Programm einzubinden, sondern die ganze Sache vor ihnen geheim halten. Die heimliche Natur dieser Operation macht sie sogar noch amüsanter.

Das Maß an Genuss, das meine Klienten und ich in der Regel durch die drei täglichen Belohnungen erhalten, ist oft überproportional zu dem kleinen Umfang und der bescheidenen Ausprägung der Belohnungen selbst. Ich habe Dutzende von Leuten erlebt, die sich von leblos aussehenden Stubenhockern zu ausgelassenen, strahlenden Abenteurern wandelten, indem sie lediglich in meinem Büro saßen und sich selbst Belohnungen *versprachen*. Das funktioniert so lange, wie sie bereit sind, diese Versprechen zu halten, sich selbst kleine Futterhäppchen zuzuwerfen, damit ihr tierisches Ich begeistert und dankbar bleibt.

Was mir am meisten an dem berühmten, mit dem Einkaufswagen so geschickten Schwein gefällt, ist, dass ihm niemand sein ungewöhnliches Verhalten vorgeben musste, es machte einfach jedes Kunststück, das nötig war, um seine Belohnung zu bekommen. Wenn Sie Ihr tierisches Ich jedes Mal durch die Verabreichung einer Belohnung bestärken, wenn es ein Stück näher an die Erfüllung Ihrer Herzenswünsche heranrückt, so werden Sie vielleicht feststellen, dass Sie am Ende Dinge tun, mit denen Sie nie gerechnet haben. Vielleicht haben Sie niemals jemanden dieses spezielle Ziel erreichen, diesen Effekt bewirken sehen. Vielleicht hat es noch nie jemand erreicht. Vielleicht realisieren Sie eine Bestimmung, die ganz und gar Ihre individuelle ist, die nicht nur Sie selbst erfreut und überrascht, sondern auch alle anderen. Und das, ich verspreche es Ihnen, ist eine riesige Belohnung.

Tägliches Pflichtprogramm

Schritt 6: Belohnungen

Setzen Sie eine Reihe auf Sie zugeschnittener Belohnungen mithilfe der folgenden Strategien ein:

1. Erstellen Sie eine Liste von Auslösern für spontanes Lachen.
Beobachten Sie sich täglich ein paar Stunden, um zu merken, wann Sie ein »inneres Lächeln« verspüren (das kann als breites Lächeln in Ihrem Gesicht Ausdruck finden oder auch nicht, aber Sie werden spüren, dass es das bewirken könnte). Notieren Sie sich Gedächtnisstützen zu den Dingen, die Sie spontan lächeln lassen.

2. Geben Sie Ihrem »tierischen Ich« nach.
Erstellen Sie eine Liste von Dingen, die Ihre einzelnen Sinne erfreuen. Konzentrieren Sie sich nicht auf offensichtliche oder teure Dinge, sondern auf die kleinen, subtilen Handlungen, die Sie vielleicht übersehen haben.

3. Setzen Sie sich über die Tugenden hinweg, die Sie verkörpern.
Überlegen Sie sich Ihre tugendhaftesten Eigenschaften. Tun Sie

anschließend etwas, das Ihrem tugendhaften Ich völlig entgegengesetzt ist. Wenn Sie ein Ordnungsfanatiker sind, machen Sie Unordnung. Wenn Sie tüchtig sind, verschwenden Sie Zeit. Wenn Sie gewissenhaft sind, vernachlässigen Sie etwas. Zu Ihrer Tugendhaftigkeit können Sie wieder zurückkehren, wenn die Zeit für Belohnungen vorüber ist.

4. Teilen Sie sich Ihre Belohnungen ein.
Nachdem Sie eines der in Schritt 5 spezifizierten Risiken eingegangen sind, müssen Sie sich jedes Mal so schnell wie möglich eine Belohnung zukommen lassen. Zusätzlich sollten Sie jeden Morgen eine Belohnung und eine weitere am Nachmittag oder Abend erhalten. Flechten Sie, falls möglich, noch mehr Belohnungen in Ihre tägliche Routine ein – aber drei sind obligatorisch.

5. Überlisten Sie Ihren Widerstand.
Falls Sie merken, dass Sie sich gegen Ihre Belohnungs-Kur sträuben, involvieren Sie eine weitere Person in den Prozess. Die Aufgabe dieser Person (die Sie ihr erklären werden) besteht darin, Ihnen die Erlaubnis zu erteilen, sich Tag für Tag Belohnungen zu gestatten. Halten Sie das komplette Belohnungs-Programm geheim vor allen, bei denen Sie mit Kritik oder Ablehnung rechnen.

Schritt 7

Spiele

Nehmen Sie sich jeden Tag einen Moment Zeit, um an Ihre wirkliche Lebensaufgabe zu denken und unterscheiden Sie sie von den Spielchen, die Sie spielen, um diese Aufgabe zu erfüllen. Und dann verpflichten Sie sich dem Spiel mit ganzem Herzen.

Ich hoffe, es macht Ihnen Spaß, sich selbst durch Verabreichung von Belohnungen zu dressieren. Allerdings bin ich sicher, dass Sie sich nach wie vor darüber im Klaren sind, dass es zwischen Menschen und anderen Lebewesen in ganz wesentlichen Punkten Unterschiede gibt. Zum einen sind wir im Vergleich zu den meisten unserer planetarischen Mitbewohner lächerlich unbeholfen. Wir haben nicht den angeborenen Jagdinstinkt etwa eines Falken oder eines Tigers. Unsere Verteidigungsfähigkeiten sind ebenfalls erbärmlich: Wir können nicht besonders schnell laufen, brauchen sehr viel Schlaf und wittern heranschleichende Feinde nur selten, selbst wenn sie billiges Eau de Cologne benutzen. Und dennoch wurden Menschen die herrschenden Säugetiere auf dieser Erde, weil wir eine entscheidende Eigenschaft besitzen, die den anderen Spezies fehlt: Wir werden nie erwachsen.

Anthropologen verwenden den Ausdruck *Neotenie*, um die Merkmale sehr junger Säugetiere zu beschreiben: relativ großer Kopf, kleine Gestalt, weicher Körper und vor allem ein Gehirn, das im Wesentlichen lernen, lernen und noch mal lernen will. Typischerweise ist die Phase der Neotenie umso ausgeprägter, je intelligenter eine Spezies ist. Schimpansenbabys sind zum Beispiel extrem neugierig und lernen schnell. Vergleicht man einen menschlichen Säugling mit einem zum gleichen Zeitpunkt geborenen Schimpansenbaby, so ist es tatsächlich so, dass der Affe mindestens ein Jahr lang schneller lernt und sich neue Fähigkeiten aneignet. Dann erreicht der Affe das Alter, in dem sein Gehirn von der Neotenie in den »erwachsenen« Gang umschaltet. Die meisten der Schimpansen in den Fernsehshows, die niedliche kleine Anzüge tragen, haben dieses Stadium noch nicht erreicht, denn wenn sie es einmal erreicht haben, sind Schimpansen längst nicht mehr so zugänglich. Den Affen wachsen lange, furchteinflößende Zähne und sie werden unglaublich stark, wodurch es schwieriger wird, ihnen Tricks beizubringen.

Andere Primaten, wie zum Beispiel Orang-Utans und Gorillas, durchlaufen eine ähnliche Wandlung während ihrer Entwicklung. Aber mit Ausnahme des Sportlehrers, den ich in der Mittelstufe hatte, tun Menschen das nicht. Irgendwo auf der langen Straße der Evolution entwickelten wir eine anormale Variante, die uns unser ganzes Leben »kindlich« bleiben lässt. Selbst wenn wir hundert Jahre alt würden, behielten wir das typische körperliche Erscheinungsbild sehr junger Affen: schmale, ziemlich zierliche Gesichter, große Augen und Muskeln, die wesentlich schwächer ausgeprägt sind als die unserer genetischen Verwandten. Darüber hinaus verlieren wir niemals die kindlichen Eigenschaften der Erfindungsgabe, der Neugier und der Befähigung zur Lösung von Problemen.

Es gibt ein Wort, um diese Eigenschaften zu beschreiben. Es heißt »Spiel«. Und wenn Sie wissen, was gut für Sie ist, dann spielen Sie für alle Zeiten so viel wie irgend möglich. Schritt 7 soll Ihnen dabei helfen, genau das zu tun. Im restlichen Teil dieses Kapitels wird erklärt warum, wann und wie.

Wann Sie Schritt 7 ausüben sollten

Seien Sie gewarnt: Wenn Sie das *Enjoy your life-Programm* für längere Zeit befolgen, werden Sie irgendwann an einen Punkt kommen, an dem Sie fast Ihre gesamte Zeit mit Spielen verbringen. Wenn sich das für Sie gut anhört, können Sie den Prozess in Gang setzen, indem Sie mindestens einmal täglich Ihre Perspektive und Einstellung ein klein wenig verändern. Sie tun das durch die Betrachtung einiger simpler, selbstverständlicher Fakten, die Sie bereits kennen, was Ihnen aber, ebenso wie bei den vorhergehenden Schritten, nicht bewusst ist. Dieses Kapitel führt Sie durch den Prozess, der diese Änderung Ihrer Perspektive bewirkt. Danach werden Sie in der Lage sein, den Prozess zu wiederholen, wann immer Sie wollen – je öfter, desto besser.

Ich schlage vor, Sie schaffen sich irgendeine Form von Gedächtnisstütze, damit Sie mindestens einmal täglich über Schritt 7 nachdenken. Die Mönche in einigen asiatischen Klöstern läuten in regelmäßigen Abständen eine Glocke, die jedermann in Hörweite daran erinnert, innezuhalten, sich zu konzentrieren und für einen Augenblick völlig gegenwärtig zu sein. Selbst wenn Ihre Gedanken danach wieder unvermeidlich abschweifen, erzeugt der Nutzen aus dieser kurzen, regelmäßigen Heimkehrsammlung über Wochen und Jahre ein durchdringendes, inneres Klima ruhigen Bewusstseins. Sie können jede Art von »Glockengeläut« nehmen, das Sie an Schritt 7 erinnern soll. Stellen Sie einen Wecker oder eine einfache Armbanduhr wie meine, programmieren Sie eine Gedächtnisstütze in Ihren Bildschirmschoner, kleben Sie Zettel an Ihren Badezimmerspiegel, an das Armaturenbrett Ihres Wagens, an den Kühlschrank oder sonstige signifikante Stellen. Ich persönlich nutze meine Ängste im Hinblick auf unangenehme Arbeiten. Gerade weil die Arbeiten unangenehm sind, kann Schritt 7 dazu beitragen, diese Ängste in wenigen Sekunden zu verringern.

Wie und warum Sie Schritt 7 praktizieren

Viele meiner Klienten haben schon vor Jahren aufgehört zu spielen. Sie denken nicht im Traum daran, etwas zu tun, dass sie als »Spiel« bezeichnen würden, außer bei seltenen Gelegenheiten wie geplanten Urlauben. Sie glauben, dass Spiel dem Erfolg abträglich sei, und wenn sie es sich erlaubten zu spielen, würden sie ihren beruflichen Wettbewerbsvorteil verlieren. Das ist unglaublich komisch, wenn man bedenkt, dass es gerade die spielerische Natur unseres Gehirns ist, mit der wir jede andere Spezies auf dieser Welt besiegen. Eine spielerische Bewusstseinslage erlaubt Ihnen, das zu meistern, was vor Ihnen liegt, symbiotische Verbindungen und Partnerschaften einzugehen, sich erfolgreich auf jede herausfordernde Situation einzustellen und vor allem, ein Gefühl für Spaß zu entdecken, das die ganze Sache an sich befriedigend macht. Spiel ist genau das, was Sie benötigen, um beruflich erfolgreich zu sein, und es wird Ihr Privatleben unermesslich bereichern. Aber ich finde, der Hauptgrund, warum Sie Schritt 7 praktizieren sollten, ist, dass er ungeheuer wichtig für Ihre Karriere ist.

Falls Sie arbeitslos sind und denken, Sie hätten keine berufliche Perspektive, oder wenn Sie denken, ich spreche über Ihren Job, dann überlegen Sie noch einmal ganz genau: Ich verwende das Wort *Karriere* im Sinne von »die Laufbahn, die eine Person während ihres Lebens einschlägt« (so formuliert es das Lexikon). Wenn ich von »Ihrer Karriere« spreche, so meine ich damit etwas, woran Sie vielleicht noch nie gearbeitet haben, selbst wenn Sie sich mit einem 90-Wochenstunden-Job herumschlagen: der Kurs, den Ihr wahres Ich einschlagen würde, wenn Sie bis an die Grenzen Ihres Potenzials gingen. Ich hatte sehr viele Klienten, die jahrelang beeindruckenden Berufen nachgingen, ohne jemals in die Nähe ihrer wirklichen Karriere zu kommen. Jerry studierte Medizin und wurde Radiologe, aber im Herzen ist er Gelehrter für Japanologie. Darlene ist Dentalhygienikerin, aber sie verspürte nie völlige Zufriedenheit im Hinblick auf ihre Karriere, bis sie einen Witwer heiratete und die Mutter seiner zwei kleinen Kinder wurde. Jessica ist eine pensionierte Luftwaffenpilotin, die niemals Wissenschaftlerin geworden ist, obwohl sie immer spürte, dass hierin ihre wahre Berufung liegt. Schritt 7 beginnt damit, Ihre wahre Karriere oder Berufung zu ergründen, selbst wenn Sie niemals etwas getan haben, was damit in Zusammenhang steht.

Übung 1: Finden Sie heraus, worin Ihre wahre Berufung besteht

Kürzlich entdeckte ich, wie ich anderen Menschen schneller helfen konnte, eine Vorstellung von ihrer wahren Berufung zu entwickeln. Ich wünschte, ich könnte das folgende Beispiel nicht heranziehen. Aber da es nun einmal existiert, können wir auch darauf zurückgreifen – leider. Beantworten Sie einfach folgende Frage: Was taten Sie am Abend des 11. September 2001? Was schien Ihnen am Ende dieses schrecklichen Tages das Wichtigste zu sein?

Ich habe angefangen, Klienten diese Frage zu stellen, nachdem ich mit verschiedenen Freunden gesprochen hatte, die sich in Manhattan aufhielten, als die terroristischen Anschläge passierten. An diesem Morgen waren alle meine Freunde völlig auf das konzentriert, was sie für wichtig hielten. Mein Freund Paul handelte mit Aktien. Erica lektorierte das Manuskript eines Buches. Larry trainierte für ein Radrennen. Meine brillante, aber mit Problemen belastete Klientin Tracy befand sich in einem durch Beruhigungsmittel hervorgerufenen Nebel und versuchte, mit einer hässlichen Scheidung fertig zu werden. Jeder von ihnen beschrieb mir, was als Nächstes passierte: wie sie die Nachrichten sahen, was sie mit ihren eigenen Augen vor Ort oder im Fernsehen beobachteten, wie sie reagierten. Ihre Beschreibungen der Stadt an diesem Nachmittag klingen wie ein Science-Fiction-Szenario. Heerscharen schweigender New Yorker, die alle in die gleiche Richtung gingen, sämtliche Freizeitschuhe in der Stadt aufkauften und gegen ihre Pumps und Anzugschuhe eintauschten. Verlassene Autos, bei denen die Türen weit offen standen, die Schüssel im Zündschloss steckten und die Radios auf volle Lautstärke gedreht waren, damit die vorbeiziehenden Massen die neuesten Nachrichten hören konnten.

Inmitten dieser apokalyptischen Fremde unternahm jeder einzelne meiner Freunde etwas, das seine oder ihre tiefsten Werte und wahre Berufung widerspiegelte. Paul, das zahlengetriebene Finanzgenie, ging von seinem Fenster weg (von dem man auf das Trade Center blickt), schaltete seinen Computer das erste Mal, seit er ihn gekauft hatte, aus und rief seine Mutter und seine Freundin an. Erica, die Lektorin, marschierte zusammen mit den anderen Leuten aus ihrem Büro Richtung Norden, aber nicht, bevor sie das Manuskript, an dem sie arbeitete, in ihre Umhängetasche gesteckt hatte. Larry, der mit dem Fahrrad in entgegengesetzter Richtung zu den Twin Towers unterwegs gewesen war, als diese in sich zusammenstürzten, machte sofort kehrt und eilte in Richtung der rauchenden Trümmer, um zu sehen, ob er irgendjemandem helfen könnte, der sich in Not befand oder verletzt war. Tracy trank eine Tasse starken Kaffee, um einen klaren Kopf zu bekommen, dann ging sie in ihr Badezimmer und spülte Barbiturate im Wert von einigen hundert Dollar die Toilette hinunter.

Meine Reaktion war, meine New Yorker Freunde anzurufen (denen es allen gut ging) und dann in Berührungsreichweite mit meinen engsten Familienangehörigen zusammen stundenlang vor dem Fernseher zu sitzen. Mein zweiter Impuls, der sich in den frühen Morgenstunden des 12. September einstellte, bestand darin, hitzige Zeitungsartikel über die Angriffe zu verfassen, in denen ich darüber schrieb, was ich von Kriegsüberlebenden über den Umgang mit Gräuel, Gewalttätigkeit und Leid gelernt hatte. Auf unbeholfene Art versuchte ich, anderen irgendeine Hilfe anzubieten – aber das, was ich tat, waren auch Dinge, die für mich entscheidend und bedeutsam waren. Anders ausgedrückt, das Zusammenrücken mit meiner Familie, das Beraten und das Schreiben sind alles Bestandteile meiner wahren Berufung. Sie waren bereits meine Berufung (auch wenn ich das nicht wusste), als ich glaubte, ich würde Universitätsprofessorin – fraglos ein ausgezeichneter Job, aber keiner, der meinen Leidenschaften annähernd so gerecht wird wie das Leben, das ich jetzt führe. Vielleicht kommt irgendwann der Zeitpunkt, dass meine wahre Berufung eine neue Richtung einschlagen will, und an genau diesem Punkt werde ich die Wahl haben: mich zu verändern oder ein Stück von mir zu verlieren. Meine wahre Berufung ist immer das gewesen und wird es auch immer sein, was mein Herz und meine Seele verlangen. Ich verdiene mein Geld, um die Freiheit zu haben, Dinge zu tun, die meine wahre Berufung ausmachen.

Was haben Sie am Abend des 11. September getan (oder während irgendeiner ernsten Krise, einer von der Art, die Ihr Leben in vorher und nachher unterteilt)? Die Antwort ist ein deutlicher Indikator für das, was Ihre wahre Berufung ist, völlig unabhängig davon, womit Sie Ihr Geld verdienen oder wie Sie Ihre Freizeit verbringen. Die meisten Karriereberater und Zeitmanagementprogramme formulieren ihre Fragen nicht krass genug, um bei der Karriereauswahl den wahren Kern herauszufinden. So weit ich es sehe, lautet die entscheidende Frage: »Wie würden Sie leben, wenn Sie wüssten, dass Sie schon sehr bald sterben werden?« Diese Offenheit entsetzt Sie vielleicht, aber wenn Sie am Ende Ihres Lebens feststellen, dass Sie niemals richtig gelebt haben, dann werden Sie noch schockierter sein. Ob Sie in New York, Brisbane oder in der Antarktis leben, ob Sie ein Glücksritter sind oder unter Agoraphobie leiden und seit 20 Jahren Ihr Appartement nicht verlassen haben, auch Sie werden einmal sterben. Was passiert, wenn Sie darüber nachdenken? Was von dem, was Sie getan haben, werden Sie bedauern? Was von dem, was Sie nicht getan haben, werden Sie bedauern? Am Ende reduziert sich alles auf zwei grundsätzliche Fragen, die Sie beantworten sollten.

Bitte beantworten Sie die folgenden Fragen so ehrlich wie möglich:

1. Wenn Ihr Leben vorbei ist – wie soll sich die Welt verändert haben – in kleinen oder großen Dingen – weil Sie gelebt haben?

___

___

___

___

___

2. Welche Erfahrungen müssen Sie machen, damit Sie das Gefühl haben, ein wirklich befriedigendes Leben geführt zu haben?

___

___

___

___

___

Aus den Aktivitäten, die es Ihnen ermöglichen, die gerade von Ihnen benannten Dinge zu erreichen und zu erleben – und nur aus diesen Aktivitäten –, besteht Ihre wahre Berufung.

Wenn Sie Möglichkeiten finden, die soeben notierten Dinge in die Realität umzusetzen, liegt eine wahnsinnig erfolgreiche Karriere vor Ihnen, selbst wenn Sie nie ein Vermögen verdienen werden. Wenn Sie an keiner Stelle nah an die Realisierung dieser Ziele herankommen, werden Sie im Hinblick auf Ihre wahre Berufung scheitern, ganz egal, wie viel Reichtum, Macht und Ansehen Sie erlangen werden. Der Anfang bei der Integration von Schritt 7 in Ihr tägliches Leben besteht darin, sich zu erinnern, was Ihre wahre Berufung ist, sich ganz bewusst ein sehr lebendiges Bild der Dinge vor Augen zu führen, die Ihnen am wichtigsten wären, wenn Sie wüssten, dass Sie sterben müssten. Weil (breites Lächeln) Sie das nämlich werden! Viel Spaß!

Übung 2: Machen Sie sich klar, dass praktisch jeder Bereich der menschlichen Gemeinschaft als Spiel angesehen werden kann

Den Tod in der Einleitung zu einer Auseinandersetzung mit dem Thema Spiele zu erwähnen, ist nicht so unpassend wie es vielleicht scheint. Jede unserer Aktivitäten erscheint im Hinblick auf den Tod als Spiel. Ein Spiel ist eine künstlich geschaffene Situation, zu der ein festgelegtes Ziel und eine Reihe von Regeln gehören, die die Spieler einhalten müssen, um das Ziel zu erreichen. Das trifft so ziemlich auf jede Art von Job und ebenso die meisten nichtberuflichen Zeitvertreibe zu. Unglücklicherweise neigen wir dazu, so sehr in diese Spiele einbezogen zu werden, dass wir sie mit der Realität verwechseln. In dem Moment, in dem wir das tun, wird unser Leben humorlos und verzweifelt, verliert jegliche Verspieltheit, die unser wahres Ich zu unserer wahren Berufung geleiten würde. Wir fühlen uns, als würden wir mit einer erbarmungslosen, unabänderlichen Realität kämpfen, während wir doch stattdessen das Spiel, das wir uns ausgesucht haben, genießen sollten.

Bedenken Sie, wie die Ereignisse des 11. September meine New Yorker Freunde beeinflussten. Paul, das Finanzgenie, hatte die Börse immer für den wichtigsten Teil seines Lebens gehalten. »Ich war so besessen«, erinnert er sich. »Ich dachte, alles andere wäre unwichtig.« Aber am Nachmittag der Katastrophe – welch große Überraschung – entdeckte Paul, dass seine Beziehungen sein wahres Leben waren und dass der Aktienhandel lediglich ein Spiel war, das ihm gefiel. »Ich bin seitdem viel ausgeglichener«, sagt er. »Der Aktienmarkt musste eine ganz schöne Schlappe einstecken, aber das regt mich nicht mehr so auf, wie es das vorher getan hätte. Mein Leben dreht sich um meine Familie.«

Ein paar Blocks entfernt von Pauls Gebäude verließ auch Erica, die Lektorin, ihr Büro. Das Unglück hatte ihre Arbeit ungefähr so bedeutsam werden lassen wie Sackhüpfen spielen. Aber Erica hatte das Manuskript, an dem sie arbeitete, mitgenommen, weil sein Inhalt für sie immer noch wichtig war, und daran zu arbeiten, war Bestandteil ihres Lebens und ihrer Karriere. Dies für ein Unternehmen zu tun, war für sie lediglich eine Art, ein interessantes Spiel zu spielen, das ihrem Lebensziel nützlich war. Larry, der immer dafür gelebt hatte, Fahrradrennen zu gewinnen, fand heraus, dass ihm dieses Spiel recht wenig bedeutete, abgesehen davon, dass es ihm die Stärke und körperliche Fitness verschafft hatte, mit der er schwachen und verletzten Menschen helfen konnte. Eine Aufgabe als Helfer war seine wahre Berufung. Und Tracy, die verschmähte Gattin, erkannte, dass selbst die Wortgefechte zwischen ihr und ihrem Ex-Mann wie ein Spiel anmuteten, genauso wie ihr Medikamentenkonsum, mit dem sie ihre eigenen Emotionen kontrollierte. Es stellte sich heraus, dass es für sie wirklich wichtig war, selbst in einem Zustand großen emotionalen Schmerzes bei völlig klarem Bewusstsein und geistig präsent zu sein.

Ich behaupte nicht, dass die Spiele, welche diese Menschen ursprünglich spielten – Geschäftsleben, Wettkampf, Beziehungen – nicht bedeutungsvoll oder notwendig seien. Ich arbeite jeden Tag auf Hochtouren daran, dass meine Klienten genau solche Spiele gewinnen, und ich selbst auch. Aber der erste Schritt Richtung Sieg, und der einzige, der diese Spiele *lustig* machen kann, besteht darin, sie als die im Wesentlichen entbehrlichen Konventionen anzusehen, die sie sind. Vielleicht haben Sie schon einmal einen klugen Kopf sagen hören, dass in jeder Wettkampfsituation derjenige über die meiste Kraft verfügt, der das geringste Interesse hat, zu gewinnen. Wenn wir wissen, dass wir ein Spiel spielen, hängen wir nicht so an dem Ergebnis und sind deshalb stärker als die Menschen, die glauben, ihre gesamte Existenz stände auf dem Spiel.

Ich hatte meinen eigenen kleinen 11. September, als ich in den Zwanzigern war, tief verstrickt in ein Spiel, das sich »Hochschule« nennt. Meine Eltern waren Lehrer und so wuchs ich sozusagen auf dem Uni-Campus auf. Ich dachte wirklich, meine Jugend und mein Studium seien das Spiel meines Lebens. Dann musste ich die Entscheidung treffen, ob ich ein Kind austragen wollte, bei dem man in meinem sechsten Schwangerschaftsmonat das Downsyndrom diagnostiziert hatte. Das Hochschulleben schien plötzlich in der Bedeutungslosigkeit zu verschwinden. Was letzten Endes für mich den Ausschlag gab, war, die Chance zu lieben und mit meinem Herzen zu lernen, nicht mit dem Verstand. Es war, als würde man einen Bann brechen: Wie lautstark meine Ratgeber mich auch bedrängten, nicht meine Zukunft wegzuwerfen, indem ich das Baby behielt, ich konnte niemals wieder das Universitätssystem als meine wahre Berufung ansehen.

Das Sonderbare ist, dass ich danach alles mit größerer Leichtigkeit betrachtete, selbst mit meinem besonders zuwendungsbedürftigen Baby in der Obhut. Ich wählte andere Vorlesungen, entschied mich für Projekte, die mich interessierten, auch wenn sie nicht so prestigeträchtig waren, verbrachte meine Zeit eher mit Leuten, die ich mochte, als mit solchen, die in ihren Bereichen eine hohe Reputation genossen. Kurz gesagt fing ich an, nur das zu tun, was mir Spaß machte, und all die Dinge zu ignorieren, von denen mir die Leute gesagt hatten, dass ich sie tun solle, um vorwärts zu kommen. Und dennoch schienen diese Entscheidungen mir am Ende mehr zu nutzen als irgendjemand – mich eingeschlossen – gedacht hätte. Meine bescheidenen Projekte wurden überraschend gefördert. Die Arbeit, die ich mit viel Freude leistete, wurde hervorragend aufgenommen. Die Kraft des Spiels begann sich in meiner Arbeit zu zeigen.

Seitdem habe ich beobachtet, dass es in jeder beruflichen Disziplin zwei Arten von Menschen gibt, die außerordentlich erfolgreich sind. Einerseits die, welche fest davon überzeugt sind, dass das Spiel, das sie spielen, das wahre Leben sei, die sterben oder töten würden, um zu gewinnen. Diese Menschen können ihr Spiel durch reine Willenskraft eine Zeit lang beherrschen, aber sie wirken oft freudlos und gestresst, unfähig, sich selbst angesichts ihrer erstaunlichen Leistungen zufrieden zu fühlen. Andererseits gibt es Menschen, die klar erkennen, dass ihr Beruf nur ein Spiel ist, die es aber einfach lieben, dieses

Spiel zu spielen. Diese Menschen genießen ihre Erfolge mit ganzem Herzen und lachen über ihre Misserfolge. Ihre Arbeit ist ihnen wichtig, aber sie ist nicht die Grundlage ihres Glücks. Sie scheinen in etwas zu weilen, was Roshi Shunryu Suzuki als »Großen Geist« bezeichnet.

Im großen Geist anwesend zu sein, ist ein Akt des Glaubens, und das ist etwas anderes als der übliche Glaube, bei dem ihr an eine bestimmte Idee oder ein bestimmtes Wesen glaubt. Ihr glaubt vielmehr, indem ihr darauf vertraut, dass etwas uns und alle unsere Aktivitäten trägt, einschließlich unseres denkenden Geistes und unserer Emotionen. … Das ist die Empfindung von reinem Sein.

aus: Shunryu Suzuki, Seid wie reine Seide und scharfer Stahl

Nennen Sie es, wie immer Sie wollen – Gott, Wahrheit, das Bewusstsein der Sterblichkeit, Ihr wahres Ich – die Basis des wahren Seins ist da, wo Sie sein können, um Frieden zu finden, wenn Sie in Gefahr sind oder das ein oder andere Spiel mit der Realität verwechseln. Erinnern Sie sich mindestens einmal täglich an Ihre eigentlichen Prioritäten, wenn Ihr Schritt-7-Wecker Sie dazu anhält, und Sie werden Schritt für Schritt lernen, immer schneller und immer häufiger zu diesem stabilen Halt zurückzukehren. Sind Sie erst einmal geerdet, können Sie zur nächsten Übung von Schritt 7 weitergehen: dem Überprüfen, ob die Spiele, die Sie spielen, Ihrem Leben dienen.

Übung 3: Prüfen Sie, ob das Spiel, das Sie spielen, Ihnen nützlich ist

Viele meiner Klienten setzt es sehr unter Stress, den »richtigen« Beruf, die »richtige« Art und Weise, mit einer Beziehung umzugehen, die »richtige« Firma zu finden. Sie scheinen zu glauben, dass jede Wahl, die sie treffen, ungeheuer folgenschwer sei und dass es in jeder Situation nur eine ideale Entscheidung gäbe. Aus Sicht des wahren

Ichs ist das so, als würde es denken, es sei schrecklich wichtig, ob es in der nächsten halben Stunde »Schwarzer Peter« oder »Mensch, ärgere dich nicht!« spielt. Ich hatte sehr viele Klienten, die ihre Lebensmitte bereits überschritten hatten und die sich niemals voll und ganz auf etwas eingelassen hatten – keine Beziehungen, kein Beruf, nicht einmal Hobbys –, weil sie so viel Angst hatten, die »falsche« Entscheidung zu treffen. Die Perspektive des Großen Geistes anzunehmen, wird Ihnen helfen, das Trugbild zu durchschauen, dass jede Entscheidung, die Sie treffen, welterschütternde Bedeutung habe. Dann können Sie sich von unpassenden Spielen abwenden, ohne sich den Kopf zu zerbrechen, und sich auf neue einlassen, ohne vor Perfektionismus wie gelähmt zu sein.

Eine Reihe von Kriterien dienen als Indikator dafür, ob das Spiel, das Sie spielen, in Ihrem Interesse liegt. Immer wenn Ihr Schritt-7-Wecker Ihnen einen Stups Richtung Aufmerksamkeit, zurück zum Großen Geist, gibt, können Sie sich die folgenden Fragen stellen:

Dient das Spiel, das ich spiele, meinem wahren Leben?
Trägt das Spielen dieses Spiels zu meiner wahren Berufung bei oder ist es ihr abträglich?

Falls Ihre wahre Karriere darin besteht, den Beruf eines Heilers auszuüben und Sie erhalten die Chance, beim Spiel »Staatlich geprüfte Krankenschwester« oder beim Spiel »Religiöses Oberhaupt« mitzumachen, dann sollten Sie es tun. Oder Sie entscheiden sich, bei einem Spiel mitzumachen (wie zum Beispiel Barkeeper oder Zeitungsjunge), das Ihr Ziel indirekt unterstützt. Jedenfalls sollten Sie an keinem Spiel teilnehmen, das Sie von Ihrem Lebensziel wegführt, *völlig egal, welche Gewinne dabei winken*. Wenn Sie Ihr ganzes Leben damit verbringen, ein Spiel zu spielen, das nichts mit Ihrer wahren Karriere zu tun hat, werden Sie verlieren, selbst wenn Sie gewinnen.

Habe ich Spaß?

Alle Teilnehmer des *Enjoy your life-Programms* sollten Spaß sehr, sehr ernst nehmen. Ein Spiel zu spielen, das Ihr wahres Ziel unterstützt, ist auf die gleiche Art lustig, wie ein schwieriger Sport Spaß machen kann; Sie können ganze Eimer voller Blut, Schweiß und Tränen auf dem Spielfeld verlieren, und Sie würden diese Chance gegen nichts auf der Welt eintauschen. Ein Spiel, das für Sie Spaß bedeutet, ist es wert, gespielt zu werden, selbst wenn es eine große Anstrengung ist. Ein Spiel, das überhaupt keinen Spaß macht, sollte Ihrem Ziel auf direktem Wege nützen. Tut es das nicht, sollten Sie die nächste Auszeit nutzen, um sich nach einem Spiel umzusehen, das sich für Ihr Ziel besser eignet.

Bin ich gut in diesem Spiel (oder könnte ich gut sein, wenn ich trainiere)?

Es ist verlockend, bei Dingen hängen zu bleiben, die Sie gut können, aber wenn das Verlangen Ihnen rät, sich in ein Spiel zu stürzen, das Sie niemals richtig spielen gelernt haben, hören Sie darauf. Das Schlimmste, was passieren kann, ist, dass Sie verlieren. Das ist in Ordnung. Normalerweise lernen wir beim Spiel sehr viel mehr durch das Verlieren als durch das Gewinnen. Wenn wir einfach überall mitspielen, werden wir am Ende fast immer bei einem Spiel landen, das zu unseren angeborenen Fähigkeiten passt.

Mag ich die anderen Spieler? Meine Teamkollegen? Meine Gegner? Meine Trainer?

Vertrauen Sie darauf: Was auch immer Ihr Lebensziel ist, mit Menschen zusammen zu sein, die Sie lieben, gehört dazu.

Manchmal ist es ein aufreibendes und undankbares Spiel, Eltern zu sein, aber es gibt uns die Möglichkeit, mit außergewöhnlichen kleinen Menschen zusammen zu sein. Menschen, die Ihre Leidenschaften, Talente und Ambitionen teilen, sind wahrscheinlich eher bei Spielen anzutreffen, die Ihrer wahren Berufung dienen. Mit ihnen gemeinsam Spiele zu spielen, lohnt sich für Sie immer.

Falls die Antwort zu *einer* der vorhergehenden Fragen »ja« lautet, machen Sie weiter und spielen Sie Ihr Spiel mit ganzem Herzen, ohne Einschränkung, bis Sie ein noch sachkundigeres Urteil über seine Wirksamkeit abgeben können. Wenn Sie *jeden einzelnen Punkt* mit »nein« beantworten, befinden Sie sich in einem Spiel, das Ihrem wahren Lebensziel abträglich ist. Das ist keine Katastrophe – um Himmels willen, es ist nur ein Spiel! – aber es sollte Sie dazu veranlassen, den Horizont nach neuen Spielen abzusuchen, die Sie spielen könnten. Wenn Sie neugierig und offen bleiben, werden Sie schnell genug ein nützlicheres Spiel finden. Und wenn Sie das tun, werden Sie sehr viel mehr Spaß haben.

Übung 4: Lernen Sie, zwischen der Maulwurf- und der Adlerperspektive hin- und herzuwechseln

In der Kultur der Sioux-Indianer symbolisiert der Adler die Fähigkeit, entfernte Ziele und ausgedehnte Gebiete mit unglaublicher Sehschärfe zu erfassen. Der Maulwurf ist eine Metapher für eine Geistesverfassung, bei der man sich völlig auf das konzentriert, was genau vor einem ist, seine ganze Aufmerksamkeit darauf richtet, herauszufinden, was das ist, mit Nase, Schnurrhaaren und winzig kleinen Pfoten.

Wenn Ihr Wecker, Bildschirmschoner oder Ihre Ängste Sie daran erinnern, dass es Zeit für eine Verhaltenskorrektur ist, halten Sie inne und werfen Sie einen langen Blick auf das, was Sie gerade tun: mit einem Kollegen plaudern, das Auto betanken, Musik komponieren, was auch immer. Als Nächstes richten Sie Ihre Aufmerksamkeit auf die Hauptlebensziele, die Sie zu Beginn dieses Kapitels aufgelistet haben (wie Sie die Welt verändern möchten und die Erfahrungen, die Sie sammeln möchten, damit Sie das Gefühl haben, Ihr Leben sei erfüllt). Jetzt richten Sie Ihre Aufmerksamkeit wieder auf die gerade anstehende Aufgabe. Wechseln ein paar Mal hin und her: wahre Berufung, momentane Aufgabe, wahre Berufung, momentane Aufgabe, Adler, Maulwurf, Adler, Maulwurf, Adler, Maulwurf. Liegen die beiden Dinge entlang der gleichen Flugbahn? Bringt die kleine Maßnahme, die Sie ergreifen, Sie in Richtung irgendeines Ihrer endgültigen Ziele? Falls ja, wie effizient ist es? Anders ausgedrückt, verschwendet diese Handlung etwas von Ihrer Energie an Dinge, die nicht zu Ihrer wahren Berufung gehören oder geschieht alles mit völliger »Absicht« für Sie?

Einige Handlungen werden auf direktem Weg zu Ihren Träumen führen (trainieren hilft Ihnen, diesen Triathlon abzuschließen, Ihrem Partner Aufmerksamkeit zu widmen hilft, eine solide Partnerschaft aufrechtzuerhalten und so weiter). Andere Aktivitäten, wie Ihre Steuern zahlen, das Wohnzimmer zu putzen oder sich gegen Grippe impfen zu lassen, sind hauptsächlich Instandhaltungsarbeiten, dazu gedacht, stärker zielgerichtete Bemühungen zu unterstützen. Das ist in Ordnung, solange Sie nicht maulwurfartige Instandhaltungsverhaltensweisen an die Stelle Ihrer wahren Berufung setzen. Wenn ich einen Klienten so etwas sagen höre wie: »Mir steht der Sinn danach, jahrelang nur zu reisen, aber irgendjemand muss für meine Familie kochen«, oder »Mein Job bringt mich um, aber ich muss schließlich die Miete zahlen«, dann rieche ich förmlich einen übermäßig einflussreichen Maulwurf. Spielen Sie nicht den Märtyrer! Es wird Sie von Ihren Adlerzielen abhalten. Nahezu jedes Instandhaltungsproblem kann mit ein bisschen Kreativität umgangen werden. Lassen Sie Ihre Familie eine Woche lang auswärts essen, während Sie Ihre Reiseträume ausleben. Suchen Sie sich einen neuen Job – es gibt eine

Fülle von Möglichkeiten, die Miete zu zahlen, ohne dass dabei Ihr Leben aus Ihnen herausgesaugt wird. Behalten Sie es so lange bei, kreativ zu denken und Risiken einzugehen, bis keine Ihrer Maulwurf-Aktivitäten Sie von Ihren Adlerzielen wirklich abhält.

Das Adler-Maulwurf-Perspektive-Wechselspiel durchzuführen, kommt dem Analysieren Ihres Golfsschlags oder Ihres Wedelschwungs beim Skifahren gleich: Sie erkennen plötzlich, wie die kleinsten Bewegungen Ihrer Gesamtleistung zu- oder abträglich sind. Es ist sehr wichtig, das Gesamtbild vor Augen zu haben, aber wirklich große Ziele können wir nur durch eine Handlungsserie erreichen, die in viele kleine Einzelziele zerlegt ist. Jedes dieser Einzelziele wird am besten erreicht, indem wir ihm unsere volle Aufmerksamkeit widmen. Sich völlig auf die winzigsten Schritte zu konzentrieren, macht es möglich, dass Sie am Ende sogar hoch gesteckte Ziele erreichen. Ihr Verhalten muss dabei immer auf das entfernte Ziel gerichtet sein, denn nur so können Sie Ihre Spiele geschickt spielen und Ihr Ziel mit wenig Anstrengung erreichen.

Falls Sie feststellen, dass Ihre derzeitige Tätigkeit rein gar nichts zu Ihren großen Zielen beiträgt – anders ausgedrückt, wenn Ihr Maulwurf-Ich nicht in die gleiche Richtung läuft wie Ihr Adler-Ich –, müssen Sie Ihren Kurs ändern, aber nur um wenige Grad. Auf dem Level der Maulwurfperspektive können Sie Ihr Verhalten nachjustieren, indem Sie fünf Minuten für eine Aufgabe investieren, die Sie vernachlässigt haben, oder indem Sie eine einzelne kurze E-Mail verschicken, die in Richtung Ihrer Adlersichtweise-Ziele führt.

Meine Klientin Monica zum Beispiel ist vollauf mit ihren sechs Monate alten Zwillingen beschäftigt, aber letztendlich möchte sie in einem Job arbeiten, bei dem sie viel reisen muss. Ihre Korrektur auf dem Maulwurf-Level könnte es sein, im Internet zu recherchieren, welche Pässe ihre Kinder benötigen, damit sie im Alter von fünf oder sechs Jahren auf einigen ihrer Reisen mitkommen könnten. Harold arbeitet im mittleren Management einer großen Bank, aber er weiß, dass er innerhalb der nächsten Jahre Psychotherapeut werden möchte. Seine Maulwurf-Aktivitäten sind es, heute schon die Dynamiken der sozialen Interaktionen innerhalb des Büros zu beobachten und in der U-Bahn die Zeitschrift *Psychologie Heute* zu lesen. Sehr kleine Anpassungen wie diese summieren sich im Hinblick auf unser Endziel. Diejenigen Spieler, die fließend zwischen der Adler- und der Maulwurfperspektive hin- und herwechseln, gewinnen das Spiel.

---

1. Fassen Sie die eigentlichen Ziele Ihres Lebens zusammen, wie gerade dargestellt. Denken Sie in großen Dimensionen.

____

____

____

____

____

2. Jetzt notieren Sie die kleinen maulwurfartigen Dinge, die Sie heute tun könnten, um sich einem Ihrer Ziele ein bisschen zu nähern. Denken Sie *in kleinen Dimensionen*.

a. ____

b. ____

c. ____

Übung 5: Seien Sie wie fließendes Wasser

Als mein Sohn Adam fünf Jahre alt war, meldete ich ihn zu einem Karatekurs an, in der Hoffnung, er würde lernen, sich gegen jeden zur Wehr zu setzen, der sich wegen seiner Behinderung über ihn lustig machte. Als wir bei dem Kurs waren, zeigte Adam nicht das geringste Interesse an der Kampfkunst. Das erinnerte mich an eine der Wahrheiten, die mir schon die ganze Zeit bekannt waren, ohne mir wirklich bewusst zu sein: Adam ist ein absolut gewaltfreier Mensch.

Ich war diejenige, die jeden verprügeln wollte, der sich über ihn lustig machte. Also brachte ich Adam nach Hause und ging selber zu dem Karatekurs.

In den folgenden Jahren wurde ich in meinem lokalen *Dojo* geradezu legendär für meinen ausgeprägt stürmischen Schlagstil und die nahezu vollkommene Unfähigkeit, locker zu lassen. »Lockerer werden, Dr. Beck!«, rief mein Trainer, respektvoll meinen Titel gebrauchend, als ich drauflos schlug und versuchte, einen armen Teenagerknaben zu treffen, der gezwungen war, gegen mich anzutreten. »Es ist wie ein Tanz, Dr. Beck! Es soll Spaß machen!«

Ich hielt diesen Rat für offenkundig verrückt. Zum einen lernten wir Techniken, wie wir die Augen eines Angreifers durchbohren könnten, während wir dabei waren, seine Gesichtsknochen aus dem übrigen Schädel herauszureißen – nicht Bestandteil des Hockey-Pokey-Tanzes, wie ich zuletzt überprüfte. Zum anderen war ich kleiner, älter und schwächer als alle, gegen die ich kämpfen musste, und fand, das müsse ich durch besonderen Kraftaufwand ausgleichen. Eines Tages erklärte ich das meinem Trainer, der die Augen verdrehte. »Das ist genau der Grund, warum Sie *noch* lockerer sein müssen«, erwiderte er. »Es muss sich anfühlen, als würden Sie Ihr Lieblingsspiel spielen. Wenn Größe und Stärke gegen Sie sind, müssen Sie wie fließendes Wasser sein, um zu gewinnen.«

Das hörte sich nett an, aber ich glaubte es immer noch nicht. Dann trainierte ich eines Morgens Schläge auf den 270 Pfund schweren, auf dem Boden stehenden Sandsack, und wurde von etwas abgelenkt, das ich durch das Fenster gesehen hatte. Ich teilte einen letzten Schlag aus, eine Art halbherziger Abschiedsklaps und war geschockt, als sich der Sandsack fast einen halben Meter nach hinten bewegte. Meine härtesten Schläge hatten ihn kaum beeindruckt, aber was sich anfühlte wie ein leichter Schlag aus dem Handgelenk, hatte ihm offensichtlich einigen Respekt eingeflößt. Ich war so aufgeregt, dass ich ausholte und so fest auf den Sack schlug wie ich konnte. Ich brach mir fast den Arm. Der Sack bewegte sich nicht. Aber in dem einen zufälligen Moment, als ich aufgehört hatte, zu kämpfen und angefangen hatte, zu spielen, hatte ich endlich erfahren, wie es sich anfühlt, sich wie fließendes Wasser zu bewegen. Von da an konzentrierte ich mich auf das, was sich spaßig anfühlte, statt auf das, was sich stark anfühlte. Ich wurde kein Weltklasse-Kampfsportler, aber bei aller Bescheidenheit muss ich zugeben, dass die hünenhaften Teenager aus meinem Kurs aufhörten, mich Dr. Beck zu nennen und anfingen, mich Mrs. Schmerz zu rufen.

»Wenn zwei starke Kräfte aufeinander prallen«, sagt Laotse, »wird derjenige gewinnen, der es versteht, nachzugeben.« Das heißt nicht, dass wir den Gegnern, die gegen uns antreten, nachgeben sollen, während wir die verschiedenen Spiele des menschlichen Daseins spielen. Es bedeutet, dass wir uns der Entspannung, der Flexibilität und dem ausgeglichenen Körper und Geist ergeben, sodass sich jede Arbeit wie ein Tanz anfühlt. Wenn wir ein wenig nachgeben, werden unsere Alltagsprobleme zu kleinen Hindernissen in fließendem Wasser. Schließlich steigen wir über sie hinweg, unter ihnen durch oder daran vorbei und finden letzten Endes immer einen Weg, der zu unserem wahren Leben führt. Spielerisch an Dinge heranzugehen, löst letztlich jedes Problem leichter als verbissener Kampf.

Flow ist das Wort, dass der Psychologe Mihaly Csikszentmihalyi benutzt, um einen Zustand zu beschreiben, in dem Menschen maximale Freude und maximale Leistungsfähigkeit erleben. Er fand heraus, dass unser tiefstes Wohlbefinden nicht aus völliger Lethargie und Muße resultiert. Es kommt durch Erlebnisse, die uns gleichermaßen interessieren und fordern. Unser immerwährend kindlicher Verstand gedeiht durch Lernen, Rätseln, Bemühen und dem Lösen von Problemen. Picasso sagte »... ich brauchte mein ganzes Leben, um Zeichnen zu lernen wie ein Kind«. Schritt 7 verlagert Ihren Fokus, sodass Sie Schwierigkeiten nicht grundsätzlich vermeiden, sondern sie wohlwollend behandeln und nicht zu ernst nehmen. Wenn Sie dies üben, werden Sie an den Punkt kommen, an dem es keinen Unterschied mehr zwischen Ihrer Arbeit und Ihrer Lust am Leben gibt.

Und ist das erst einmal der Fall, glauben Sie mir, wird das Leben zur reinsten *Freude.*

Je leichter Ihnen diese Mischung fällt, desto automatischer werden Sie Schritt 7 in Ihr Leben einbeziehen. Am Ende können Sie sogar auf den Weckruf verzichten, der Sie innehalten und an Ihre wahre Berufung erinnern sollte. Sie werden Ihr Leben mit Lebendigkeit und Begeisterung leben, wie Sie es zuletzt als Kind getan haben. Wie ein Dichter es in den wenigen Silben meines liebsten Haiku formulierte:

Schweig, Tempelglocke.
Dein Klang wird weitertönen.
Aus Blumen.

Tägliches Pflichtprogramm
Schritt 7: Spiele

Suchen Sie sich irgendeine Art von Wecker, der Sie daran erinnert, diese Übung mindestens einmal täglich zu praktizieren.

1. Finden Sie heraus, worin Ihre wahre Berufung besteht.
Fragen Sie sich selbst, was Ihnen am wichtigsten ist, nachdem Sie eine wirkliche Tragödie erlebt oder mitangesehen haben. Erinnern Sie sich daran, dass Ihre wahre Berufung aus den Veränderungen besteht, die Sie in der Welt bewirken möchten, und den Erfahrungen, die Sie machen möchten, bevor Ihr Leben zu Ende ist.

2. Machen Sie sich klar, dass so ziemlich jeder Bereich der menschlichen Gemeinschaft als Spiel angesehen werden kann.
Beachten Sie, dass Ihr Job und viele Ihrer anderen Aktivitäten willkürliche Systeme sind, in welchen Menschen sich bereit erklärt haben, gewissen Regeln zu folgen, um miteinander um Titel, Geld und Macht zu konkurrieren. Machen Sie sich klar, dass

es viele Alternativen zu der Art und Weise gibt, wie Sie das Spiel, in das Sie momentan involviert sind, spielen können.

3. Prüfen Sie, ob Ihnen das Spiel, das Sie spielen, nützlich ist.

4. Lernen Sie, zwischen Maulwurf- und Adlerperspektive hin- und herzuwechseln.
Wenn Ihr Schritt-7-Wecker Sie erinnert, halten Sie inne und konzentrieren Sie sich auf die größten, wichtigsten Ziele in Ihrem Leben. Dann wechseln Sie zu der Aufgabe, die jetzt gerade ansteht. Liegen beide auf einer Linie? Falls nicht, müssen Sie vielleicht Ihr unmittelbares Verhalten ein wenig korrigieren, um im Laufe der Zeit eine große Veränderung der Flugbahn zu erzeugen.

5. Seien Sie wie fließendes Wasser.
Haben Sie erst einmal Ihre eigentlichen Ziele abgesteckt und gelernt, spielerisch darauf zuzugehen, dann werden Sie lockerer und spielerischer werden. Sie werden die Flexibilität und Anpassungsfähigkeit entwickeln, die Kindern Beweglichkeit und schnelle Auffassungsgabe verleiht. Was auch immer Sie versuchen, Sie werden es effizienter und erfolgreicher tun, und noch wichtiger, Sie werden schließlich mehr Spaß haben, als Sie sich je vorstellen konnten.

Schritt 8

Lachen

Stellen Sie sicher, dass Sie jeden Tag mindestens 30-mal lachen. Falls das nicht möglich ist, greifen Sie auf die in diesem Kapitel beschriebenen Lach-Alternativen zurück.

Das Lexikon definiert Lachen wie folgt: »Die krampfartige Äußerung, das Verzerren des Gesichts, das Schütteln des Körpers als instinktiver Ausdruck von Heiterkeit.« Für mich klingt diese Definition wie die durch einen tödlichen Virus hervorgerufene Ansammlung von Symptomen, aber es ist tatsächlich die Beschreibung eines der schönsten Dinge, die das Leben zu bieten hat: Lachen. Von einigen Ausnahmen abgesehen, müssen Sie innerhalb des *Enjoy your life-Programms* mindestens 30-mal am Tag lachen.

Das klingt viel, aber bedenken Sie, dass ein ganz normales kleines Kind mehr als 400-mal am Tag lacht. Bei einem durchschnittlichen Erwachsenen beläuft sich die Zahl auf armselige 15-mal – aber natürlich sind Sie kein durchschnittlicher Erwachsener. Sie sind ein Teilnehmer des *Enjoy your life-Programms*, mit dem Engagement und der Disziplin, ein bisschen alberner zu sein als ein gewöhnlicher Mensch. Ich denke, nachdem Sie dieses Kapitel gelesen haben, werden Sie mir zustimmen, dass ein Verdoppeln der durchschnittlichen täglichen Lachquote das Mindeste ist, was Sie von sich verlangen können.

Falls ich mich irre, und Sie die Anforderungen von Schritt 8 nicht schaffen, dann bezweifle ich, dass Sie für den Rest von *Enjoy your life* am Ball bleiben. Das liegt daran, dass eine ständige Eigenmotivation, um am Ende authentischer und unternehmenslustiger zu werden, wie es das Programm erfordert, Sie auf tausend verschiedene Weisen an den Rand Ihrer Wohlfühlzone bringt. Manchmal, insbesondere wenn Sie kurz vor einem Durchbruch stehen, werden Sie stecken bleiben, gelähmt vor Angst oder Unsicherheit. Meiner Meinung nach ist Lachen eine Art psychologischer Rohrreiniger, speziell für solche Situationen konzipiert. Es löst Blockaden und ermöglicht es Ihren Gedanken, Gefühlen und Intuitionen, ungehemmt in Bereiche zu fließen, die Sie vielleicht nie zuvor erforscht haben. Je mehr Sie sich selbst ermutigen zu lachen, desto weitreichender werden die Horizonte Ihres Lebens werden. Lassen Sie uns das Lachen also ganz ernsthaft betrachten und überlegen, warum, wann und wie Sie Ihre LPT (Lacher pro Tag) maximieren können.

Warum ist Lachen wichtig? Eine wissenschaftliche Beweisführung

Es gibt eine beeindruckende Fülle an Forschungen zum Thema Lachen. Sicher werden Sie amüsiert sein zu hören, dass es auch in Tierversuchen untersucht und nachgewiesen wurde. Ich hatte keine Ahnung, dass nichtmenschliche Wesen in der Lage sind, zu lachen, aber es stellt sich heraus, dass sie es sind. In einer Studie wird davon berichtet, dass Ratten und Mäuse bereit waren, neue Kunststücke zu lernen, wenn sie wussten, dass der Wissenschaftler sie nach Beendigung belohnen würde, indem er in ihren Käfig langte, sie auf den Rücken drehte und am Bauch kitzelte. Während des Vorgangs machten die Tiere ein Geräusch, welches die Forscher als Kichern identifizierten, obwohl sich, gemäß eines Berichtes, »das Geräusch so sehr von unserem unterscheidet, dass es schwer fällt, es mit menschlichem Lachen gleichzusetzen«. In der Studie wird nicht erwähnt, ob irgendjemand, der an dem Experiment beteiligt war, ob Mensch oder Nagetier, Drogen konsumierte. Aber das ist auch nicht wichtig. Worauf es ankommt, ist, dass die Forscher, nachdem sie einmal ermittelt hatten, dass Lachen für Ratten und Mäuse angenehm war, dazu übergingen, ihre Forschungen auf nichtmenschliche Primaten auszudehnen.

Offensichtlich verleben unsere nächsten genetischen Verwandten eine ganz schön verrückte Zeit draußen im afrikanischen Busch, denn auch sie schätzen einen kräftigen Lacher. »Kitzle einen Schimpansen oder einen Gorilla«, heißt es in einer Studie, »und statt einem ›Ha-Ha-Ha‹ wird er wiederholt nach Luft schnappen. So klingt ein Affe, der sich gut amüsiert.« Hier stellt man sich zwar die Frage, woher die Forscher *wissen*, dass die Affen lachen. Wenn eine Gruppe von Forschern plötzlich anfinge, den Papst zu kitzeln, so vermute ich, dass dieser auch anfinge, nach Luft zu schnappen, aber nicht unbedingt, weil es ihm gefällt. Auf jeden Fall scheinen diese bahnbrechenden Studien festgelegt zu haben, dass der Homo sapiens nicht die einzige Spezies mit einer merkwürdigen Vorliebe für krampfartige Äußerungen ist. Alle Arten von Lebewesen lieben es, zu lachen.

Sie werden verstehen, warum dieser Wesenszug sich entwickelte, wenn Sie genauer betrachten, welche Auswirkungen das Lachen auf den Körper hat. Lachen – selbst das Vorgefühl eines Lachens – verändert unsere innere Chemie messbar. Stresshormone werden reduziert und die Anzahl der natürlichen Viruskiller-Zellen erhöht sich, um Krankheiten von Erkältungen bis Krebs zu bekämpfen. Es löst außerdem die Freisetzung von Endorphinen aus, Hormone, welche schmerzhemmend wirken und dafür sorgen, dass wir uns fabelhaft fühlen. Das Klischee stimmt, Lachen ist wirklich eine gute Medizin – so sehr, dass einige Krankenhäuser »Lachmobile« besitzen, die auf Video aufgezeichnete Comedy-Sendungen und Wasserpistolen an die Patienten verteilen. In einem amerikanischen Krankenhaus werden die Krankenschwestern dazu angehalten, sich gegenseitig mit Wasserpistolen zu bespritzen. Jeder erwartet, dass sie sich während der Teilnahme an Behandlungen wie gehirnchirurgischen Eingriffen zurückhalten, wäre aber fasziniert, wenn sich das als falsche Annahme herausstellte (zumindest, solange man nicht der Patient ist, der sich dieser Operation unterziehen muss).

Wie ausgeprägt der physiologische Nutzen auch sein mag, er erweist sich als weniger bedeutsam als die Rolle, welche das Lachen in der sozialen Interaktion spielt. Lachen ist wie sozialer Klebstoff, es bindet die Menschen aneinander und füllt die feinen Zwischenräume, die unausweichlich zwischen ihnen bleiben. Wissenschaftler, die es wissen müssten, sagen uns, dass wir nicht am häufigsten lachen, weil wir etwas lustig finden, sondern weil wir der interpersonellen Kommunikation den Weg ebnen wollen. Eine Gruppe von Psychologen trieb sich volle zehn Jahre in Einkaufszentren herum und war angeblich mit dem Einkaufen von Haaraccessoires beschäftigt. In Wahrheit aber schrieben sie alles auf, was sie die Leute kurz vor einem »natürlich auftretenden Lachen« sagen hörten. Sie fanden heraus, dass das Lachen »in der Regel eine Reaktion auf Aussagen wie ›Hallo, wie ist es dir ergangen?‹ oder ›Haben Sie Haarbänder?‹ war«. Das sind nun nicht gerade umwerfend geistreiche Bemerkungen, aber darüber zu lachen, macht die Kommunikation leichter und das Gespräch freundlicher.

Ihr eigentliches Leben zu leben ist ein Prozess, welcher der glättenden und verbindenden Effekte des Lachens bedarf. Einem Weg zu folgen, der ganz allein Ihrer ist, bedeutet per Definition, dass Sie manchmal in Richtungen gehen werden, welche andere Menschen – einschließlich Ihrer Freunde und Familienangehörigen – nicht ganz verstehen werden. Die Fähigkeit, mit den Menschen, die sie lieben, gemeinsam lachen zu können, macht es Ihnen möglich, sich unkonventionell zu verhalten und Ihre Beziehungen nur wenig zu belasten.

Ich glaube zum Beispiel, dass ich ohne die physischen und sozialen Auswirkungen des Lachens wahrscheinlich schon tot wäre. Ich habe so viel Zeit in einem angespannten Zustand verbracht, wo Sterben oder Lachen die einzigen Alternativen zu sein schienen. Ich bin sicher, ohne die letztere Möglichkeit wäre ich einer durch Stress hervorgerufenen Krankheit erlegen, hätte ausgecheckt aus dem Erdenhotel oder wäre von einem der vielen Menschen niedergeschossen worden, die einen guten Grund dazu hatten (der Nachtportier des rund um die Uhr geöffneten Selbstbedienungsladens, alle Liebhaber einer schönen Schrift, die Frau, die gerade Schulpflegschaftsvorsitzende in der Grundschule meiner Kinder war, als dieser bedauerliche Zwischenfall mit den Kuchen passierte und so weiter).

Wann sollten wir lachen?

Es gibt eine nicht eingängige Tatsache, die Sie verstehen müssen, um Schritt 8 durchführen zu können: *Je stressiger, gefährlicher, unverständlicher oder unangenehmer Ihre Situation ist, desto wichtiger ist es, darüber zu lachen.* Glücklicherweise verhilft gerade die Natur des Humors sich selbst zu dieser Strategie. Der »Kitzeleffekt«, das durch irgendeine Situation hervorgerufene Ausmaß an Heiterkeit, scheint in direkter Beziehung dazu zu stehen, wie unangenehm wir uns aufgrund dieser Situation fühlen.

Zum Beispiel haben Babys von Natur aus Angst, verlassen zu werden, insbesondere da ihnen das Konzept der Objektpermanenz fehlt – die Erkenntnis, dass ein Objekt fortfährt zu existieren, wenn es nicht mehr sichtbar ist oder durch andere Sinne wahrgenommen werden kann. Kinder im Alter von einem Jahr lachen über das Kuckuck-Spiel, weil es mit ihren schlimmsten Ungewissheiten spielt. Ein Erwachsener verschwindet und das Kind gerät in Panik; und dann, Peng! ist der Erwachsene wieder da. Die panische Angst, gefolgt von plötzlicher Beruhigung, löst stürmisches Lachen aus. Wenn wir heranwachsen, verstehen die meisten von uns schließlich die Sache mit der Objektpermanenz, und das Kuckuckspiel verliert seine Komik. Aber wir halten daran fest, am meisten über Dinge zu lachen, die Angst auslösen. Wir finden es lustig, wenn jemand auf einer Bananenschale ausrutscht, weil das Hinfallen in der Öffentlichkeit eine peinliche Angelegenheit ist, die wir alle zu vermeiden hoffen. Komiker füllen ihre Programme und Brieftaschen mit Themen wie Verabredungen, gestörten Familienstrukturen, Sex und anderen Themengebieten, welche die meisten von uns zumindest ein bisschen nervös machen. Jeder Sachverhalt, der uns bis an die Grenze unserer Wohlfühlzone bringt, ist potenziell amüsant.

Natürlich sind manche Dinge so schmerzhaft, das sie gar nichts Lustiges an sich haben. Aber diese Dinge sind erstaunlich selten. Einige Wochen nach der Zerstörung des World Trade Center begannen Humoristen, Persönlichkeiten aus dem Fernsehen und ganz normale Leute, verhaltene Witze über die Tragödie zu machen. Ellen DeGeneres erntete laute Lacher, als sie erklärte, warum sie geeignet sei, die wegen der Katastrophe verschobene Emmy-Verleihung zu moderieren. »Worüber könnten sich die Taliban wohl mehr aufregen als über mich, eine Lesbe in einem Anzug, umgeben von lauter Juden?« Dieser eine Satz spielte auf gut ein halbes Dutzend der besorgniserregendsten Problembereiche innerhalb der amerikanischen Kultur an: Terrorismus, Homophobie, religiöser Fundamentalismus, Sexismus, Antisemitismus und modische Fehlgriffe. Sie denken vielleicht, dass wir all diese spannungsgeladenen Themen zu vermeiden suchen, aber das Gegenteil war der Fall. Millionen von Menschen haben über diesen Witz gelacht, denn sich über solch stark verunsichernde Probleme lustig zu machen, war nicht nur witzig, sondern auch mutig. Es zeigte, dass wir als Volk die Grenzen unserer kulturellen Wohlfühlzone weit genug dehnen können, um die durch Verbrechen von beispielloser Schrecklichkeit hervorgerufene Angst und Trauer mit einzubeziehen. Nach dem 11. September über die Welt zu lachen, war ein Zeichen dafür, dass wir bereit waren, damit umzugehen.

Ellen DeGeneres hatte ihren Karrieredurchbruch nach einer persönlichen Katastrophe, nachdem ihre Lebenspartnerin bei einem Verkehrsunfall ums Leben kam. Die dreiundzwanzigjährige DeGeneres trauerte in einem billigen Hotelzimmer, als sie ein »Gespräch mit Gott« aufschrieb, mit dem sie einen nationalen Wettbewerb für Komiker gewann und das ihr einen Auftritt in der *Tonight Show* einbrachte. Auf einem weitaus bescheideneren Niveau weiß auch ich, wie es sich anfühlt, erfolgreich zu sein, während man wegen einer Tragödie in sich hinein lacht. Ich schrieb einmal meine Erinnerungen, die (hoffentlich) als eine mit Gekicher erfüllte Tollerei durch eine lebensbedrohliche Schwangerschaft anmuten, die mit der Geburt eines geistig behinderten Kindes endete. Während dieser Erfahrung fühlte ich mich so elend, dass ich sogar während der Schwangerschaft – zu einer Zeit, als mich nichts zum Lächeln, geschweige denn zum Lachen bringen konnte – wusste, die Erzählung könnte im Nachhinein komisch sein. Das Buch verkaufte sich überraschend gut, was mich davon überzeugte, dass die Leute gutes Geld dafür bezahlen würden, um über unangenehme Gegebenheiten zu lachen. Ich ermutige Sie alle, sich mir anzuschließen.

Humoristische Fitness: Erhöhen Sie Ihre LPT-Quote

Ich erreichte meine erforderlichen 30 Lacher pro Tag allein dadurch, dass meine Lektorin und ich in der tollkühnen Tradition engagierter Wissenschaftler mit uns selbst experimentierten. Da wir beide in wissenschaftlicher Methodik geübt waren, machten wir es korrekt, führten Buch über unsere Lacher, vergaßen jedoch auch oft, sie zu notieren. Doch auch so lag unser Ergebnis bei weit über 30 Lachern am Tag. Wir übertrafen diese Zahl bereits während der ersten halben Stunde. Zugegeben, die Ergebnisse waren beeinflusst durch unseren Konsum mehrerer »wissenschaftlicher« Margaritas, dem erschreckenden Mangel an Ehrfurcht vor einem wissenschaftlichen Verfahren seitens meiner Lektorin und der Tatsache, dass, wie meine 13-jährige Tochter einem beunruhigten Freund erklärte, »meine Mutter sowieso über alles lacht.« Unsere Versuche überzeugten mich, dass es keiner besonderen Anstrengung oder Abweichung von der täglichen

Routine bedarf, um 30-mal täglich zu lachen. Sie können es mit praktisch jeder anderen Tätigkeit verbinden.

Einige wichtige Faktoren werden festlegen, wie leicht es Ihnen persönlich fällt, die Anforderungen des *Enjoy your life-Programms* zu erfüllen. Einige Schwankungen bei der individuellen Lachfrequenz scheinen erblich bedingt (denken Sie an die berühmten Fallstudien von eineiigen Zwillingen, die getrennt voneinander aufwuchsen und die den Wissenschaftlern unter dem Namen »Die kichernden Schwestern« bekannt sind, weil beide nahezu ständig lachten). Offensichtlich tragen auch äußerliche Umstände zur Bestimmung Ihrer individuellen LPT-Quote bei – Sie mögen in einer Arztpraxis wenig lachen, viel dagegen beim Besuch des örtlichen Comedy-Clubs oder einer Opiumhöhle. Ein dritter, stärker zu steuernder Faktor ist etwas, das ich als humoristische Fitness bezeichne. Humoristisch fit zu sein bedeutet, dass Sie ganz bewusst und ständig Gründe finden, zu lachen, unabhängig von den Umständen, der Veranlagung und der Erziehung. Menschen, die sehr fit sind, lachen zumeist über die eine Sache, die sie immer um sich haben: sich selbst. *Enjoy your life* soll Sie anspornen, das Kommando über Ihre LPT-Quote zu übernehmen – zum Beispiel durch die Einschätzung Ihrer natürlichen Neigung zu lachen, der Suche nach lachsteigernden Umständen, des Entdeckens von Humor in Situationen, wo er nicht so offensichtlich ist, und dem Lernen, über sich selbst zu lachen. Aber bevor wir über Methoden sprechen, wie das erreicht werden kann, ist es an der Zeit für einen sehr wichtigen Hinweis.

Achtung: Lachalternativen für den Notfall

Es gibt bestimmte Umstände, in denen es nahezu unmöglich ist, zu lachen. Wenn Sie so sehr leiden, dass Sie nicht lachen können, verlangt das *Enjoy your life-Programm*, dass Sie alternative Formen für den emotionalen Ausdruck der krampfartigen Äußerung, des Verzerrens des Gesichts, des Schüttelns des Körpers einsetzen: schreien oder weinen. Wählen Sie Ersteres, wenn Sie ärgerlich sind, Letzteres, wenn Sie von Kummer überwältigt sind, und eines von beiden (oder beide), wenn Angst die Ursache ist. Das erfordert ein bisschen mehr zeitliche Investition als der Standard-Schritt 8, aber wenn Sie zu aufgebracht sind, um zu lachen, brauchen Sie es erst recht.

Sie können Ihre Lachalternative in Gesellschaft eines verständnisvollen Freundes durchführen oder ganz für sich allein. Gehen Sie einfach an einen Ort, an dem man Sie nicht belauschen kann und lassen Sie Ihren Gefühlen freien Lauf. Werfen Sie altes Geschirr an die Wand oder trainieren Sie am Sandsack, während Sie das verfluchen, was Ihren Ärger verursacht hat. Spielen Sie ein trauriges Lied und schluchzen Sie laut über den Verlust einer geliebten Person. Tun Sie das mindestens zehn Minuten lang – eine halbe Stunde wäre sogar noch besser.

Während der schlimmsten Phasen meines eigenen Lebens hätte ich Stunden damit zubringen können, mich zu grämen oder zu toben. Allerdings habe ich sehr von dem Ratschlag eines Therapeuten profitiert, der mir sagte, ich solle nicht länger als anderthalb Stunden täglich in diese Dunkelheit eintauchen. Wenn Sie sich der Anderthalb-Stunden-Marke nähern, stellen Sie sich vor, Sie würden Ihren Schmerz und Ärger in eine Plastikdose packen, einen Geschirrschrank in Ihrem Kopf öffnen und die Gefühle schön ordentlich wegräumen. Sie werden morgen noch da sein, wenn es für Sie wieder an der Zeit ist, Ihr Elend zum Ausdruck zu bringen. Diese Strategie bezeichnen Psychologen als »kleingeschriebene Verleugnung«. Es bewahrt Sie davor, völlig in Ihrem emotionalen Leid unterzugehen und ermöglicht Ihnen, weiterhin Ihre Kinder zu versorgen, Ihrem Job und einem im Wesentlichen normalen Leben nachzugehen.

Schlussendlich: *Sollten Sie nicht aufhören können, Ihrem emotionalen Schmerz Ausdruck zu verleihen, oder wenn Sie überhaupt keine Emotionen spüren, sollten Sie sofort eine Therapie beginnen.* Das nehme ich so ernst wie einen Flugzeugabsturz. Es gibt kein gesundes menschliches Wesen, das keinerlei Gefühle hat oder für das ständige Seelenqual der Normalzustand ist. Das völlige Fehlen oder die unkontrollierbare Gefühlsflut (was sich ähnlicher ist, als Sie vielleicht glauben) bedeutet, dass Sie von psychischem Leid überschwemmt werden, das Sie allein nicht mehr bewältigt kriegen. Sie brauchen und bedürfen professioneller Hilfe und müssen sich diese besorgen.

All diese Lachalternativen, einschließlich professioneller Beratung, sind als vorübergehende Maßnahmen gedacht, damit Sie an einen Platz zurückkehren, wo Sie häufig, spontan und unbändig lachen. Nachdem Sie schmerzhafte Emotionen vollends gespürt und zum Ausdruck gebracht haben, werden Sie feststellen, dass an ihre Stelle immer häufiger das Lachen tritt. Ich kann Ihnen gar nicht sagen, wie oft ich mit düster dreinblickenden Klienten zusammensaß, bis diese sich sicher genug fühlten, zu fluchen oder zu weinen, und ich dann sehen konnte, wie sie fast immer direkt danach in ein aufrichtiges, ungezwungenes Lachen ausbrachen. Wo auch immer Sie sich befinden, wenn Sie mit dem *Enjoy your life-Programm* beginnen, Sie werden schließlich an den Punkt kommen, an dem das Lachen eine dauerhafte, herausragende Position innerhalb Ihres alltäglichen Verhaltens einnehmen wird. Dann können Sie zusammen mit anderen *Enjoy your life*-Teilnehmern die folgenden Strategien umsetzen.

Übung 1: Schätzen Sie Ihre natürliche Neigung zu lachen ein (quantitativ und qualitativ)

Wenn Sie mit Schritt 8 beginnen, verbringen Sie einige Tage damit, einfach nur Ihr eigenes Lachen zu beobachten. Tragen Sie ein Notizbuch bei sich und machen Sie jedes Mal einen Strich, wenn Sie lachen. Falls Sie von Natur aus viel lachen, stellen Sie vielleicht fest, dass Sie die Lachanforderungen von *Enjoy your life* bereits erfüllen. Ich schlage vor, dass Sie Ihre Mindest-LPT-Quote auf 100 oder mehr

Lacher erhöhen. 30 pro Tag ist das absolute Minimum, nach oben gibt es keine Grenzen.

Ihre Lachfrequenz zu kennen, ist genauso wichtig wie das Erfassen der verschiedenen Auslöser, die Sie zum Lachen bringen. Brechen Sie in schallendes Gelächter aus, nachdem Sie Dinge gesagt haben wie: »Hallo, wie ist es dir ergangen?« oder »Führen Sie auch Haargummis?« Sind lächerliche Frisuren, Pannen oder die Missgeschicke anderer Leute Ihre primären Lachauslöser? Mögen Sie es, von Wissenschaftlern gekitzelt zu werden? Fragen wie diese zu beantworten hilft Ihnen, Schritt 8 auszuführen, ohne Zeit mit Dingen zu vergeuden, die Sie nicht amüsant oder reizvoll finden. Vielleicht möchten Sie außerdem genauer spezifizieren, ob Sie lieber schwarzen oder weißen Humor hätten oder irgendetwas dazwischen, sodass Sie sofort auf Dinge zustreben können, die Sie ganz leicht zum Lachen bringen. Falls Sie nicht sicher sind, wo Ihre Humor-Präferenzen liegen, lesen Sie sich die drei folgenden Witze durch, die ich im weißen, mittelgrauen und schwarzen Bereich der Humorskala einordnen würde. Prüfen Sie, ob einer davon Sie stärker anspricht als die anderen.

Der erste Witz stammt von einem Arzt, der, laut einer veröffentlichten Studie, Humor einsetzt, um seine Patienten aufzumuntern. Er lautet wie folgt:

Beispiel eines weißen Witzes:

Frage: Was ist ein Kalter Krieg?
Antwort: Eine Schneeballschlacht.

Ich finde das ungefähr so lustig wie Obst beim Faulen zuzusehen, aber offensichtlich brechen bestimmte Patienten in johlendes Gelächter aus. Diese Leute könnte der folgende, etwas dunklere Witz befremden, der 2002 in einem Wettbewerb von den Amerikanern zum lustigsten Witz gewählt wurde.

Beispiel eines etwas dunkleren Witzes (beliebt bei US-Amerikanern):

Zwei Studentinnen treffen sich am ersten Tag des Semesters. Eine von ihnen ist eine blaublütige Privatschulabsolventin, die andere kommt von einer öffentlichen Kleinstadtschule.

»Und«, fragt das Kleinstadtmädchen, »du kommst woher?«

Der Elitezögling antwortet kühl: »Von einem Ort, an dem wir gelernt haben, einen Satz nicht mit einer Präposition zu beenden.«

»Ah«, erwidert das Kleinstadtmädchen. »Du kommst also woher, Schlampe?«

Die Tatsache, dass dieser Witz Amerikaner so sehr anspricht zeigt, dass typische US-Staatsbürger die Grenzen ihrer Wohlfühlzone erreichen, wenn sie über gesellschaftlich peinliche Situationen nachdenken, wie dabei erwischt zu werden, die Grammatik nicht zu beherrschen oder einen Fremden ein bisschen zu beschimpfen. Andere Kulturen kämpfen offensichtlich mit wesentlich dunkleren Eventualitäten. Hier ist ein Witz, der in mehreren Ländern, außer den USA, als sehr witzig angesehen wurde.

Beispiel eines noch schwärzeren Witzes (beliebt bei Nicht-Amerikanern):

Zwei Freunde aus New Jersey, Bob und Fred, sind zum Jagen draußen in den Wäldern. Plötzlich greift Bob sich an die Brust, fällt um, zappelt eine Minute lang herum, dann wird er schlaff und reglos.

Entsetzt greift Fred zu seinem Handy und wählt die Notrufnummer. Als sich die Telefonistin in der Notrufzentrale meldet, ruft er: »Oh mein Gott! Sie müssen mir helfen! Bob ist tot! Er hatte einen Herzanfall, und jetzt ist er tot! Was soll ich nur tun?«

»Sir, versuchen Sie ruhig zu bleiben«, sagt die Telefonistin. »Ich kann Ihnen helfen. Als Erstes müssen wir sicherstellen, dass Ihr Freund wirklich tot ist.«

»Okay, warten Sie«, sagt Fred. Die Telefonistin hört erst nichts, dann einen Schuss. Fred greift wieder zum Telefon und sagt: »Erledigt, und was nun?«

Einige meiner Freunde haben diesen Witz nicht einmal verstanden, und von denen, die ihn kapierten, fanden ihn viele zu makaber, um lustig zu sein. Mir gefällt der Witz sehr, aber wir haben auch bereits festgestellt, dass ich wahrscheinlich ein bisschen geisteskrank bin. Tatsächlich gefallen mir Witze, die noch wesentlich schwärzer sind als der vorhergehende. Letztendlich ist es egal, welche Art von Humor Sie belustigt, solange Sie ihn nur erkennen und Ihr Gehirn damit in großen, regelmäßigen Mengen füttern.

Das bedeutet, dass Sie Personen und Medienelemente (Zeitungsartikel, Comic-Hefte, Filme, Fernsehshows) meiden sollten, die einen Humor favorisieren, den Sie nicht mögen und sich ohne Hemmungen auf jene stürzen sollten, die auf Ihrer Wellenlänge sind. Als meine Klientin Tandy mir zu ernst erschien, schlug ich vor, sie solle die »Lachen ist gesund«-Seite im neuesten *Reader's Digest* lesen. Bei mir reicht das nicht aus. Wenn bei mir die Lacher zur Neige gehen, suche ich Kontakt zu Leuten, bei denen ich mich darauf verlassen kann, dass sie Witze erzählen, die durch und durch geschmacklos und daneben sind. Außerdem ergreife ich folgende Maßnahmen, von denen Sie eine oder alle anwenden können, wenn Ihr Lachquotient nicht hoch genug ist.

Übung 2: Setzen Sie sich dem Humor aus

Vielleicht haben Sie von Norman Cousins gehört, einem Essayisten, der in seinem Buch *Der Arzt in uns selbst* einen Erfahrungsbericht über seine überraschende Genesung von Morbus Bechterew liefert, einer schweren chronischen Erkrankung, die vor allem Wirbelsäule und Gelenke befällt. Cousins entschied sich, die Sache mit dem »Lachen ist die beste Medizin« wörtlich zu nehmen. Er behandelte seine Krankheit, indem er vom Krankenhaus in ein Hotelzimmer zog und sich täglich mehrere Stunden lang Marx-Brothers-Filme ansah. Laut Cousins verringerten sich seine Schmerzen drastisch, wenn er zehn Minuten lang gelacht hatte, und wenn er am Morgen drei Stunden lang gelacht hatte, war er für den Rest des Tages praktisch schmerzfrei. Cousins war davon überzeugt, dass seine Komödien-Orgie die Krankheit letztendlich zum Erliegen brachte.

Obwohl ich ganz bestimmt *nicht* vorschlage, Sie sollen medizinische Versorgung durch die Marx Brothers ersetzen, schadet es nie, die medizinische Versorgung zu ergänzen, indem Sie Cousins Beispiel folgen und jeden Tag einige Zeit damit verbringen, ganz bewusst Humor zu suchen und zu genießen. Hier sind ein paar Möglichkeiten, wie Sie es angehen können.

---

1. Durchstöbern Sie die »Humor«-Abteilung Ihrer örtlichen Buchhandlung. (Buchhandlungen sind in diesem Fall besser geeignet als Büchereien, weil nur wenige, wirklich alberne Bücher als wertvoll genug erachtet werden, um in literarische Sammlungen aufgenommen zu werden.)
2. Stellen Sie sicher, dass Sie niemals Ihre liebste Comedy-Sendung im Fernsehen verpassen. Tragen Sie es in Ihren Terminkalender ein. Legen Sie andere Verpflichtungen drum herum. Zeigen Sie etwas Disziplin. Wenn Sie Ihr Leben definitiv nicht nach dem Fernsehprogramm ausrichten wollen, dann zeichnen Sie Komödien auf, bis Sie zur Besinnung kommen.
3. Lesen Sie via E-Mail erhaltene Witze, *die von Ihren lustigsten Freunden kommen.* Seien Sie vorsichtig, was diesen Punkt angeht. Falls Sie jede »lustige« Nachricht öffnen, die in Ihre Mailbox flattert, zerstören Sie vielleicht Ihren Sinn für Humor, wenn nicht gar Ihren Verstand.
4. Fügen Sie Ihre liebsten lustigen Websites zu Ihren Favoriten hinzu. Schauen Sie sich diese täglich an. Finden Sie Links zu Ihren liebsten Comics (»Dilbert«?, »Die Peanuts«?).
5. Besuchen Sie Kabarettveranstaltungen, selbst wenn diese nur die armseligen Überbleibsel des Komikerbooms der 80er Jahre sind. Komiker live zu

erleben, erzeugt mehr komische Energie, als wenn man diese im Fernsehen sieht.

6. Lesen Sie Fernsehkritiken und sehen Sie sich Filme an, die von mehreren großen Zeitungen das Etikett »lustig« verliehen bekommen haben. Verschwenden Sie keine Zeit damit, in einen Film zu gehen, dessen einzige positive Kritik von einer Provinzzeitung stammt.
7. Leihen Sie sich Videos oder DVDs mit alten Komikklassikern aus. Vielleicht möchten Sie die Liste der vom American Filminstitute als die 100 lustigsten Filme aller Zeiten gekürten Filme einsehen. Ich stimme nicht in allen Fällen mit deren Wahl überein, und ich denke, sie haben einige Klassiker ausgelassen, aber die Liste kann Sie auf Ideen bringen.

Übung 3: Umgeben Sie sich mit Menschen, die gerne lachen

Vielleicht ist Ihnen aufgefallen, dass Sie mehr lachen, wenn Sie sich in einem vollen Theater befinden, als wenn Sie zu Hause allein ein Video anschauen. Das liegt daran, dass das Lachen, genauso wie die Neigung zum Gähnen oder zur Panik, sich in einem hohen Maß »sozialer Ansteckung« rühmt. Einfach nur jemand anderen schnauben oder prusten zu hören, bringt uns dazu, die Dinge aus einem humorvollen Blickwinkel zu betrachten. Aus diesem Grund wird bei Sitcoms Hintergrundgelächter eingespielt oder das Studiopublikum instruiert, auf das Aufleuchten der »Bitte lachen«-Anzeige zu reagieren. Einige Fernsehstudios bezahlen tatsächlich Leute dafür, bei jedem Hauch eines Witzes hysterisch loszubrüllen. Sie sollten dem folgen, indem Sie viel Zeit mit Menschen verbringen, die gerne lachen.

Einige meiner Testpersonen für das *Enjoy your life-Programm* berichteten, sie hätten ein sehr niedriges Lachniveau, wenn sie allein seien, dass sie aber innerhalb weniger Minuten weit über das tägliche Minimum von 30 Lachern hinausschossen, wenn sie mit anderen zusammen seien. Falls Sie zu den Personen gehören, die niemals lachen, wenn Sie allein sind, dann bedeutet ein Unterschreiten der täglichen 30 Lacher, dass Sie nicht genügend Zeit mit anderen Menschen verbringen. Lassen Sie die Telefone klingeln. Gehen Sie mit einem Kumpel einen Kaffee trinken. Gehen Sie in ein Theater, in dem die Besucher darauf erpicht sind, zu lachen. Tun Sie, was immer nötig ist, um Ihren LPT-Quotienten auf mindestens 30 zu bringen.

Fast alle meine Freunde lachen sehr viel, wenn sie mit mir zusammen sind, wahrscheinlich wegen meiner Frisur. Andererseits scheinen diese Leute über so ziemlich alles und jeden zu lachen. Ich scheine Viel-Lacher anzuziehen und habe festgestellt, dass ihre Gesellschaft besser ist als ein Rezept für Antidepressiva. Ich sammle diese Menschen seit Jahren, folglich stehen mir einige hoch qualifizierte Lachquellen zur Verfügung. Falls Sie nicht genauso viel Zeit in Ihre eigene Sammlung investiert haben, dränge ich Sie, damit zu beginnen: Achten Sie darauf, wie häufig die Menschen in Ihrem Umfeld lachen. Stellen Sie fest, wie oft Sie lachen, wenn Sie mit diesen sprechen. Erstellen Sie eine gedankliche Liste der Personen, die Sie am meisten amüsieren. Prägen Sie sich deren Telefonnummern ein. Kontaktieren Sie diese in stressigen Momenten, wenn Sie an Ihrer Situation überhaupt nichts Lustiges finden können, und lassen Sie sie für Sie lachen. (Nebenbei bemerkt sollten diese Freunde einen Teil Ihrer Zuhörerschaft bei der Lachen-Übung 6 bilden.)

Übung 4: Nutzen Sie technische Stimulation

(Hören Sie auf zu grinsen; es kann auch für Sie zu einer amüsanten Gewohnheit werden!)

Wenn Sie keine Viel-Lacher kennen, tun es Tonbänder mit laut lachenden Fremden genauso gut. Als ich an der Business School unterrichtete, pflegte ich am ersten Tag jedes Semesters das Eis zu brechen, indem ich ein Band mit einer Arbeitssitzung der Drehbuchautoren/Schauspieler Mike Nichols und Elaine May vorspielte. An einer Stelle der Aufnahme steigen die beiden aus ihren Rollen aus und brechen in haltloses Lachen aus, das mindestens fünf Minuten anhält. Selbst meine Studenten mit den versteinertsten Gesichtern konnten dies nicht durchstehen, ohne zu kichern. Das Band vorspielen, bedeutete das Eis zu brechen, und die Studenten arbeiteten gut und schienen mich während des gesamten Semesters anzulachen.

Sie können die Aufnahme von Nichols/May (*Mike Nichols and Elaine May in Retrospect*) über jeden normalen oder Online-Musikhandel bestellen. Wenn es Ihnen wirklich ernst ist mit Schritt 8, bestellen Sie eine Aufnahme mit dem Titel *The Laughter Album* von dem in Oxford angesiedelten Happiness Project (Bestellungen sind möglich bei: Happiness Project, Elms Court, Chapel Way, Oxford, England, OX2 0LP). Auf dieser Aufnahme hören Sie Menschen lachen. Das ist alles. Ich weiß, das klingt nicht lustig, aber wenn diese Aufzeichnung nicht auch Sie zum Lachen bringt, können Sie getrost für tot erklärt werden.

Übung 5: Lachen ohne Grund

Wenn Sie alle vorhergehenden Techniken gemeistert haben, müssten Sie bereit sein, sich der ultimativen Herausforderung von Schritt 8 zu stellen: Lachen ohne erkennbaren Grund. Während meiner Forschungen für *Enjoy your life* war ich überrascht zu erfahren, dass es eine seriöse Yogamethode (wie Hatha oder Kundalini) gibt, die sich fast ausschließlich auf das Lachen konzentriert. Es nennt sich – ich schwöre bei meiner Großmutter, dass es wahr ist – die »HO HO HAHAHA«-Methode. Gemäß der Literatur lernen Ausübende diese Yogamethode, indem sie zuallererst lernen, ohne irgendeinen Anlass eine Minute lang zu lachen. Außerdem formieren sie sich in Gruppen und »nehmen jeden Tag 15 bis 20 Minuten am Gruppenlachen teil, ohne dabei auf Witze zurückgreifen zu können«. Laut einem HO HO HAHAHA-Lehrer »kann die Praxis des täglichen, unbegründeten Lachens eine Gewohnheit werden, ähnlich dem Zähneputzen«.

Ich konnte keinen ortsansässigen HO HO HAHAHA-Lehrer in meiner Nähe finden, aber ich ging so weit, die im überall verfügbaren Internet empfohlenen Techniken auszuprobieren. Das Beste, was ich hinsichtlich meines Fortschrittes sagen kann, ist, dass ich wenigstens über eine meinem völligen Mangel an Talent entsprechende Bescheidenheit verfüge. Ich schaffte lediglich ein schwaches, verlegenes Lächeln, obwohl ich ein kleines bisschen über mich selbst amüsiert war. An diesem Punkt hatte mein Lachen aber einen Grund und war somit wertlos. Ich ziehe meinen Hut vor denen, die – unbefleckt von Amüsement – eben grundlos lachen. Falls Sie rauskriegen, wie das geht, würden Sie es mir beibringen? Bis dahin wird es wohl für alle das Beste sein, wenn ich mich weiterhin auf andere Stimuli verlasse.

Übung 6: Lachen Sie über sich selbst

All diese Techniken zur Steigerung Ihres LPT sind lediglich dazu gedacht, um Sie auf den Schluss von Schritt 8 vorzubereiten: über sich selbst zu lachen. Vor langer Zeit erkannte ich, dass von allen Klienten, die ich beraten hatte, diejenigen am stärksten »feststeckten«, die niemals etwas Humorvolles an ihren eigenen Unzulänglichkeiten oder Problemen fanden. Andererseits schienen Klienten, die systematisch über sich selbst lachten, insbesondere bei beängstigenden oder entmutigenden Umständen, sich an so ziemlich jedem Hindernis vorbeizudrängen, um ihr Ziel zu erreichen. Wann auch immer Sie das Gefühl haben, festzustecken, ist über sich selbst zu lachen das richtige Mittel, um sich zu lösen. Wenn Sie damit nicht vertraut sind, gibt es eine Reihe von Möglichkeiten, wie Sie an die Sache herangehen können.

Die erste Technik, die Sie anwenden sollten, falls Sie ungeübt sind, besteht einfach darin, gegen Ihre normalen Verhaltensregeln zu verstoßen, indem Sie sich albern aufführen. Ich mag besonders die im *London Daily Telegraph* aufgelisteten Vorschläge, denn sie stammen aus einem Land, das für seine Korrektheit bekannt ist: Nachdem die Vorteile aufgezeigt werden, die das Über-sich-selbst-Lachen bietet, wird vorgeschlagen, die Leser sollen Freunde oder Familienangehörige um sich versammeln, »ein Wort finden, dass sie zum Lachen bringt und es sich gegenseitig mit albernen Stimmen vortragen. Dann geht man im Zimmer umher und versucht, verschiedene Gefühlszustände zu verkörpern: den ärgerlichen Gang, den mürrischen Gang oder den glücklichen Gang«. Ich bin sicher, Königin Elizabeth und Prinz Charles setzen diese Technik regelmäßig ein, ob sie nun Gastgeber bei einem Staatsdinner sind oder einfach nur ein paar Mußestunden miteinander verbringen. Ich hoffe, der Prinz ist vorsichtig, wenn er einen seiner Schottenröcke trägt.

Apropos Schottenröcke, ich war schon immer der Meinung, dass sich zu kostümieren eine tolle Möglichkeit ist, ein wenig albern zu sein. Das jährliche Fest zur Wintersonnenwende wird in meiner Familie immens dadurch bereichert, dass wir die verrücktesten Wikingerhelme tragen, die wir finden können, einschließlich einiger mit integrierten Zöpfen und Hörnern, die groß genug sind, einen Präriebullen zu zieren. Einen solchen zu tragen, erspart eine Menge Arbeit, weil Sie nichts anderes tun müssen, als albern auszusehen; je ernster Sie sich verhalten, desto alberner werden Sie. Im Ernst: Sollten Sie Nachrichtensprecher sein, fordere ich Sie auf, (nur ein einziges Mal) die Nachrichten in so einem Wikingerhelm mit Haarteil vorzutragen, ohne einen Kommentar oder eine Erklärung abzugeben. Sie könnten einen historischen Moment des Fernsehjournalismus hervorbringen und die Stimmung, Gesundheit und geistige Fitness von Millionen von Menschen verbessern, während Sie das tun.

Wenn Sie eine bevorzugte Form von Verrücktheit haben, zum Beispiel alte Monty-Python-Folgen nachzuspielen, Ihren Leguan zu imitieren, Comics zu lesen (besser noch zu zeichnen), sich witzige Sachen zu überlegen, die Sie Ihren Freunden sagen möchten oder sich einfach an lustige Erlebnisse zu erinnern, bis Sie den Kitzel wieder am ganzen Körper spüren, dann erlauben Sie sich ja, damit weiterzumachen! Ich scheine unfähig zu sein, mich von diesen Dingen abzuhalten, und obwohl es komplette Zeitverschwendung zu sein scheint, glaube ich, dass es meine Lebensqualität immens gesteigert hat.

Einige Freunde und ich treffen uns zum Beispiel selbst in den hektischsten Phasen meines Lebens nur, um solche Verrücktheiten anzustellen. Wir verbringen Stunden damit, sonderbar aussehende Fotos und vage lustig wirkende Überschriften auszuschneiden und dann verschiedene Bilder und Wörter solange zu mischen, bis uns eine bestimmte Kombination zum Lachen bringt. Wir kleben diese auf ein weißes Blatt Papier, fügen sie den anderen hinzu und gestalten das, was wir mit spritziger Originalität ein »Spaß-Buch« nennen. Ich lache immer noch jedes Mal, wenn ich eines dieser Bücher öffne und zum Beispiel das Bild einer pummeligen, müde aussehenden Großmutter mittleren Alters sehe, das die Überschrift trägt: »Der farblose, geruchlose Killer: Auf erbarmungsloser Jagd«. Eine andere Collage ist ein Foto von chinesischen Tierärzten, die einen Pandabären künstlich befruchten, mit der Überschrift: »Ich starb fast unter den Händen eines Verrückten«, oder das Bild einer Frau mit einem kleinen Schwein auf dem Arm und einem kühnen Grinsen im Gesicht und der Überschrift »Zu lang einsam«. Okay, vielleicht muss man einfach dabei gewesen sein, um darüber lachen zu können, aber versuchen Sie es: Sie werden sehen, wie sehr Sie Ihren eigenen, absolut sinnfreien Witz genießen können.

Sie sollten auf jeden Fall einfache Albernheiten ausprobieren, bevor Sie zur nächsten selbstironischen Technik übergehen, die ich für die leistungsfähigste Variante von Schritt 8 halte. Wie die meisten der Bestandteile von *Enjoy your life* ist sie psychologisch schwierig, aber von der Durchführung her simpel. Sie müssen lediglich einen Teil Ihres Lebens beschreiben, und zwar absolut ehrlich, bei dem Sie das Gefühl hatten, festzustecken, frustriert, verwirrt oder unsicher waren. Über diese Themen zu sprechen, kann Sie an die Grenze dessen bringen, wo Sie Ihre Selbstsicherheit verlieren. Das wird es Ihnen ermöglichen, Ihr Vertrauen zu erweitern und Ihre Welt zu vergrößern.

Alte europäische Karten pflegten die Grenzen des Gebietes aufzuzeigen, die von den Abendländern erforscht worden waren, und die unerforschten Gebiete mit dem Vermerk »Hier gibt es Drachen« zu kennzeichnen. So werden Sie sich fühlen, wenn Sie damit beginnen, über Ihre eigenen Unsicherheiten zu lachen. Sie reisen dann an Orte, die Sie lieber meiden möchten, und das erfordert einigen Wagemut. Was Sie vielleicht überraschen wird, ist, dass die »Drachen« in diesem unerforschten Land lächerlich gemacht werden können, und das verleiht Ihnen Macht über sie. Statt Ihren Problemen zu erlauben, Sie zu bezwingen, können Sie umgekehrt auch die Probleme bezwingen.

Lassen Sie uns anfangen. In der folgenden Liste zählen Sie ein paar frustrierende Dinge auf, die Sie davon abgehalten haben, einige Ihrer geschätzten Ziele zu erreichen. Vielleicht hassen Sie Ihren Job, aber trauen sich nicht, zu kündigen. Vielleicht manipuliert Ihre Mutter Sie derart, dass Sie immer tun, was sie will, statt das Leben zu führen, das Sie sich wünschen. Viele Menschen mögen ihr Erscheinungsbild nicht (obwohl ich sicher bin, dass das auf Sie nicht zutrifft). Versuchen Sie, fünf Hinderungsgründe zu finden, die den Weg zu Ihrem idealen Leben blockieren.

---

1. ______________________________
2. ______________________________
3. ______________________________
4. ______________________________
5. ______________________________

Jetzt treffen Sie sich mit Ihren lustigsten Freunden oder, falls das nicht geht, stellen Sie sich vor, mit ihnen zusammen zu sein. Während Sie das machen, möchten Sie vielleicht so tun, als hätten Sie sich in Ihren Lieblingskomödianten verwandelt. Ist Ihnen schon einmal aufgefallen, dass Menschen meistens besser singen, wenn sie einen professionellen Musiker imitieren? Ebenso werden die meisten von uns lustiger, wenn wir jemanden nachahmen, der uns zum Lachen bringt. Über die Schulter eines gigantischen Komikers zu schauen, ermöglicht es uns, die Dinge neckischer zu betrachten, bis wir vielleicht unseren eigenen komödiantischen Stil entwickelt haben. Wenn Sie gerade damit beginnen, über sich selbst zu lachen, lesen, hören oder sehen Sie sich am Anfang die Arbeit lustiger Menschen an. Wenden Sie deren Sichtweise im Hinblick auf Ihre eigenen Probleme an.

Jetzt ist alles vorbereitet, das Publikum sitzt auf seinem Platz, und Sie müssen einige Geschichten erzählen. Sie müssen Ihre Probleme und Gefühle offen und ehrlich beschreiben, ohne sich zurückzuhalten. Normalerweise bagatellisieren wir nach außen unsere Probleme und geben vor, keine Bestürzung oder Scham zu empfinden. Nun, während Sie Schritt 8 praktizieren, möchte ich, dass Sie genau das Gegenteil tun. Beschreiben Sie die schlimmsten Aspekte Ihrer Situation. Nennen Sie die peinlichsten Einzelheiten. Beschreiben Sie Ihre entsetzlichsten Reaktionen. Übertreiben Sie. Wenn es irgendetwas Demütigendes an Ihrer Situation gibt, etwas, von dem Sie hoffen, das niemand es jemals erfahren wird, erwähnen Sie genau das. Sprechen Sie darüber. Denken Sie daran, je stärker dieser Sachverhalt Sie blockiert, desto heftiger sollten Sie sich darüber auslassen. Sie werden feststellen, je mehr Sie sich dazu bringen, die schlimmsten Szenarien zu verbalisieren, desto lächerlicher werden diese klingen.

Hier ist eine Liste mit Fragen, die Ihnen dabei helfen, sich Ihren frustrierenden Problemen zu nähern. Ich veranschauliche dies an einem Beispiel aus meinem Leben, um Ihnen zu demonstrieren, wie der Prozess funktioniert.

Frage: Was ist momentan das drückendste Problem, das Ihnen auf der Seele lastet?
Antwort: Mit diesem Manuskript bin ich wirklich ganz schön in Verzug, und ich schreibe so langsam.

Frage: Was ist Ihre größte Befürchtung angesichts der Situation?

Antwort: Ich werde dieses Buch niemals fertig kriegen, zumindest nicht in diesem Jahrhundert.

Frage: Können Sie sich eine Konsequenz vorstellen, die noch beängstigender ist? Kommen Sie, seien Sie kreativ.

Antwort: Ich werde nicht in der Lage sein, den Vorschuss zurückzuzahlen, weil ich das Geld bereits ausgegeben habe, und ich werde mich tief verschulden bei Kredithaien, weil sie die Einzigen sind, die mit faulen, liederlichen und trägen Autoren wie mir Geschäfte machen.

Frage: Und dann?

Antwort: Ich werde eine verarmte Kellnerin in einem Imbissrestaurant, aber ich werde nur wenige Monate arbeiten können, bis der Job meine Gesundheit ruiniert und mich so müde gemacht hat, dass ich das Frittierfett in Brand setze und ein enormes Feuer verursache, das mich für immer entstellt. Ich werde nie wieder einen anderen Job finden, wegen der ständigen Schmerzen und meinem grausigen Aussehen. Um mir beim Bezahlen der Schulden zu helfen, brechen meine Kinder die Schule ab, verkaufen sich als Prostituierte und erkranken an jeder der Medizin bekannten Geschlechtskrankheit. Wir werden alle auf der Straße sterben und von Ratten und Mäusen aufgefressen werden, welche die ganze Zeit auf eine unheimliche, verspottende Art kichern, obwohl das von ihnen fabrizierte Geräusch sich so sehr von unserem unterscheidet, dass man es nur schwer mit menschlichem Lachen gleichsetzen kann.

Frage: Sehr gut. Was ist nun das besonders Peinliche an Ihrem Problem. Gibt es etwas, das Sie am liebsten vertuschen möchten?

Antwort: Ich bin seit sechs Wochen nicht mehr ans Telefon gegangen, weil ich Angst habe, es könnte meine Lektorin oder mein Agent sein, beides liebevolle und gütige Menschen, die es hassen, mit mir zu schimpfen. Deshalb fühle ich mich so schuldig, dass ich ...

Frage: Was?

Antwort: Ich habe mich noch nicht entschieden, aber ich überlege, ob ich nicht Alkoholikerin werden sollte.

Frage: Ausgezeichnet. Ist da etwas noch Peinlicheres, das Sie gerne teilen möchten?

Antwort: Wenn ich doch ans Telefon gehe, täusche ich einen kroatischen Akzent vor und erzähle den Anrufern, ich wäre völlig taub. Aber ich glaube, die wissen, dass ich es bin.

Frage: Denke ich auch. Nun, was an diesem ganzen Problem macht Sie wütend?

Antwort: Dass mein Computer dauernd abstürzt. Das ist bereits meine dritte Computer-Neuinstallation im Verlauf zweier Bücher.

Frage: Was möchten Sie vor lauter Wut am liebsten machen?

Antwort: Ich möchte jeden Mitarbeiter der Abteilung für Technische Hilfe bei IBM verhexen und sie alle die nächsten 25 Jahre in der Warteschleife einsperren.

Ich glaube, Sie sehen, wohin das führt. Erinnern Sie sich an Milarepa, den tibetanischen Weisen, der sich in das Maul des Drachen legte, um ihn zu besiegen? Über Ihre Frustrationen nicht nur offen, sondern übertrieben zu sprechen, diese in dem bewussten Versuch, andere zum Lachen zu bringen, bis zu ihrem komischsten, unwahrscheinlichsten Resultat zu verfolgen, zieht ihnen die Reißzähne und Krallen. Denken Sie daran, dass Ihr Ziel Unterhaltung ist und nicht Mitleid – es gibt nichts *weniger* Lustiges, als um Mitleid zu betteln – und dann legen Sie los und schimpfen Sie. Je mehr Sie direkt auf Ihre Probleme losmarschieren, indem Sie die Wahrheit über Angst, Frustration, Ärger und sogar Trauer aussprechen, desto mehr Drachen werden sich zurückziehen und desto größer wird Ihre Welt werden.

Nach oben gibt es keine Grenze für die empfohlene LPT-Quote. An einem guten Tag stellen Sie vielleicht fest, dass Sie Ihre Quote bis in die Hunderte hinaufschrauben können. Aber selbst an den nicht so guten Tagen, an denen alles schief läuft und Ihre Welt aus den Fugen gerät, kann Ihnen *Enjoy your life* neue Wege aufzeigen, mit Ihrem Leid umzugehen, wenn Sie eine Möglichkeit finden, 30-mal zu lachen. Ihre Quote zu erhöhen, wird Ihr *Enjoy your life-Programm* enorm verbessern. Es ist zwar richtig, dass einige Menschen es missbilligen werden, wenn Sie eine immer größere Neigung zum Lachen entwickeln. Sie werden Sie skeptisch ansehen, ihre schmalen Lippen kräuseln und auf verschiedene andere Weise vorschlagen, Sie mögen doch in eine von Angst beherrschte Welt zurückkehren. Sie werden Ihnen kindisches Benehmen vorwerfen. Und damit haben sie Recht. Wenn Sie sich weiter in diese Richtung bewegen, werden Sie am Ende vielleicht genauso viel lachen, wie Sie es taten, als Sie klein und abenteuerlustig waren und ständig von Freude überrascht wurden. Was mich angeht, ist das ein Risiko, das ich einzugehen bereit bin.

Tägliches Pflichtprogramm
Schritt 8: Lachen

1. Schätzen Sie Ihre natürliche Neigung zu lachen ein (quantitativ und qualitativ).
Beobachten Sie sich, um zu sehen, ob Sie das Minimum von 30 LPT erreichen. Merken Sie sich Beschaffenheit und Schwärze Ihres bevorzugten Humors.

2. Setzen Sie sich Humorquellen aus.
Sie können das entweder live tun oder mithilfe der Unterhaltungsmedien.

3. Umgeben Sie sich mit Menschen, die gerne lachen.
Erstellen Sie eine Liste von Viel-Lachern, die Sie kennen. Merken Sie sich deren Telefonnummern.

4. Nutzen Sie technische Stimulation.
Aufnahmen von nichts anderem als Lachen erscheinen langweilig, sind es aber nicht.

5. Lernen Sie, ohne Grund zu lachen.
Es gibt einen kompletten Yogazweig, der Sie dabei unterstützt.

6. Lachen Sie über sich selbst.
Benennen Sie die Probleme, die Ihnen das meiste Unbehagen bereiten. Nehmen Sie die Rolle eines Komikers ein, der sich an ein Publikum wendet. Übertreiben Sie in Ihren Aussagen.

SCHRITT 9

Beziehungen

Wenden Sie die *Enjoy your life*-Fähigkeiten 1 – 5 (Nichtstun, die Wahrheit sagen, Erkennen Ihrer Herzenswünsche, Einsetzen Ihrer Kreativität und das Eingehen eines Risikos) in mindestens einer Interaktion mit einem Menschen an, der für Ihr Leben wichtig ist.

Wenn Sie nach den Regeln des *Enjoy your life-Programms* spielen, wovon ich ganz *sicher* ausgehe, haben Sie die Schritte 1 bis 8 bereits reibungslos in Ihren Tagesablauf integriert. Sie haben sie alle fest etabliert und wenden sie so fließend und leicht an wie Ihre Muttersprache.

Etwa nicht?

Gut, dann ist alles, worum ich Sie inständig bitte, dass Sie versuchen, die vorhergehenden Schritte in den Griff zu bekommen, bevor Sie mit Schritt 9 weitermachen. Die Bestandteile des Programms sind so angeordnet, dass sie aufeinander aufbauen. Sie brauchen diese Fähigkeiten, um Schritt 9 zu meistern, und glauben Sie mir, er ist etwas, das Sie tun möchten. Er kann Ihnen wundervollere und unerwartetere Freuden verschaffen als jeder andere Teil des Programms. Er ist ein Freifahrtschein heraus aus der tiefsten Verzweiflung, ein Balsam, um Ihren heißesten Zorn zu kühlen, die Sicherheitsausrüstung, die Ihnen hilft, Ihre schlimmsten Ängste in Mut und Zuversicht zu verwandeln. Das liegt nicht daran, dass dieser Schritt besonders glanzvoll ist, sondern daran, dass er die Verbindung zu etwas herstellt, das Sie erhält und bestärkt: zu anderen Menschen.

Wenn Sie die vorhergehenden Schritte, insbesondere die Schritte 1 bis 5 gemeistert haben, ist es leicht, Ihr Leben um diesen Schritt zu ergänzen. Alles, was Sie tun müssen, um starke, heilende, erhellende Beziehungen herzustellen, ist, die ersten fünf Schritte von *Enjoy your life* in der Interaktion mit einem anderen Menschen anzuwenden. Tun Sie dies mindestens einmal täglich. Es kostet nicht mehr Zeit als jede andere Art zu interagieren. Die von Ihnen ausgesuchte Person, mit der Sie sich beim *Enjoy your life-Programm* zusammenschließen möchten, kann ein Freund, ein Familienmitglied oder der Lebenspartner sein. Es kann auch jemand sein, mit dem Sie zusammenarbeiten: Ihr Chef, ein Mitarbeiter, ein Kollege, ein Kunde oder ein Klient.

Sie erinnern sich vielleicht, dass Schritt 7, obwohl er im Hinblick auf persönliche Beziehungen angewendet werden kann, hauptsächlich auf Ihre Lebensaufgabe abzielt. Im Unterschied dazu ist Schritt 9 sehr gut für Ihre Karriere, spielt sich aber vor allem in persönlichen Beziehungen ab. Dieses Kapitel beschreibt, wie Sie Schritt 9 und seine zahlreichen Vorteile in Ihr gesamtes Leben integrieren können.

Erlernen Sie, nichts zu tun, ehrlich zu sich selbst zu sein, Ihre Herzenswünsche zu erkennen und Risiken einzugehen

Angenommen, Sie würden lediglich eine Tennisstunde nehmen und dann auf den Platz gehen, um gegen einen erfahrenen Gegner zu spielen. Jedes Mal, wenn der Ball auf Sie zugeflogen käme, müssten Sie über ein Dutzend Dinge nachdenken: ob Sie Vorhand oder Rückhand schlagen, wie Ihre korrekte Fußstellung aussieht, wie Sie einen ordentlichen Rückschwung hinkriegen, ob es ein Fehler war, einen rückenfreien Einteiler anzuziehen – vergessen Sie's, dieser Ball ist schon längst im Aus. Nun, die Schritte des *Enjoy your life-Programms* sind wie die Grundlagen beim Tennis, oder, was das betrifft, jedes andere erlernte Verhalten. Wenn Sie diese konsequent trainieren, funktionieren sie am Ende immer reibungsloser, effizienter und automatischer. Um wirklich zu erfahren, wie Schritt 9 funktionieren kann, müssen Sie die ersten fünf Schritte verinnerlichen, bis sie Ihnen vertraut sind.

Ich neige dazu, die größenwahnsinnige Überzeugung zu hegen, ich könne jede Fähigkeit erlernen, indem ich darüber lese. Ich wühle mich in einem Rutsch durch Bücher wie dieses und denke: »Ja, alles klar, ich hab's verstanden – ich brauche Ihre dämlichen Übungen nicht zu machen.« Wenn Sie diese Neigung teilen, so muss ich wiederholen, dass die Fähigkeit, ins Nichtstun zu wechseln, die nackte Wahrheit zu erkennen und auszusprechen, Ihre Herzenswünsche zu lokalisieren und zu definieren, Probleme kreativ zu lösen und permanent kleine, abgestufte Risiken einzugehen, sich in Wort und Tat sehr unterscheiden.

Nachdem ich zum Beispiel jahrelang so oft wie möglich Nichtstun praktiziert habe, kann ich heute einen Zustand der Ruhe, oft am Rande der Unbeweglichkeit, in Situationen erreichen, die mich früher völlig aus dem Gleichgewicht gebracht hätten. Die Jahre, in denen ich mich bestmöglich auf die Wahrheit konzentrierte, haben mir dabei geholfen, meine Lügen zu erkennen und meine Geheimnisse schneller ans Licht zu bringen. Meine Herzenswünsche, welche mein Bewusstsein jahrelang umging, versuchen heutzutage nicht einmal mehr, sich vor mir zu verstecken. Wenn ich auf Probleme stoße, gehe ich eher dazu über, kreativ zu werden, statt aufzugeben. Und meine Entschlossenheit, Risiken einzugehen, verfestigte sich dadurch, dass ich davon profitierte. Was ich sagen will ist, üben, üben, üben. Sie müssen diese Fähigkeiten fest etabliert haben, weil Sie im Begriff sind, den Centrecourt zu betreten und ein Match mit einem anderen Menschen auszutragen. Ihre *Enjoy your life*-Fähigkeiten im Kontext einer Beziehung einzusetzen, wird eine ganze Reihe neuer Herausforderungen schaffen, und Sie brauchen dafür die fest etablierten Grundlagen.

Beziehungsdynamik: Eins plus eins macht drei

Mein Lieblings-Kunstprofessor pflegte seinen Studenten zu erklären, dass beim Zeichnen eins und eins drei ergibt. Das liegt daran, dass, wenn Sie zwei Figuren auf ein Blatt Papier zeichnen, sich drei sichtbare Objekte ergeben, die den Blick des Betrachters einfangen: die zwei Dinge, die Sie gezeichnet haben, und der Leerraum dazwischen. Sie haben vielleicht schon einmal die Trickzeichnung Gesichter/Vasen gesehen, bei denen zwei gegenüberliegende Profile den Leerraum dazwischen zu einer Vase formen. Ein Gesicht plus ein Gesicht ergibt zwei Gesichter und eine Vase.

Genauso wie in der Kunst ergibt auch in menschlichen Beziehungen eins plus eins drei. Jede Paarbildung zweier verschiedener Menschen schafft eine einzigartige Synergie, die nicht ohne beide Parteien existieren könnte und nicht durch irgendeine andere Kombination kopiert werden kann. Es gibt immer ein du, ein ich und ein wir. Es ist das sonderbare dritte Element – das einzigartige »wir«, geschaffen durch jedes »du« und »ich« –, das es menschlichen Wesen ermöglicht, emotionales Wohlbefinden aufrechtzuerhalten.

Zu sagen, wir seien soziale Wesen, beschreibt nicht annähernd, wie lebenswichtig Beziehungen für jeden von uns sind. Eine zur Einzelhaft gezwungene Person leidet unvorstellbar, selbst wenn sie genug Nahrung und Schutz hat, um bis zum Tag des Jüngsten Gerichts auszuharren. Babys, die nicht auf dem Arm gehalten werden, können sterben; Babys, in deren Augen niemals ein liebender Erwachsener blickt, können mit schweren psychischen Störungen heranwachsen. Die Psychologin Judith Hermann, eine Expertin auf dem Gebiet der Traumaforschung schreibt, dass der Bereich des physischen Überlebens des Menschen das eine sei, der Bereich des psychischen Überlebens das andere. Wenn wir niemanden haben, mit dem wir eine Beziehung eingehen können, sind wir ganz einfach nicht fähig, weiterzuleben. Niemand von uns.

Sie werden eine Menge über emotionale Beziehungen hören,

wenn Sie Schlagern zuhören, fernsehen oder ins Kino gehen. Die amerikanische Kultur ist besonders besessen von romantischer Liebe. Ich hatte eine Menge Klienten, die glaubten, all ihre Probleme – unglücklich sein, mangelnde Motivation, berufliches Scheitern, Fußpilz – würden wie durch Zauberhand verschwinden, wenn sie sich nur erst in die richtige Person verliebten. Soweit ich sagen kann, warteten sie auf dieses große Ereignis, ohne den leisesten Versuch zu unternehmen, ihre Probleme selbst zu lösen, oder zu einem Menschen zu werden, in den sich jemand verlieben kann. Aber die Wahrheit ist, dass romantische Liebe kein Allheilmittel ist und dass jede Verbindung zwischen zwei Menschen, nicht nur als Liebende, die Welt verändert.

Ich kenne zum Beispiel eine Frau, die eine emotional karge Kindheit durch die Kraft einer flüchtigen Begegnung mit einem Menschen überlebte, dessen Namen sie nie erfahren hat. »Ich war ungefähr vier«, erinnert Chloe sich, »und mein Vater hatte mich aus irgendeinem Grund mit in sein Büro genommen. Dort gab es eine Sekretärin, die auf eine Weise auf mich reagierte, mit der ich nie gerechnet hätte. Ihre ganze Erscheinung fing förmlich an zu strahlen, als sie mich sah. Ich denke, sie war einfach einer von den Menschen, die alle Kinder lieben. Während mein Vater in sein Büro ging, kam diese Frau zu mir und ging in die Hocke, sodass unsere Augen auf einer Höhe waren. Ich weiß nicht mehr, was sie sagte. Aber während sie redete, sah sie mir direkt in die Augen. Ich konnte mich nicht erinnern, dass irgendjemand das jemals zuvor getan hätte. Und ich erinnere mich an das Gefühl, das durch meinen ganzen Körper schoss: ›Sie *sieht* mich!‹«

Chloe kann diese Geschichte nicht erzählen, ohne dabei zu weinen. Viel später würde sie sich auf die Suche nach diesem Gefühl des Gesehen-werdens machen, und da sie weiß, wonach sie sucht, würde sie es am Ende finden. Sie ist der Sekretärin nie wieder begegnet. Aber dieser Moment des Kontaktes war das dünne Band, das Chloe für die meiste Zeit ihres Lebens mit Menschlichkeit verband. Wenn Sie sich darin üben, können auch Sie selbst viele Menschenleben verändern. Eines davon wird Ihr eigenes sein.

Versteckte Beziehungsängste

Mein Klient Dave ist Profi-Sportler und daran gewöhnt, dass Tausende von Fans seinen Namen rufen. Dennoch fühlt er sich mitten in einem Spiel, umgeben von diesen orkanartigen Bewunderungsrufen, verzweifelt einsam. Hillary ist eine beliebte Entertainerin, die gerade einen wunderbaren Mann geheiratet hat. Sie verbringen jeden Tag miteinander (und sie sind ein fantastisches Paar!), aber beide sagen, dass sie sich isolierter fühlen als vor ihrer Heirat. Sally ist eine Pastorin, umgeben von sie verehrenden Gemeindemitgliedern, die ihr all ihre tiefsten Gefühle offenbaren, und trotzdem fühlt sie sich so einsam, dass sie anfängt, ihren Glauben an Gott und die Menschheit infrage zu stellen. Joe ist die geborene Führungskraft; seine Mitarbeiter würden buchstäblich ihr Leben für ihn riskieren. Aber auch er wird verfolgt von schrecklicher Einsamkeit. Ich könnte im wahrsten Sinne des Wortes hunderte Beispiele erfolgreicher, vielgeliebter Menschen nennen, deren Hauptproblem das Gefühl von Isolation ist.

Das Problem ist: Einfach nur Beziehungen zu haben, selbst wenn Sie umgeben sind von Heerscharen von Menschen, die Sie lieben, ist nicht dasselbe wie eine wirklich herzliche Verbindung einzugehen. Die vier Menschen, die ich gerade beschrieben habe (fünf, wenn Sie Hillarys Ehemann mitrechnen), haben alle die Angewohnheit, tiefgehende, aufrichtige emotionale Beziehungen zu vermeiden. Warum? Weil es unwahrscheinlich riskant ist, eine Beziehung mit einem anderen Menschen einzugehen. Sobald Sie zu einer anderen Person in aufrichtigen Kontakt treten, gibt es zwei Dinge, die eng mit Ihnen verknüpft sind, die jedoch nicht Ihrer Kontrolle unterliegen: die andere Person und die Beziehung, die sie nun miteinander haben. Das bedeutet, Sie werden verwundbar gegenüber möglichen vernichtenden Folgen: Zurückweisung, Verpflichtung, Leid, Verlust.

Für Menschen, die durch eine frühere schmerzvolle Beziehung von Kindheit an verletzt wurden (und hiermit ist jeder gemeint), ist eine solche Verwundbarkeit furchteinflößend. Die meisten von uns reden nicht über diese Angst, die aus Beziehungen mit anderen resultiert; stattdessen versuchen wir verzweifelt, die Angst auszuschalten, indem wir die Situation kontrollieren. Ein Kontrollmechanismus besteht ganz einfach darin, jede Art von Vertrautheit zu verweigern. Die beliebtere Methode sieht vor, die Menschen, die uns etwas bedeuten, zu kontrollieren – egal, ob es sich um Geliebte, Kinder, Mitarbeiter oder was auch immer handelt –, sodass diese uns niemals verlassen, verletzen oder beherrschen.

Die Methoden, die wir bei unseren Bemühungen anwenden, andere zu kontrollieren, sind nahezu unbegrenzt. Viele davon wirken nach außen nicht einmal wie Kontrolle. Meine Lieblingsvariante, andere zu kontrollieren, besteht zum Beispiel darin, es anderen recht zu machen. Ich reiße mir buchstäblich die Beine aus, um andere Menschen glücklich zu machen, bloß damit ich nicht die furchtbare Möglichkeit ertragen muss, dass sie mich nicht leiden können. So verhalte ich mich selbst Menschen gegenüber, die ich hasse. Ich kann Ihnen sagen, das ist sehr, sehr verdrießlich. Natürlich kann ich gelegentlich auf andere Kontrollmethoden zurückgreifen, wie zum Beispiel Manipulation, das Zurückhalten von Informationen und hin und wieder der altmodische Wutanfall. Sie haben wahrscheinlich Ihre eigenen Vorlieben: selbstgerechte Entrüstung, offenkundige Hilflosigkeit, Beschämung, Überredung, Gewalt, Verführung, kalte Gleichgültigkeit, Lüge ... wir könnten den ganzen Tag so weitermachen, nicht wahr?

Falls Sie der Überflieger sind, für den ich Sie halte, könnten Sie praktisch Ihre gesamte Zeit mit dem Versuch verbringen, sich durch spektakulären Erfolg risikofreie Liebe zu erkaufen. Dave, mein Profi-Sportler, war immer davon überzeugt, wenn er es in seiner Sportart bis an die Spitze schaffte, würde er sich endlich akzeptiert fühlen und sicher sein, dass die anderen ihn niemals ablehnen. Hillary dachte das Gleiche im Hinblick auf ihren Job als Entertainerin und den Bund der heiligen Ehe – hatte erst einmal ein Kerl einen Ring an ihren Finger gesteckt, so glaubte sie, dann *könnte* er ihr nicht wehtun oder sie verlassen. Sally ging in den Kirchendienst, weil sie glaubte, im religiösen Leben der Menschen gebraucht zu werden, wäre eine Garantie für bedingungslose Liebe. Joe, der dynamische Firmenchef dachte, wenn er eine Firma gründete, die anderen Menschen den Lebensunterhalt sichert, könne er sich entspannen und auf deren Bindung an ihn vertrauen. Diese Menschen verfielen auf erstaunliche Extreme, als sie versuchten, eine menschliche Beziehung festzunageln, ohne das Risiko einzugehen, verletzt zu werden.

Das kann nicht funktionieren.

Was aber funktioniert, ist, tiefgehende, nährende emotionale Beziehungen zu schaffen, die dazu beitragen, dass Sie sich gesund und vom Glück verwöhnt fühlen, völlig unabhängig davon, was der andere tut. Sie erreichen das, indem Sie bedingungslos und einseitig lieben. Aber ist diese Strategie nicht beinahe eine Garantie, irgendwann verletzt zu werden? Nein, Unsinn. Es ist nicht nur beinahe eine Garantie dafür, dass Sie verletzt werden. Es ist eine *absolute* Garantie dafür. Einige der Menschen, mit denen Sie sich zusammenschließen, werden grausam sein. Manche werden selbstzerstörerisch sein. Einige von ihnen werden vor Ihnen sterben. Es wird einfach furchtbar sein. Aber solange Sie niemals Ihre Bereitschaft zu lieben aufgeben, werden Sie aus diesen Situationen jedes Mal – *jedes Mal* – mit mehr Befähigung zum Glücklichsein herauskommen als Sie mit hineingenommen haben. Sie werden keine emotionale Sicherheit erlangen, indem Sie unfehlbare Menschen finden, die Sie lieben können, oder indem Sie fehlbare Menschen kontrollieren, sondern durch das konsequente Einsetzen Ihrer Fähigkeit, Beziehungen einzugehen. Geben Sie mir einen Fisch, habe ich einen Tag lang zu essen, bringen Sie mir das Fischen bei, habe ich ein Leben lang zu essen. Also, lassen Sie uns fischen gehen.

Setzen Sie Ihre *Enjoy your life*-Fähigkeiten ein, um sich auf Beziehungen einlassen zu können

Der Hawthorne-Effekt ist benannt nach einer Streichholzfabrik in Hawthorne in den USA, in der Rationalisierungsexperten einst den Versuch starteten, inwiefern die Beleuchtung innerhalb der Fabrik die Leistung der Arbeiter beeinflusst. Es schien nahe liegend, dass die Arbeiter umso mehr leisten würden, je heller es sei. Deshalb waren die Forscher sehr überrascht, als sie am ersten Versuchstag das Licht reduzierten – und die Produktivität der Arbeiter stieg! Und zwar dramatisch! Am nächsten Tag reduzierten die Forscher die Beleuchtung noch stärker und tatsächlich stieg die Arbeitsleistung erneut. Immer weiter verdunkelten die Forscher den Raum, bis die Arbeiter bei einem Licht zu arbeiten versuchten, das ungefähr die Helligkeit von Mondlicht hat, und die Produktivität schließlich nachließ.

Wie konnte das passieren? Nun, es stellte sich heraus, dass die Beleuchtung praktisch nichts mit dem Produktivitätsanstieg bei den Arbeitern in Hawthorne zu tun hatte. Der Grund für die Zunahme der Arbeitsleistung lag schlichtweg darin, dass *sie wussten, dass man ihnen Aufmerksamkeit schenkte*. Die durch die Anwesenheit einer anderen Person – grundsätzlich jeder anderen Person – hervorgerufene psychologische Auswirkung ist unwahrscheinlich stark, so stark, dass sie beinahe jeden anderen Einflussfaktor in unserer Umgebung überdecken kann.

Wir alle sind empfänglich für diverse Varianten des Hawthorne-Effekts. Egal wie funktionstüchtig wir sind, sich in der Gegenwart einer anderen Person zu befinden, ist ein völlig neues Spiel. Es gibt einige Leute, in deren Nähe wir uns entspannt und ungezwungen fühlen, andere machen uns in einem befremdlichen Maß nervös. Ich habe ganz bestimmte Klienten, die mich geradezu mit Energie füllen, andere dagegen saugen die Kraft aus mir heraus wie Blutegel. Es ist meine Aufgabe, sowohl im Büro als auch in jeder anderen Umgebung, fest mit meiner eigenen Wahrheit und meinem Selbstgefühl verbunden zu bleiben, selbst wenn ich die durch die Anwesenheit einer anderen Person hervorgerufene emotionale Energie spüre. Die beste Methode, um das zu erreichen, ist Nichtstun – und Sie wissen, dass ich wirklich nichts meine.

Übung 1: Lernen Sie, nichts zu tun, während eine andere Person anwesend ist

Wenn Sie glauben, Nichtstun sei schwierig, wenn Sie allein sind, dann versuchen Sie es einmal, während jemand Sie anstarrt. Ich mache das während jeder Sitzung mit einem Klienten, und jedes Mal macht es mich unwahrscheinlich nervös. Ich beginne mit dem Nichtstun ein paar Minuten, bevor der Klient eintrifft, um mich schon einmal warm zu machen. Wenn die Person mir dann gegenüber sitzt, stabilisiere ich mein Nichtstun-Verhalten: Ich atme tief und registriere meine eigenen, auftauchenden Gedanken, sogar, wenn ich dem Klienten zuhöre. In Übereinstimmung mit meinem allgemeinen Lebensziel (tue nichts, werde dafür bezahlt) versuche ich, während der gesamten Sitzung auf meine Mitte ausgerichtet zu bleiben, unabhängig davon, was der Klient sagt oder tut. Ich scheitere jedes Mal. Wiederholt schweift meine Aufmerksamkeit ab und versucht, den Klienten zu fixieren oder zu beeindrucken oder zu überzeugen oder (vor allem) gefällig zu sein. Das ist auch in Ordnung. Worauf es ankommt ist, dass ich merke, wenn ich die Verbindung zu der großen Stille verloren habe, und dann meine Aufmerksamkeit wieder dahin zurückbringe.

Ich bin nicht sicher, welche Auswirkung das auf meine Klienten hat, aber ich weiß, welche es auf mich hat: Ich habe festgestellt, dass es unmöglich ist, während der Interaktion mit einer anderen Person nichts zu tun, ohne sich in diese zu verlieben. Nein, ich verfolge meine Klienten nicht nach Hause, um mich, ausgerüstet mit einer Kamera mit Zoom-Objektiv, im Gebüsch zu verstecken. Aber während die

Klienten in meinem Büro sind und ich erfolgreich dabei bin, nichts zu tun, sehe ich in jedem von ihnen ein Wesen von solch atemberaubender Schönheit, dass ich es kaum aushalte. Das trifft sogar auf Leute zu, die ich nicht leiden kann – wenigstens nicht mit dem beschränkten Geist, den ich im täglichen Leben benutze. Einige Klienten scheinen meinen Rat zu schätzen, andere nicht. Einige werden wiederkommen, andere nicht. Manchmal habe ich das Gefühl, helfen zu können und manchmal leiste ich so schlechte Arbeit, dass es mich noch Jahre später erschauern lässt. Nichts davon ändert etwas an der Tatsache, dass durch die Betrachtung jeder Person von einem Platz der inneren Ruhe aus mein Leben ausnahmslos intensiviert und bereichert wird.

Das Gleiche passiert, wenn Sie geliebte Menschen aus der Position des zentrierten Nichtstuns betrachten. Wenn Sie nichts tun, erzeugt das Kümmern um Ihr schreiendes Kleinkind nur Einfühlungsvermögen dafür, wie es sein muss, eine sehr ehrgeizige Person in einem sehr kleinen Körper zu sein. Wenn Sie nichts tun, während Sie über den Restauranttisch hinweg einen Freund ansehen, fühlen Sie vielleicht so viel Liebe, dass es Sie fast zerreißt. Tun Sie nichts, wenn Sie mit Ihrem Partner im Bett liegen, und Sie werden feststellen, dass die berühmtesten Lieder, Gemälde und Gedichte über romantische Liebe armselige Untertreibungen sind. Der Ort der Ruhe und des Friedens ist ein Platz der reinen Liebe, und von da aus können Sie gar nicht anders, als Beziehungen mit den Menschen in Ihrem Leben herzustellen und zu stärken.

Wenn Sie mit Schritt 9 beginnen, schlage ich vor, dass Sie sich zuerst auf Fremde konzentrieren. Setzen Sie sich in ein Café oder an den Flughafen und setzen diejenige Nichtstun-Technik ein, die bei Ihnen am besten funktioniert. Finden Sie heraus, was passiert, wenn Sie unvermittelt die Frau mit der lächerlichen Frisur ansehen, oder den Mann, der die Augen senkt, wenn die Stewardess mit ihm spricht. Atmen Sie, seien Sie ganz ruhig und verfolgen Sie Ihre Gedanken. Je tiefer Sie in das stille Bewusstsein hinabsteigen, desto deutlicher sehen Sie die Herzen dieser Menschen.

Als Nächstes praktizieren Sie das Nichtstun während unproduktiver Gespräche mit Freunden oder Kollegen. Werden Sie ruhig, nur für einen Moment, wenn es eine Pause gibt. Sie werden feststellen, dass Nichtstun Sie nicht ablenkt, sondern dass Sie vielmehr Ihr Gegenüber besser verstehen. Ich hatte sehr viele Klienten, die mir berichteten, sie wären sehr viel intuitiver geworden, so viel stärker in der Lage, in Menschen zu »lesen«, wenn sie dieses Verhalten praktizierten.

Als nächsten Schritt üben Sie Nichtstun, wenn Sie mit geliebten Menschen zusammen sind. Das wird Sie regelrecht umhauen. Wenn ich diese Übung regelmäßig mache, dann gehe ich umher und fühle mich, als wäre ich aus weichem Wachs gemacht. Ich fühle mich weich und biegsam und habe ein Gefühl der Freude in mir, das stetig zu wachsen scheint. Versuchen Sie nichts zu tun, wenn Sie wütend sind, kummervoll, gelangweilt oder ängstlich; Sie werden feststellen, dass Sie auf die Ihnen Nahestehenden weniger negativ reagieren. Sie werden weniger das Bedürfnis haben, Ihren Partner zu kontrollieren, und stärker den Wunsch empfinden, einfach mit ihm oder ihr zusammen zu sein – was wahrscheinlich auch alles ist, was er oder sie von Ihnen will.

Die Kehrseite dieser ganzen Prozedur ist, dass es Sie wirklich dazu bringt, die Menschen, mit denen Sie zu tun haben, bedingungslos zu lieben, egal, ob diese sich dazu entschließen, sich schlecht zu benehmen, zu lügen, Drogen zu konsumieren, Sie fallen zu lassen wie eine heiße Kartoffel oder Auto zu fahren wie ein Verrückter und bei einem Verkehrsunfall zu sterben. Aber wenn Sie an Ihrem Ort der Ruhe und des Friedens bleiben, selbst wenn Ihnen das Herz bricht, werden Sie feststellen, dass es immer wieder zusammenwächst. Praktizieren Sie konsequent Nichtstun, benennen Sie Sorge, Wut und Angst, sobald diese in Ihnen aufsteigen und sie werden Sie schneller verlassen als sie es täten, wenn Sie gegen das Erleben dieser Gefühle angekämpft hätten. Außerdem werden Sie noch sehr viel mehr von dem Prozess lernen, sodass Sie das nächste Mal, wenn Sie jemandem begegnen, der dem funktionsgestörten Profil entspricht, das Sie immer unwiderstehlich fanden, Sie widerstehen können, ohne weiter darüber nachzudenken. Ein offenes Herz ist wie das Sieb eines Goldsuchers; der ganze Unrat kann wegschwimmen, und ist der Schmerz erst einmal verschwunden, bleibt das, was auch immer man in der Beziehung als reines Gold haben kann, übrig. Sie können das für immer erhalten, solange Sie bereit sind, einfach präsent zu sein.

Das Nichtstun während der Interaktion mit anderen zu kultivieren, bildet die Grundlage von Beziehungen, weil es Sie selbst in Ihrem wahren Ich platziert und Ihnen dabei hilft, das wahre Ich der anderen zu erkennen. Die falschen Ichs – die aufmerksamkeitsheischenden, kontrollierenden, ängstlichen Seiten Ihrer Persönlichkeit – können niemals richtige Beziehungen aufbauen, wie viel Zuneigung Sie auch immer vortäuschen mögen. Ein kurzer Moment wahrer Begegnung, so wie Chloes Zusammentreffen mit der Sekretärin, ist mehr wert als alle salbungsvollen Pseudo-Freundschaften, die Sie je hatten. Ruhig zu werden verbindet Sie mit denen, die bestimmt sind, Sie zu lieben. Es wird außerdem jeden ernsthaft aus der Fassung bringen, der hinter Ihnen her ist – aber das ist nicht der Grund, um es zu tun. Das ist lediglich ein Bonus.

Übung 2: Seien Sie ehrlich gegenüber sich selbst, auch wenn Sie mit anderen zusammen sind

Der größte Teil der Schmerzen, die Sie aufgrund von Beziehungen erlitten haben, einschließlich der Einsamkeit, ist »schmutziger Schmerz«, ein Produkt Ihrer eigenen Gedanken. Haben Sie erst einmal gelernt, sich selbst die Wahrheit und nichts als die Wahrheit zu sagen, sind Sie anderen Menschen, was Ihre Fähigkeit angeht, gesunde Beziehungen einzugehen, um Lichtjahre voraus. Ich schlage vor, Sie setzen Ihre Fähigkeiten aus Schritt 2 dazu ein, eine bereits vorhandene Beziehung genauer zu untersuchen. Wählen Sie eine Person, über die Sie geraume Zeit nachdenken, grübeln oder bei der Sie auf andere Weise verharren. Es kann jemand sein, den Sie lieben, oder eine Person, die Sie noch mehr hassen als Frühstücksfleisch auf Toast. Es kann ein Filmstar sein, den Sie nie persönlich kennen gelernt haben oder ein Schwarm aus der vierten Klasse, den Sie seit Urzeiten nicht mehr gesehen haben. Alles, worauf es ankommt, ist, dass Sie sich mit dieser Person verbunden fühlen. Wir bezeichnen diese Person als »Sie Wissen Wer« oder SWW.

Jetzt, da Sie wissen, dass Sie sowieso über SWW nachdenken werden, gehen Sie die Fragen aus Schritt 2 durch und beantworten diese bezogen auf die bewusste Person. Hier sind die Fragen, leicht abgewandelt, um es Ihnen zu erleichtern, sie im Hinblick auf Beziehungen zu überdenken. Ich gehe im danach folgenden Text näher darauf ein.

Welche Gefühle hege ich gegenüber dieser Person?
Gibt es etwas an dieser Beziehung, das mich verletzt?
Wie ist das Bild, das ich mir von einer anderen Person mache?
Kann ich sicher sein, dass mein Bild stimmig ist?
Ist mein Bild stimmig (hilft es mir, mich innerhalb der Beziehung wohl und zugleich frei zu fühlen)?
Fällt mir ein anderes Bild ein, das vielleicht stimmiger ist?

Welche Gefühle hege ich gegenüber dieser Person? Denken Sie daran, bei Beschreibungen Ihrer Gefühle zu bleiben – keine Gedanken, keine Erklärungen, keine Diskussionen über das, wovon Sie hoffen, dass es passieren könnte. »Ich fühle, dass er ein gemeines, abscheuliches Ungeheuer ist«, ist ein Gedanke, »Sie sollte mich mehr lieben«, ist ein Gedanke. Eine Beschreibung der Gefühle, die diesen Gedanken zugrunde liegen, könnte lauten: »Ich bin voller Wut, Abscheu und Neid. Ich fühle mich, als wäre ich drei Jahre alt.« Oder: »Ich empfinde Liebe, Demütigung und Frustration.« Sie dürfen Ihre Gefühle weder begründen noch aufbereiten. Fühlen Sie einfach das, was Sie fühlen.

Gibt es etwas an dieser Beziehung, das mich verletzt? An dieser Stelle werden schmerzvolle Details der Situation hochkommen, in welcher Sie SWW kennen lernten. Manchmal sind Erinnerungen auch schmerzlos. Haben Sie ein Glück! Sollte es allerdings etwas Schmerzvolles geben, haben Sie keine Angst, alles aufzuschreiben. ›Ich glaube, er mag mich ›auf diese Weise‹ und das gruselt mich«, könnte eine Antwort lauten. »Ich hasse sie, und sie steht in der Unternehmenshierarchie über mir«, ist eine andere Möglichkeit. Machen Sie auf jeden Fall weiter. Lassen Sie Ihre Frustrationen, Enttäuschungen und Zukunftsängste heraus. Aber denken Sie daran, *Sie dürfen lediglich Ihre eigenen Gedanken, Gefühle und gemachten Beobachtungen festhalten*. Sie können Beschreibungen dessen, was SWW getan hat, mit aufnehmen, aber da Sie nicht sicher wissen können, was ein anderer Mensch fühlt, können Sie Ihre Mutmaßungen über SWWs Gefühle nicht aufschreiben, als wären es Fakten.

Wie ist das Bild, das ich mir von SWW mache? Wann immer wir mit anderen Menschen zu tun haben, verarbeitet unser Gehirn die Erfahrung auf zwei unterschiedliche Weisen, die beide in verschiedenen Bereichen unseres Gehirns ablaufen. Einerseits nehmen wir über unsere Sinne und unseren analytischen Verstand Informationen auf. Andererseits machen wir uns ein Bild von einer Person oder Situation. Ohne es zu merken, »verweben« wir die Beweisstücke und entscheiden, was die andere Person gefühlt, gedacht und beabsichtigt hat. Es fühlt sich an, als würden wir lediglich die Wahrheit beobachten, aber tatsächlich ist das Bild, das wir uns von unseren zwischenmenschlichen Beziehungen machen, durchtränkt von verinnerlichten Meinungen. Als ich einmal zusammen mit einer Arbeitskollegin ein öffentliches Gebäude betrat, hielt uns ein älterer Herr die Tür auf. Nachdem wir das Gebäude betreten hatten und der Mann verschwunden war, redeten meine Kollegin und ich gleichzeitig. Ich sagte: »Was für ein netter Mann!« und sie sagte: »Was für ein chauvinistisches Schwein!« In meiner Geschichte war der Mann höflich und edel gesinnt. In der meiner Kollegin betrachtete er sie als schwach und damit minderwertig.

Ich hatte einmal einen Klienten namens Pierre, der unheimlich gern die richtige Frau finden wollte, aber wahnsinnige Angst vor Zurückweisung hatte. Wir waren beide außer uns vor Freude, als er seine Traumfrau, die Aerobictrainerin Emily, kennen lernte und ihre ersten drei Verabredungen fabelhaft liefen. Dann ereignete sich die Katastrophe, zumindest aus Pierres Sicht: Emily rief an, um zu sagen, sie müssten ihre nächste Verabredung auf ein anderes Mal verschieben, da ihr Onkel gestorben sei und sie wegen der Beerdigung wegfahren müsse.

»Ziemlich offensichtlich, was da los ist, nicht wahr?«, sagte Pierre, nachdem er es mir erzählt hatte.

»Ja, ich glaube schon«, erwiderte ich. »Ihr Onkel ist gestorben. Sie muss zu der Beerdigung.«

Pierre schnaubte verächtlich. »Oh, bitte. Es sind meine Haare. Sie hat herausgefunden, dass mir die Haare ausfallen.« Er war so davon überzeugt, dass er beabsichtigte, die Beziehung zu beenden.

Kann ich sicher sein, dass mein Bild stimmig ist? Ich reagierte so extrem auf Pierres voreingenommene Interpretation seiner Interaktion mit Emily (ich glaube, ich habe eine volle Minute lang lauthals gelacht), dass er sich entschied, zuerst ein paar Nachforschungen anzustellen, bevor er ein Urteil fällte. Er entdeckte eine Website der Tageszeitung aus dem Ort, in dem Emilys Onkel angeblich gelebt hatte und gestorben war. Sie hatten wirklich kürzlich eine Traueranzeige bezüglich einer Person abgedruckt, die den gleichen Nachnamen trug wie Emily, und die Beerdigung war an genau jenem Tag, den Emily ihm auch genannt hatte. Pierres Beziehung war wieder auf dem richtigen Weg.

Unglücklicherweise lassen sich nicht viele unserer Beziehungsgeschichten so einfach des Irrtums überführen. Wir alle tragen »Überbleibsel« aus unserer Kindheit mit uns herum, Vermutungen, die wir bezüglich der Beweggründe und Handlungen von Menschen anstellen, die eigentlich (wenn auch nicht notwendigerweise) diejenigen betreffen, die uns aufgezogen haben, aber häufig nicht verallgemeinert werden können. Meine Mutter zum Beispiel pflegte die Hausarbeit zu erledigen, wenn sie sehr, sehr wütend war. Wenn ich sah, dass jemand eine Pfanne spülte oder eine Lampe abstaubte, wurde ich jahrelang jedes Mal blass aus Angst vor der Wut, die meiner Meinung nach ganz dicht unter dieser ruhigen Oberfläche lag. Diese Art der Mutmaßung kann so tief gehen, als so erwiesen angesehen werden, dass wir bis zu dem Moment, wenn wir die Geschichten aussprechen, nicht einmal wissen, dass wir sie uns selbst erzählen. Diese Geschichten explizit auszusprechen, ist der Beginn jeder gesunden Beziehung.

Ist mein Bild stimmig (hilft es mir, mich innerhalb der Beziehung wohl und zugleich frei zu fühlen)? Wenn Sie von einer anderen Person etwas denken, was nicht stimmt, wird Ihre Beziehung zu ihr mit Missverständnissen und Kummer befrachtet sein. Unwahre Geschichten zu glauben, bringt uns dazu, auf eine Art zu handeln, die für die Menschen um uns herum keinen Sinn ergibt, da ihre wahren Beweggründe und Gefühle nicht zu unseren Vorstellungen passen. Meine Klientin Hillary glaubte zum Beispiel, dass die ruhige, zurückhaltende Art ihres Mannes bedeutete, dass er ihr gegenüber keinerlei Leidenschaft mehr hegte. In Wahrheit unterdrückte er seine Gefühle unterwürfig, weil er ihre kurz angebundene, ungehaltene Art dahingehend interpretierte, dass sie kein Interesse an Geschlechtsverkehr mit ihm habe. Ihre Geschichten nährten sich gegenseitig und trieben die beiden immer weiter auseinander.

Wenn eine Beziehung nicht funktioniert, im Privatleben oder am Arbeitsplatz, liegt es gewöhnlich daran, dass eine oder beide Parteien an einer Vorstellung bezüglich des anderen festhalten, die nicht zutrifft. Das kann auf Fehleinschätzungen beruhen oder daran liegen, dass einer von beiden lügt oder etwas verschweigt. Beide Situationen erzeugen ein Gefühl von Unbehagen darüber, dass die Dinge keinen Sinn ergeben. Wenn Sie so ein Gefühl haben, sollten Sie in Betracht ziehen, dass Sie vielleicht Lügen Glauben schenken – die Sie sich entweder selbst erzählen oder die eine andere Person Ihnen erzählt.

Fällt mir ein anderes Bild ein, das vielleicht stimmiger ist? Wenn wir uns aus dem Gefängnis der Unwahrheit befreien und es uns erlauben, im Hinblick auf Beziehungen eine »Ich-weiß-es-nicht-Einstellung« zu haben, entdecken wir vielleicht, dass wir bereits viel mehr über die Wahrheit wissen als wir dachten. Shari, eine meiner Klientinnen, traf sich mit einem wunderbaren Mann, den sie sehr liebte, aber irgendetwas fühlte sich nicht richtig an. Eines Tages bat ich sie, sich einfach zu öffnen und zu sehen, ob ihre Gefühle der Wahrheit entsprächen. Sie überlegte einen Augenblick und sagte dann: »Kinder. Er hat Kinder, und er will sie nicht verlassen.« Ihr Freund hatte niemals davon gesprochen, dass er eine Frau oder Kinder habe, aber als Shari ihn damit konfrontierte, gab er zu, beides zu haben. Er behauptete, seine Frau nicht zu lieben, wollte sich aber nicht von ihr scheiden lassen wegen der Auswirkungen, die das vielleicht auf die Kinder hätte.

Übrigens glaube ich nicht, dass es sich bei Shari um einen Fall von übernatürlicher Wahrnehmung gehandelt hat. Wir nehmen ganz subtile Signale voneinander wahr, das geht so weit, dass wir häufig sehr viel über eine andere Person sagen können, wenn wir lediglich einer instinktiven Ahnung Glauben schenken – aber denken Sie daran, bevor Sie solche Dinge als absolute Wahrheit ansehen, sollten Sie diese überprüfen. Die Ich-weiß-es-nicht-Einstellung ist gut für eine Beziehung; die Ich-weiß-alles-Einstellung nicht.

Übung 3: Legen Sie fest, was Sie von dieser Beziehung wollen

Klienten erzählen mir sehr oft, dass sie sorgfältig darauf achten, in einer Beziehung nicht über ihre wahren Wünsche und Bedürfnisse zu reden. Sie sagen das, als wäre es eine Tugend. »Ich würde meiner Mutter niemals sagen, wie gern ich wegziehen möchte – es würde sie umbringen.« »Ich wünschte, meine Frau würde verstehen, wie schwer es für mich ist, so viel Geld zu verdienen, wie sie es von mir erwartet, aber natürlich würde ich niemals etwas dazu sagen – sie würde sich doch nur schuldig fühlen.« »Was ich wirklich möchte, ist mit ihm abzuhauen. Wenn er mich lieben würde, könnte er das sehen.«

Falls Sie einer von diesen lautlos wehmütig Wünschenden sind, möchte ich Ihnen dasselbe sagen wie ich es bei meinen eben zitieren Klienten tat. *Hallo! Haben Sie völlig den Verstand verloren?* Wie um alles in der Welt wollen Sie in einer Beziehung das bekommen, was Sie sich wünschen, wenn Sie es niemals erklären? Sie sind dafür verantwortlich, in jeder Beziehung Ihre Herzenswünsche genau zu bestimmen und auszusprechen, von Ihrer Ehe bis hin zum täglichen Plausch mit Ihrem Vorgesetzten. Wenigstens in Ihrem eigenen Kopf sollten Sie bis ins kleinste Detail ganz genau erklären, was Sie wollen. In der Lage zu sein, präzise sein zu können, ist der Schlüssel zum Ausmerzen der ungesunden Erwartung, dass der andere in Ihren Gedanken liest und herausfindet, wie man Ihre Wünsche erfüllen kann, bevor Sie es tun.

Wenn Sie Ärger spüren, was *genau* ist es, das der andere tun oder eben nicht mehr tun soll? Wenn Sie das Gefühl von Liebe spüren, möchten Sie es zum Ausdruck bringen? Möchten Sie, dass es erwidert wird oder entspricht eine Liebe aus der Distanz Ihren Bedürfnissen? Wenn Sie traurig sind, machen Sie sich klar, dass dies eine Reaktion auf einen Verlust ist, und dass es Ihre Aufgabe ist, zu trauern, bis der Verlust völlig verarbeitet ist. Entscheiden Sie, ob Sie ein Gespräch, schweigsame Gesellschaft oder irgendeine andere Form von

Trost brauchen. Wenn Sie ängstlich sind, haben Sie den Mut, diese Angst anzuerkennen und entscheiden Sie, was Sie ohnehin wirklich tun möchten.

Was wünschen Sie sich in Ihrer Beziehung mit SWW?
Machen Sie weiter und sagen Sie es genau so, wie es ist. Nehmen Sie zusätzliches Schreibpapier, falls nötig. Seien Sie dabei wirklich präzise.

____

____

____

____

____

____

Übung 4: Seien Sie ehrlich

Ich schlage Ihnen nicht vor, SWW sofort anzurufen und jeden Gedanken auszubreiten, den Sie soeben überprüft und aufgeschrieben haben. Es gibt tatsächlich so etwas wie zu viel Information, wenigstens in manchen Momenten. Vertrauen Sie darauf, dass Ihre Wünsche Ihnen den richtigen Rat geben, nicht nur bezüglich dessen, was Sie in einer Beziehung möchten, sondern auch wann und wie Sie diese Information preisgeben. Wenn es an der Zeit ist, bei einer Sache Offenheit zu zeigen, werden Sie es wissen, ganz einfach, weil Sie es sagen wollen. Sie werden wollen, dass der andere es weiß. Vielleicht erschrecken Sie sich über Ihre Verwundbarkeit, wenn Sie sich öffnen, aber der Wunsch wird Sie in jedem Fall dazu drängen, es zu tun. Folgen Sie seiner Führung.

Was würden Sie zu SWW sagen, wenn Sie keine Angst hätten?
Es spielt keine Rolle, wie sehr Sie sich ängstigen; schreiben Sie auf, was Ihr Herz SWW sagen möchte.

Was meine Klienten am meisten bedauern, ist, zu wenig gewagt zu haben. Sie bedauern, was sie nicht zu einem Nahestehenden oder einem Feind gesagt haben, was sie ihre Eltern nicht gefragt haben, bis es schließlich zu spät war, was sie nicht in aller Öffentlichkeit gesagt haben, als es wichtig gewesen wäre. Es tut furchtbar weh, wenn Sie das Risiko der Offenheit eingehen und die Reaktion grausam oder verlogen ist. Aber es schmerzt mehr, wenn Sie schweigen, während Ihr Herz Sie drängt, zu sprechen. Und es wird Augenblicke geben, da wagen Sie diesen erschreckenden Sprung, da öffnen Sie sich ohne jegliche Sicherheit, positiv angenommen zu werden – und es funktioniert. Das ist wahrlich der beste Adrenalinstoß, den Sie je bekommen können.

Ich habe einmal eine Zeit durchgestanden – meine turbulente zweite Schwangerschaft –, als das, was in mein Leben trat und wie ein Unglück wirkte, einige außergewöhnlichen Vorzüge mit sich brachte. Ich erlebte Dinge, die ich einfach nur als übernatürlich bezeichnen kann, und sie erschütterten mein Weltbild bis in die Grundfeste. Danach behielt ich diese Erfahrungen für mich, weil ich überzeugt war, man würde mich einweisen und medikamentös behandeln, falls ich jemals jemandem davon erzählte. Aber ich wollte – wollte ganz verzweifelt – mit jemandem über das reden, was mir widerfahren war, und was ich dabei empfunden hatte. Zuerst erzählte ich nur wenigen Leuten davon, zitternd und voller Angst, die teilweise auch begründet war. Einige meiner Freunde reagierten ganz wunderbar; andere dachten ganz eindeutig, ich wäre durchgedreht. Zu meiner Überraschung stellte ich fest, dass die Demütigung, die ich mir bei den negativen Begegnungen zuzog, mehr als aufgewogen wurde durch das Gefühl von Verbundenheit, das ich aus den positiven Begegnungen zog. Trotzdem fühlte ich mich inmitten der gesamten Menschheit wie ein Sonderling. Mein wahres Ich wollte ein umfassenderes Gefühl von Verbundenheit. Schließlich brachte ich meine Erfahrungen in Form eines »Romans« zu Papier, in dem Glauben, dies sei eine »sichere« Methode, mich zu öffnen, ohne mich, Sie wissen schon, wirklich zu öffnen. Meine Lektorin wollte davon nichts wissen – sie bestand darauf, dass ich die Geschichte als Sachbuch verfasste. Und wieder einmal untermauerten meine Wünsche ihre Meinung.

Ich begann, meine Erlebnisse in einer Computerdatei aufzuschreiben, die ich mit »Hilfe!« betitelte. Ich schlotterte förmlich vor Angst. Ich begann das Buch mit einer wahren Geschichte über eine Fremde, die mir erzählte, sie hätte eine Nachricht für mich von meinem (drei Jahre alten, noch nicht der Sprache mächtigen) Sohn. Die Botschaft lautete: »Wenn du dich öffnest, wirst du niemals so sehr verletzt werden, wie es geschehen ist, weil du dich verschlossen hast.« Zu dem Zeitpunkt, als das passierte, hörte sich diese Botschaft für mich wie Geschwafel an. Aber Jahre später verlieh es mir das notwendige Quäntchen Zutrauen, das ich brauchte, um die Wahrheit aufzuschreiben.

Seit dieses Buch veröffentlicht wurde, erhielt ich mehrere hundert Briefe und E-Mails von Lesern aus aller Welt. Eine Hand voll davon wartete mit genau der Reaktion auf, die ich von jedermann befürchtet hatte: dass ich völlig den Verstand verloren hätte und umgehend einen Psychiater aufsuchen sollte, bevor ich zu einer Gefahr für andere würde. Aber die gewaltige Mehrheit der Nachrichten kam von Menschen, die freundlicher, nachsichtiger, verständnisvoller und bejahender waren, als ich es für möglich gehalten hatte. Obwohl ich nicht die Zeit habe, alle Nachrichten zu beantworten (falls Sie eine geschickt haben, ich las sie; vielen Dank), fühle ich mich, als wäre jeder Briefschreiber eine verwandte Seele, ein wahrer Freund, von dessen Existenz ich niemals erfahren hätte, wenn ich nicht das kleine Risiko eingegangen wäre, das mir damals so riesengroß erschien.

Das ist nur ein Beispiel für das, was passieren kann, wenn wir uns zu der Ruhe unseres wahren Ichs begeben, lernen, was für uns am wahrsten ist, uns spüren lassen, was wir damit zu tun gedenken, und es riskieren, in Beziehungen offen zu sein. Diese vier Schritte formen Beziehungen zwischen uns und dem Rest der Menschheit, die kostbaren Verbindungen, die uns mit Gesundheit, Glück und untereinander vernetzen. Sie verfügen über die Fähigkeiten – trauen Sie sich und benutzen Sie sie.

Tägliches Pflichtprogramm
Schritt 9: Beziehungen

Mindestens einmal täglich:

Meistern Sie die ersten vier Übungen des *Enjoy your life-Programms*: nichts zu tun, sich selbst gegenüber ehrlich zu sein, Ihre Herzenswünsche zu benennen und Risiken einzugehen. Üben Sie diese, bis sie Ihnen vertraut, wenn nicht sogar selbstverständlich sind. Machen Sie sich keine Sorgen, wenn es ein bisschen dauert; Sie haben genug Zeit.

1. Lernen Sie, nichts zu tun, während eine andere Person anwesend ist.

2. Seien Sie ehrlich zu sich selbst, auch wenn Sie mit anderen zusammen sind.
Während Sie über jemanden nachdenken, der eine Menge Ihrer geistigen Energie in Anspruch nimmt, stellen Sie sich die Fra-

gen, die Sie auf der Suche nach Ihrer inneren Wahrheit gelernt haben. Diese Fragen, angepasst auf Beziehungsthematiken, lauten wie folgt:

Welche Gefühle hege ich gegenüber dieser Person?

Gibt es etwas an dieser Beziehung, das mich verletzt?

Wie ist das Bild, das ich mir von dieser Person mache?

Kann ich sicher sein, dass mein Bild stimmig ist?

Ist mein Bild stimmig (hilft es mir, mich innerhalb der Beziehung wohl und zugleich frei zu fühlen)?

Fällt mir ein anderes Bild ein, das vielleicht stimmiger ist?

3. Bestimmen Sie, was Sie von dieser Beziehung wollen.

Seien Sie im Hinblick auf Ihre Wünsche sehr ehrlich und präzise. Es unterliegt Ihrer Verantwortung, sie darzulegen.

4. Riskieren Sie Offenheit.

Wenn Sie den drängenden Wunsch verspüren, über etwas in Ihrem Herzen zu sprechen, dann trauen Sie sich, laut zu reden, selbst wenn ein Teil von Ihnen erschrocken ist.

Schritt 10

Feste feiern

Zelebrieren Sie täglich mindestens drei Feste. Essen kann Teil dessen sein, muss aber nicht.

Ich lebte einmal in Singapur. Ich war gerade in den USA gewesen, um an der Hochzeit meiner Schwester teilzunehmen, und jetzt, eine Woche später, war ich zurück in Asien. Mein Tagesrhythmus war völlig durcheinander wegen des doppelten Angriffs zweier massiver Zeitzonenverschiebungen innerhalb von zehn Tagen, deshalb freute es mich, im Bordmagazin von Singapore Airlines einen Artikel über Jetlag zu entdecken. Dort hieß es, der Schlüssel zu diesem Prozess läge in der zeitlichen Einteilung der Nahrungsaufnahme. Reisende sollten zu bestimmten Zeiten essen, abhängig davon, wie viele Zeitzonen sie überfliegen, und den Rest des Tages absolut nichts zu sich nehmen. Der Artikel listete »Schlemmen/Fasten«-Zeitpläne für verschiedene Reiserouten auf. Eifrig suchte ich nach denjenigen, der meiner Route am nahesten kam. Die Grafik sagte so etwas wie »schlemmen, fasten, schlemmen, fasten, fasten, schlemmen«, so, als würde der Autor eine geheime Botschaft in einer Art Diät-Morsecode senden. Aber in meiner übernächtigten Verwirrtheit las ich die Wörter falsch. Ich dachte, das Rezept lautete: »schlemmen, schlemmen, schlemmen, schlemmen, schlemmen, schlemmen«.

Ich erinnere mich an das verräterische Signal, ein spontanes Lächeln, das sich in meinem Körper ausbreitete. Ich hatte die Erlaubnis, ständig zu essen! Als Amerikanerin wuchs ich in dem Glauben auf, eine gelegentliche halbe Tasse zerkleinerter Sellerie wäre eine ordentliche und angemessene Diät. Ich konnte mich nicht daran erinnern, seit meiner frühen Kindheit jemals richtig geschlemmt zu haben. Das Wort *Fest* löste Erinnerungen an meine ersten Thanksgiving-Feiern aus, als ich zu jung war, um diätbewusst zu sein: das wunderbare Durcheinander an Geräuschen, Farben und Düften, die herumwirbelten, wenn meine große Familie sich in der Küche versammelte, um zu kochen (meine sieben Geschwister und ich hatten die Aufgabe, jeweils ein bestimmtes Gericht zuzubereiten), um uns danach an zwei schwer beladende Tische zu setzen und alles in uns aufzunehmen, was wir zubereitet hatten. Mein Vater, ein drahtiger kleiner Mann, erinnerte uns daran, wie man merkt, dass man genug gegessen hat: Das erste Anzeichen ist ein blendender Blitz; dann, nach ein paar weiteren Bissen, würde alles schwarz werden. Die Feste meiner Kindheit waren laut und lustig und turbulent und wunderbar. Und ich hatte sie verloren geglaubt.

Es dauerte nur wenige Sekunden, damals in diesem Flugzeug von Singapore Airlines, bis ich erkannte, dass ich den Jetlag-Artikel falsch verstanden hatte. Nein, ich hatte nicht die Erlaubnis, in endlosen Festgelagen zu schwelgen. Ich hatte lediglich eine neue Form diätetischer Disziplin gefunden, die ich meinem glücklosen Körper aufbürden konnte. Ich erinnere mich daran, dass ich enttäuscht und resigniert seufzte, aber dennoch hatte sich in mir etwas verändert. Zum ersten Mal seit Jahren hatte ich mir gestattet, mir ein Leben voller Feste auszumalen, und dieser flüchtige Eindruck war für mein wahres Ich so verführerisch, dass er niemals gänzlich verschwand. Es dauerte ungefähr weitere zehn Jahre, bis ich erkannte, dass ich nicht nur »schlemmen, schlemmen, schlemmen, schlemmen, schlemmen, schlemmen« könnte, sondern es sogar sollte. Nun versuche ich jederzeit so zu leben. Ich meine damit nicht, dass ich nie aufhöre zu essen. Ich meine damit, dass ich mich ständig daran erinnere, zum Geist des Feierns zurückzukehren und die Rituale der Festlichkeiten einzuhalten. Auf diese Weise werden Dinge, die mir sonst als »alltägliche« Ereignisse durchgegangen wären, zu Festen für den Appetit, die Sinne, den Verstand, das Herz.

Laut Empfehlung des *Enjoy your life-Programms* sollten auch Sie eine ganze Menge Feste feiern. Drei Feste pro Tag sind Minimum, und wenn Sie es nur halbwegs versuchen, so können Sie mehr schaffen. Das verlangt von Ihnen eine Haltung, die das Gegenstück zu Ihrer »Belohnungen«-Sichtweise darstellt: Wenn Sie sich eine Belohnung zuteilen, so ist das Ziel, sich der wohlmeinenden, nützlichen tierischen Seite Ihres Wesens zuzuwenden und sich selbst kleine Belohnungen zuzuwerfen, um Ihr tierisches Ich dazu zu bringen, Dinge zu tun, die es sonst nie versuchen würde. Wenn Sie sich daranmachen, ein Fest zu feiern, konzentrieren Sie sich auf Ihre einzigartige menschliche Fähigkeit, von Situationen begeistert und ergriffen zu sein, die ein Tier vielleicht nicht einmal bemerkt. Sie können diesen Teil von sich nennen, wie immer Sie wollen: Ihr höheres Bewusstsein, Ihre Seele, Ihre Fähigkeit, symbolisch zu denken, Ihren Geist. Während eine Belohnung eine kleine, spezielle, handfeste Anerkennung darstellt, ist ein Fest dazu gedacht, Ihre Aufmerksamkeit auf erhabene Dinge zu lenken, die auf den ersten Blick ganz alltäglich scheinen können.

Eine Belohnung kann zu einem Fest werden, aber das muss es nicht. Umgekehrt kann ein Fest ungewöhnliche Belohnungen beinhalten, aber das ist nicht erforderlich. Sie können sich zum Beispiel belohnen, indem Sie mittags Ihr Lieblingssandwich essen, Punkt. Falls es Ihnen in den Sinn kommt, können Sie dieses Ereignis zu einem großen Fest machen, indem Sie die Übungen von Schritt 10 durchgehen, wodurch Ihre bewusste Aufmerksamkeit auf den Effekt gelenkt wird, den Ihr Sandwich auf Ihre Seele hat (zum Beispiel das Erzeugen von Wohlbefinden, Genuss und ein Gefühl von Überfluss). Später an diesem Tag erleben Sie vielleicht, wie Sie den Drang verspüren, etwas ganz Gewöhnliches, zum Beispiel dem Job nachzugehen, den Sie schon seit Jahren lieben, ebenfalls in ein Fest zu verwandeln. Sie können das tun, ohne physisch von Ihrer normalen Routine abzuweichen. Die Übungen, um ein Fest zu kreieren, lenken Ihre Aufmerksamkeit auf den Mittelpunkt, nicht auf das Erhalten von Belohnungen.

Dieses Kapitel beschreibt, wie Sie ein *Enjoy your life*-Fest organisieren und durchführen sowie die Vorschläge für einige Musterfeste, die Sie vielleicht für sich selbst geben wollen. Ich bin sicher, ist dieses Projekt erst einmal angelaufen, werden Sie die Ideen weiter ausarbeiten und auf ganz neue Arten von Festen kommen, die ganz speziell auf Sie zugeschnitten sind.

Wie Sie ein Fest veranstalten

Die geläufigste Bedeutung des Wortes *Fest* ist sicher die eines ausgiebigen Essens. Frühstück, Mittagessen, Nachmittagskaffee oder Abendessen können an jedem x-beliebigen Tag zweifellos als Schritt 10 dienen. Allerdings beinhalten die meisten Feste (nach der *Enjoy your life*-Definition) gar kein Essen, und ein großer Berg Nahrung ist nicht immer ein Garant für Lebensfreude – ein zwanghaftes Fressgelage ist zum Beispiel das Gegenteil eines Festes. Es macht einsam, schmeckt fade und macht krank; es raubt den Sinnen und der Seele die Lust. Andererseits kann das Hören einer Sinfonie oder das Betrachten des linken Ellenbogens Ihres Liebsten definitiv als Fest zählen, vorausgesetzt, Sie schenken der Sache die entsprechende Aufmerksamkeit. Es ist nicht das Vorhandensein von Speisen oder Getränken, was ein *Enjoy your life*-Fest ausmacht, sondern die Abfolge dreier Bestandteile: die Feier, die Nahrung und der Dank. Lassen Sie uns jeden dieser Bestandteile genauer ansehen und dann darüber sprechen, wie Sie diese kombinieren können, um Schritt 10 zu realisieren.

Übung 1: Schaffen Sie eine festliche Atmosphäre

Feier bedeutet nicht einfach Fröhlichkeit oder Begeisterung, es ist Fröhlichkeit und Begeisterung umgesetzt in Verhalten – insbesondere in Form von Ritualen. Ein Ritual ist eine Abfolge von Verhaltensweisen, die zeigen, dass Ihre Seele (Ihr wahres Ich oder symbolisches Bewusstsein) eine tiefe Bedeutung in dem sieht, was sie tut. Sie können die Rituale Ihrer Kultur oder Tradition übernehmen oder Sie können selbst welche entwerfen. In beiden Fällen dirigieren Sie Ihre Aufmerksamkeit zu der symbolischen Bedeutung Ihrer Handlungen. »Es muss feste Bräuche geben«, sagte der Fuchs in Antoine de Saint-Exupérys Roman *Der kleine Prinz*. »Es ist das, was einen Tag vom andern unterscheidet, eine Stunde von den andern Stunden.« Ein Ritual, wie simpel es auch sein mag, zieht eine Grenzlinie um eine Aktivität wie ein Rahmen um ein Bild. Es hebt diese Aktivität auf eine Weise vom alltäglichen Leben ab, die Schönheit und Genuss betont, und gewährleistet, dass diejenigen, die daran teilnehmen, seine Bedeutung noch bewusster wahrnehmen.

Eines der ersten Male, als ich ein alkoholisches Getränk zu mir nahm, war in der Schweiz, wo ich mit ein paar Freunden zum Abendessen aus war. Aufgewachsen im Land der Abstinenzler hatte ich keinerlei Ahnung von den individuellen oder sozialen Abstufungen beim Weingenuss. Der Eigentümer des kleinen alten Restaurants, in dem wir Kaninchenragout aßen, schenkte jedem von uns ein Glas des besten Weines aus der Region ein. Wie stießen alle an und ich war im Begriff, meinen Wein wie Fruchtsaft hinunterzustürzen, als mich einer meiner Freunde, ein eleganter Schweizer Herr mit einem riesigen Schnurrbart aufhielt.

»So trinkt man keinen Wein«, sagte er. »Sie müssen Ihr Glas anheben, während Sie jede Person in der Gruppe ansehen. Ich meine, sie wirklich *ansehen*, in ihre Augen blicken. Spüren Sie, was sie Ihnen bedeuten. Dann, nachdem Sie alle angesehen haben, nehmen Sie einen winzigen Schluck.« Es wurde ganz still im Restaurant, als wir alle den Anweisungen meines Freundes folgten. Plötzlich bekam dieses Abendessen eine Atmosphäre von Feierlichkeit. Mir wurde zum ersten Mal an diesem Abend bewusst, wie wunderbar meine Freunde für mich waren, wie kostbar dieser gemeinsam verbrachte Augenblick war, den es nie zuvor gegeben hatte und niemals wieder geben würde. Als der Abend weiter fortschritt, wechselten wir mehrmals von ruhigen, intellektuellen Gesprächen zu ausgelassener Fröhlichkeit und wieder zurück. Aber die Feierlichkeit verschwand niemals. Ich habe dieses Ritual seitdem mit allen möglichen Arten von Getränken eingehalten, selbst wenn niemand weiß, dass ich das tue. Als Konsequenz bin ich regelmäßig ganz benommen von der Glückseligkeit bei Festen, ob es sich bei dem Essen um ein romantisches Dinner bei Kerzenlicht handelt oder um Cola und eine Tüte Kartoffelchips, die ich mit meinem Hund teile.

Einige Sozialwissenschaftler vertreten die These, dass wir modernen, kultivierten Menschen einen Großteil unserer psychischen Resonanz und Widerstandsfähigkeit verloren haben, weil wir so wenige Rituale befolgen. Unsere Kultur hält lediglich an einigen blassen Überbleibseln festlicher Rituale fest, die von alten Völkern praktiziert wurden. Wir gehen zu Geburtstagsfeiern und zu besonderen Gelegenheiten wie Weihnachten, Ostern oder den hohen Festtagen in die Kirche oder den Tempel. Aber wir sind kein besonders rituelles Volk, und ich glaube, das hinterlässt ein Vakuum, welches unsere Natur verabscheut. Als ich mit Suchtkranken sprach, war ich angesichts der sorgfältigen Rituale betroffen, mit denen sie ihr Suchtverhalten umgeben, die systematischen Zeremonien, die sie abhielten, wenn sie die Einnahme ihrer Droge vorbereiteten oder sich auf den Weg ins Spielcasino machten. Ich erkannte, dass das Ritual sie im gleichen Maße beruhigte wie die Droge selbst und ihnen half, ihre Qual zu ersticken, die jeden von ihnen peinigte. Ich begann zu vermuten, dass sie die Rituale fast genauso nötig hatten wie ihre Drogen selbst.

Ich habe beobachtet, dass meine drei Kinder, die mit sehr wenigen Ritualen aufwuchsen, ihre eigenen Formen entwickelten, das Feiern zu formalisieren, so als wäre das Bedürfnis dazu in ihren Gehirnen vorprogrammiert. In einem Jahr, als sie gerade den Unterschied zwischen Weihnachten, Hanukkah und Kwanza lernten, fragten die Kinder mich nach ihrem eigenen ethnischen Erbe. Ich erklärte ihnen, dass ihre Vorfahren Kelten und Skandinavier waren und dass wir vermutlich die Wintersonnenwende begehen sollten, indem wir – ich hatte keine Ahnung – Wikingerhelme trugen, unsere Gesichter blau anmalten und Wildbret aßen. Ich machte Witze, aber meine Kinder waren so hingerissen von der Idee, dass wir tatsächlich anfingen, genau dies zu tun (allerdings ersetzen wir das Wild durch Steaks). Heute ist das eines unserer am meisten geschätzten jährlichen Rituale, eines, das uns noch stärker aneinander bindet, weil wir den Glauben anderer Leute bestärken, wir seien verrückt.

Nicht alle Rituale sind so aufwändig oder selten. Meine Familie hält auch kleinere Riten ein, um kleinere Feiern, wie das Ansehen der Lieblingsfernsehshow, abzugrenzen. Kurz bevor eine dieser Sendungen ausgestrahlt wird, versammeln wir uns alle, nehmen die Kissen vom Sofa und platzieren uns in einer bestimmten Anordnung auf Fußboden und Sitzgelegenheiten. Wir haben nie über dieses kleine Ritual gesprochen, aber wir alle kennen es und wir ändern es nie, es sei denn, es ist zwingend notwenig. Diese Rituale des Zelebrierens sind für uns tatsächlich wichtiger und verbindender als jede Fernsehshow es je sein könnte.

Wahrscheinlich gehört es bereits zu Ihren Gewohnheiten, Dutzende von Ritualen zu befolgen. Zum Beispiel folgen Sie jeden Abend dem gleichen Handlungsmuster, bevor Sie ins Bett gehen, oder wenn Sie einen bestimmten Freund auf einen Kaffee treffen oder wenn Sie trainieren. Tragen Sie in die folgende Liste alles ein, das einem festgelegtem Handlungsmuster unterliegt. Lesen Sie Zeitung, während Sie im Zug zur Arbeit fahren? Kauen Sie Kaugummi, während Sie Ihr Scheckbuch ausfüllen? Geben Sie alles an, wie banal es auch sein mag.

Feierliche Rituale, die ich bereits befolge

1. ______________________________
2. ______________________________
3. ______________________________
4. ______________________________
5. ______________________________

Es ist egal, woraus Ihre Rituale bestehen. Es geht einfach darum, zu erkennen, dass sie einen stabilen »Verhaltens-Rahmen« erzeugen, der eine bestimmte Handlung oder Situation von Ihrem übrigen Leben trennt. Halten Sie inne und schenken Sie diesen Ritualen Aufmerksamkeit. Vielleicht haben Sie diese nie zuvor als Gelegenheiten zum Feiern angesehen. Ich möchte, dass Sie diese von jetzt an als heilige Rituale respektieren, als Durchgang von der Alltags- in die Festtagswelt.

Falls Sie glauben, überhaupt keine Rituale zu haben, liegen Sie wahrscheinlich falsch. Lesen Sie den folgenden Abschnitt über die Bestandteile eines Festes und Sie werden ganz bestimmt Ihr eigenes Repertoire an Ritualen entdecken. Falls nicht, werden Sie anfangen, diese zu erschaffen, wenn Sie sich mit dem Kernstück jedes Festes identifizieren: das Geschenk der Nahrung.

Übung 2: Lassen Sie sich verwöhnen

Meine suchtkranken Freunde profitieren, abgesehen von ihrer gewissenhaften Hingebung gegenüber den Ritualen ihrer Sucht, nicht von dem, was auch immer sie als stimmungsänderndes Hilfsmittel einsetzen. Das liegt daran, dass sie Verhaltensweisen und Wirkstoffe einsetzen, die ihnen zu einem Rückzug aus der Realität verhelfen, sodass sie in eine Art Betäubung flüchten, in der sie zwar ihr Leid nicht mehr spüren, aber auch nicht mehr empfänglich sind für Freude, Liebe oder wirkliche Nahrung. Ein wirkliches Fest ist jeder Vorgang, der Ihnen wirkliche Nahrung bietet: Liebe, Wissen, jeder Ausdruck Ihrer Gedanken oder Begabungen, der Vorgang, Ihren Geist heimzubringen zum physischen Anker Ihres Körpers. Ich werde verschiedene Kategorien erläutern, die alle als Ihre *Enjoy your life*-Feste fungieren können, aber lassen Sie uns mit dem Naheliegendsten beginnen: mit dem Essen.

Sich an Essen gütlich tun Nachdem Sie nun fast das gesamte Buch *Enjoy your life* gelesen haben und wir uns immer auf geistige Nahrung konzentriert haben, landen Sie letztendlich in einem Kapitel über tatsächliche Nahrung. Nur, weil das Programm eher für den Geist als für den Körper ist, heißt das nicht, dass es keine strengen Regeln bezüglich des Essens beinhaltet. Es gibt zwei.

1. Sie dürfen nur das essen, was Sie wirklich genießen.
2. Alles, was Sie essen, müssen Sie wirklich genießen.

Das bedeutet, wenn Sie wirklich Lust haben auf einen Eisbecher mit Fondantkaramell- und Schokoladensauce und Sie versuchen es stattdessen mit ein bisschen rohem Brokkoli, so torpedieren Sie Ihre Lebensfreude. Wenn Sie andererseits glücklich Ihr riesiges Eis verdrücken und anfangen, sich unangenehm voll zu fühlen (siehe blendender Blitz weiter oben), verlangt das *Enjoy your life-Programm*, dass Sie aufhören zu essen, auch wenn der Becher noch halb voll ist.

Ich habe mich für diese beiden Regeln entschieden, um mein eigenes Essverhalten zu normalisieren, was, glauben Sie mir, bestimmt nicht leicht war. Da ich in meiner Jugend einige Erfahrungen mit einer Essstörung gesammelt habe, verfügte ich über gleichermaßen viel

Erfahrung was das Fasten wie auch unkontrollierte Fressorgien angeht. Als ich zum ersten Mal darüber nachdachte, klang der Gedanke, mich auf meinen Appetit einzustellen und ihm zu gehorchen, ungefähr so, als würde man den Fuchs den Hühnerstall bewachen lassen. Ich war sicher, dass ich mich so voll stopfen würde, dass ich am Ende die Dimensionen der öffentlichen Bibliothek hätte. Aber nach Jahren besorgten Experimentierens erkannte ich, dass mein Körper einfach nur sein normales Gewicht und seine normalen Essgewohnheiten etablieren wollte.

Es stimmt, dass ich eine Phase durchmachte, in der ich genug Schokolade aß, um die Aktienkurse für Kakao auf dem Weltmarkt in die Höhe schnellen zu lassen. Aber das war nicht wirklich der Wunsch meines Körpers, sondern vielmehr eine psychische Reaktion darauf, dass ich mir so lange Zeit viele leckere Dinge versagt hatte. Ich löste dieses Problem – und ich bitte Sie ganz ernsthaft, es auch zu versuchen –, indem ich mich mit mehr qualitativ hochwertiger Schokolade umgab, als ich in 20 Jahren essen könnte.

Ich entschied mich zu dieser Methode nach einem Gespräch mit einem Verkäufer in einem exklusiven Schokoladengeschäft. Ich fragte ihn, wie er und die anderen Angestellten sich davon abhielten, sich einmal um die Erde zu fressen. »Wir hatten tatsächlich ein ernsthaftes Problem damit«, sagte er, »als es den Angestellten nicht gestattet war, irgendetwas von den Produkten zu essen. Aber dann setzten die Eigentümer eine Regel in Kraft, nach der wir uns alles nehmen können, was wir wollen. Wenn ich heute jemanden einstelle, weiß ich, dass er die ersten drei Tage im Lagerraum zubringt und sich voll stopft. Dann erschöpft sich diese Eigendynamik und pendelt sich bei drei Portionen Schokolade pro Tag ein. Es ist absolut vorhersehbar. Du hörst nicht auf, Schokolade zu lieben, wenn du so viel haben kannst, wie du willst, du hörst einfach auf, so viel davon essen zu wollen.«

Ich glaube, der Grund dafür liegt darin, dass unsere Psyche – und unsere Körperchemie – uns vorschreibt, alle guten Dinge zu horten, die knapp zu sein scheinen. Hungern Sie, und Ihr Körper drängt Sie zu einer Fressorgie. Dann wird er jede einzelne Kalorie als Fett speichern und sich damit für die nächste Hungersnot wappnen. Wenn Sie Ihrem Körper andererseits erlauben, zu essen, wonach es ihn verlangt, werden Sie vielleicht überrascht sein, wie ernährungsbewusst er sein möchte. Kinderärzte sagen uns, dass kleine Kinder, denen man es selbst überlässt – selbst jene, die unter keinerlei Anleitung der Weight Watcher stehen –, zu einer ausgewogenen, gesunden Ernährung finden. Erwachsene tun das auch – solange sie nicht aus anderen Gründen als körperlichem Hunger essen.

Das »solange« ist allerdings wichtig! Bitte denken Sie daran: *Wenn Sie die anderen Punkte des* Enjoy your life-Programms *nicht befolgen, wird unbegrenztes Essen nicht zu einer gesunden Ernährung führen.* Wenn Sie nicht ruhig sitzen können oder wollen, schwierigen Wahrheiten nicht ins Auge sehen können, Ihre Wünsche nicht bestimmen oder keine Risiken eingehen wollen, nicht spielen, lachen, weinen oder keine Beziehungen eingehen, dann wird Ihnen die selbst erteilte Erlaubnis, zu essen, was immer Sie wollen, Sie wahrscheinlich dazu bringen, zu essen, als wären Sie ein Müllschlucker. Wenn Sie andererseits nicht bereit sind, sich auf das *Enjoy your life-Programm* einzulassen, werden Sie sehr wahrscheinlich mit jeder anderen Kur genauso scheitern – der Proteindiät, der Grapefruitdiät, die FdH-Diät oder welcher auch immer. Essen ist eine so einfache und bewährte Tröstung, dass leicht die Gewohnheit entstehen kann, Nahrung als Ablenkung von Leid zu benutzen.

Die ersten neun Schritte des *Enjoy your life-Programms* zu befolgen, macht es deshalb für Sie so viel leichter, zu spüren, was Ihr Körper wirklich essen möchte und was nicht. Sie sollten ihm exakt das zugestehen, wonach er verlangt, ohne Vorwürfe, Verurteilung oder Knauserigkeit. Lassen Sie sich mindestens einmal täglich ein gutes Essen etwas mehr kosten, als dass Sie sich mit einem billigeren, aber unbefriedigenden Ersatz begnügen. Greifen Sie zu der Vollfett-Version statt zu einem der staubtrockenen, langweiligen, freudlosen, fettreduzierten, essensähnlichen Produkte daneben. Fragen Sie immer wieder Ihren Körper – er wird Ihnen genau sagen, was er wirklich bevorzugt.

Machen Sie jetzt sofort eine Liste mit zwei oder drei Dingen, die Sie gern essen würden. Seien Sie nicht schüchtern. Wenn es nur ums satt werden geht und nichts wirklich appetitlich klingt, dann warten Sie ein paar Stunden und versuchen es erneut. Denken Sie daran, Ihren Körper, und nicht Ihren Verstand, zu fragen, was er will.

Ideen für ein Festmahl: Was ich gern essen würde

1. ______________________________
2. ______________________________
3. ______________________________

Haben Sie erst einmal die Speise des Augenblicks bestimmt und angerichtet, ist es sehr wichtig, bewusst zu essen. Das heißt, richten Sie Ihre Aufmerksamkeit auf den Geschmack, die Beschaffenheit und die köstliche Freude, genau das zu essen, was Sie wollen, in genau dem Moment, in dem Sie es wollen. Wenn Sie möchten, können Sie eine Übung ausprobieren, die am Schmerztherapiezentrum der Harvard Medical School eingesetzt wird. Nehmen Sie eine einzelne Rosine in den Mund und behalten Sie diese für volle fünf Minuten darin. Konzentrieren Sie sich auf Beschaffenheit und Geschmack. Achten Sie darauf, wie die Rosine sich verändert, wenn Sie diese mit der Zunge hin und her schieben, beißen Sie darauf und saugen Sie daran. Viele Menschen sind am Ende dieser Übung überrascht, wie gesättigt sie sich fühlen, als hätten sie eine komplette Mahlzeit zu sich genommen. Wenn Sie den Spaß am Essen wirklich erleben, kann eine Rosine zu einem Festmahl werden. Eine ganze Mahlzeit, die bewusst gegessen wird, fühlt sich an wie »schlemmen, schlemmen, schlemmen, schlemmen, schlemmen, schlemmen, schlemmen, schlemmen«.

Sich an Schönheit weiden Eine meiner liebsten nichtessbaren Freuden ist das, was ich als Schönheitsfest bezeichne. Wir benutzen das Wort »schön«, um Dinge zu beschreiben, die unserem Seh- oder Gehörsinn gefallen (ich habe keine Ahnung, warum wir nicht einfach sagen: »Das schmeckt schön« oder »Das riecht schön«, aber wir tun es nicht). Obwohl Essen oft für Auge und Ohr verführerisch ist (knusper, knusper), richtet es sich vornehmlich an unseren Geschmacks- und Geruchssinn. Da wir in erster Linie visuelle und auditive Lebewesen sind, kann es eine herrliche Erfahrung sein, uns an diesen Arten von Schönheit zu laben, selbst wenn keine Nahrung im Spiel ist. Ich hatte zum Beispiel ein großes Schönheitsfest nach meiner ersten Buchvorstellungstour. Eine ziemlich zermürbende Angelegenheit, bei der ich so viel über das Buch erzählen musste, das ich geschrieben hatte, bis ich es so sehr hasste, darüber zu sprechen, wie ich es hasse, mich zu übergeben. Ich bin offensichtlich ein Mensch der vielen Worte, aber diese Buchtour erschöpfte meinen Vorrat. Als sie vorbei war, erzeugte der Gedanke, auch nur ein weiteres Wort sagen zu müssen, in mir den Wunsch, mich in einen aktiven Vulkan zu verwandeln. Ich kehrte mit nur einem einzigen Gedanken in mein Haus zurück: *orange*. Ich meine nicht die »Orange« als Frucht oder einfach das Wort *orange*. Ich war schlichtweg besessen von der Farbe. Ich sehnte mich nach Orange, war ständig auf der Suche nach orangefarbenen Gegenständen. Ich war hingerissen von den mexikanischen Mohnblumen draußen vor meinem Fenster, aber ich konnte mich auch in der verzückten Betrachtung eines Verkehrshütchens oder einer Schale Käse-Cracker verlieren. Schließlich kaufte ich eine große Leinwand und bemalte sie mit Orange in jeder Schattierung und Nuance. Die nächsten Tage waren praktisch wortlos. Ich verbrachte sie in meiner visuellen rechten Gehirnhälfte, während meine verbale linke Seite ihre kleinen Batterien auflud. Es war eine köstliche Zeit, ein einziges Fest für meine Augen, eine lange Erholung für das kleine bisschen, was von meinem Verstand noch übrig war.

Ähnlich genährt fühle ich mich durch einige Musikstücke – oder ganze Musikrichtungen. Mich am Klavierspiel zu versuchen ist eines meiner Lieblingsfeste, obwohl ich das bin, was man taktvoll als unbegabt bezeichnet. Sie sind vielleicht eher geneigt, Ihre Ohren als Ihre Augen festlich zu bewirten oder umgekehrt, oder Sie finden Bilder und Töne gleichermaßen schön. Was finden Sie besonders schön? Zählen Sie nachfolgend einige Dinge auf. Ich habe ein paar Beispiele genannt, um Ihnen den Einstieg zu erleichtern.

Sie können Ihre Augen weiden an …

1. dem Perlglanzlack Ihres neuen Autos.
2. herunterfallenden Schneeflocken im Lichtschein einer Laterne.
3. dem, was Sie an sich selbst am schönsten finden.
4. einem Film mit wunderschönen Aufnahmen.
5. ______________________________
6. ______________________________
7. ______________________________
8. ______________________________
9. ______________________________
10. ______________________________

Sie können mit Ihren Ohren schwelgen in …

1. dem Schnurren einer Katze.
2. einer selbst zusammengestellten Mischung Ihrer Lieblingsmusik.
3. laut vorgelesenen Gedichten.
4. einem Windspiel während eines Sturms.
5. ______________________________
6. ______________________________
7. ______________________________
8. ______________________________
9. ______________________________
10. ______________________________

Ich bin oft darüber erstaunt, dass meine Klienten, selbst jene, die auf Anhieb einige Dinge nennen können, die sie schön finden, häufig viele Jahre verbringen, ohne wirklich in diesen Dingen zu schwelgen. Sie besitzen Dutzende von CDs und eine erstklassige Stereoanlage, aber sie hören sich praktisch nie ihre Lieblingsmusik an. Ihnen ist klar, dass sie den senffarbenen Anstrich ihres Badezimmers hassen, aber sie haben sich nie darangemacht, es in ihrem Lieblingsfarbton Immergrünblütenblau zu streichen. Ich zwinge meine Klienten – nicht mit Waffengewalt, aber doch beinahe –, die Dinge aufzuspüren, die sie am schönsten finden und diesen ihre Aufmerksamkeit zu schenken. Wenn sie diese Dinge zum Bestandteil von Festen machen, und mindestens drei pro Tag abhalten, wird die Welt schlagartig lebendiger und befriedigender, oft sogar atemberaubend.

Sie können visuelle oder auditive Feste mit geringem Zeit- oder Energieaufwand in Ihren Zeitplan integrieren. Kleben Sie eine hübsche Glückwunschpostkarte an die Wand Ihres Büros oder stellen Sie Ihren Schreibtisch so, dass Sie aus dem Fenster sehen, sobald Sie aufblicken. Spielen Sie Ihre Beethoven-Kassetten im Auto, während Sie die Kinder zum Polotraining fahren oder zur Jugendstrafanstalt oder wo immer diese ihre Nachmittage verbringen. Kaufen Sie sich das Lied, das Sie im Radio gehört haben – das rührselige, das Sie an die verflossene Liebe erinnert – und tanzen Sie durch Ihr Schlafzimmer, während Sie es wieder und wieder hören. Beschränken Sie sich nicht einfach auf hören und sehen: schauen Sie hin und hören Sie zu. Diese einfachen Maßnahmen, platziert zwischen den Ritualen des Feierns und des Dankes, werden zu Festen, die Sie für die restlichen Ereignisse des Tages nähren und kräftigen.

Laben Sie sich an Erholung und Entspannung Bis jetzt haben wir vier der fünf Sinne abgedeckt: Schmecken, Riechen, Sehen und Hören. Der letzte noch verbliebene Sinn, Fühlen, kann uns jedoch mit den verblüffendsten Festen versorgen. Angeführt wird die Liste der taktilen Feste durch, natürlich, guten Sex – muss ich mehr sagen? Eine ausgiebige, wohltuende Massage kann dieser Art Vergnügen hinzugefügt werden oder sie ersetzen, abhängig vom Zustand Ihres Gemüts, Körpers und dem gesellschaftlichen Terminplan. Dann sind da noch die anderen Schönheitsfarmaktivitäten: Gesichtspackungen, Maniküre, raffinierte Bäder, Entspannungskurse. Einfach nur sicherzustellen, dass sie weiche, angenehme Stoffe an Ihrer Haut spüren, kann den Tag schon zu einem Fest werden lassen. Flanellschlafanzüge sind ein wunderbares Fest für einen müden Körper. Ebenso kuschelige Hausschuhe und Ihr bequemstes Lieblings-T-Shirt.

Es gibt eine Art der Empfindsamkeit, die sich »Proprioception« nennt, dabei geht es um die Wahrnehmung des eigenen Körpergefühls. Sich einfach hinzulegen und loszulassen kann ein Fest für den Körper sein, insbesondere, wenn Sie das mitten am Tag für 15 Minuten oder länger machen können. Strecken, dehnen, hüpfen, tanzen – jede Bewegung, bei der Ihr Körper sich gut fühlt, kann ein Fest sein.

Ein weiterer Eintrag, den ich der Kategorie »Feste feiern« zuordnen möchte, ist Schlaf. Viele Menschen schlafen viel zu wenig. Unserer Wirtschaft gehen jährlich Milliarden Dollar verloren aufgrund von Unfällen und Krankheit, die durch chronischen Schlafentzug verursacht werden. Ich selbst schlief ungefähr 15 Minuten zwischen 1986 (als ich mit der Hochschule begann und nahezu zeitgleich mein erstes Kind bekam) und 1993 (als ich endlich meinen Abschuss machte und mein jüngstes Kind in die Vorschule kam). Seitdem schlafe ich jede Nacht etwa zehn Stunden. Ich weiß, dass meine Freunde mich liebevoll als »Schlafmütze« bezeichnen. Ich mag diese Bezeichnung sehr, denn ich weiß, dass ich ohne den nährenden Schlaf zu einer gefährlichen Wahnsinnigen werden würde, die nicht fähig ist, ihr Leben zu genießen. Wenn Ihr Lebensstil es nicht erlaubt, dass Sie so lange schlafen, bis Sie sich erholt fühlen, sollten Sie nach Wegen suchen, diesen zu ändern. Falls Sie unter Schlafstörungen leiden, sprechen Sie mit einem Arzt. Besinnen Sie sich auf kurze Nickerchen – nicht als die Zuflucht der Schwachen und Faulen, sondern als das Geburtsrecht jedes Lebewesens, das fähig ist, ein wenig zu dösen. Natürlich kann es in Ihrem Leben Phasen geben, in denen es Ihnen nicht möglich ist, jede Nacht lange zu schlafen, aber diese Phasen sollten Sie auf ein Minimum reduzieren.

Gönnen Sie sich Naschwerk fürs Gehirn Ich liebe fernsehen, *liebe* es einfach. Ich wollte immer, dass meine Kinder es auch lieben – und stellte sie in ihren Babywippen vor den Fernseher, noch bevor sie ihre kleinen Augen auf etwas fixieren konnten. Viele Leute sind entsetzt, wenn ich ihnen das erzähle, insbesondere der Typus, wie ich ihn während meiner Zeit in Harvard traf. Fernsehen, so ihr Aufschrei, lässt den Verstand verrotten! Es ist eine Beleidigung menschlicher Intelligenz, ein abscheulicher Einfluss auf die Jugend, eine Einbahnstraße Richtung endgültiger Dummheit! Auf alle diese Argumente entgegne ich: Ich liebe fernsehen.

Es ist mir nicht peinlich, das zu sagen, weil ich die meiste Zeit in einem Haus ohne Fernseher aufwuchs. Bis zu meinem 13. Lebensjahr konnte man in dem Haus nichts anderes tun, als herumzusitzen und Shakespeare zu lesen. Als Konsequenz war ich in der Lage, andere Kinder mit Flüchen des Dichters zu beschimpfen (»Die Pest über eure Häuser!«), als sie auf mich einprügelten, weil ich ein totaler Blödmann sei. Als schließlich irgendjemand unserer Familie einen Fernseher schenkte, musste ich doppelt so viel Zeit davor sitzen, um aufzuholen – Gott sei gedankt, dass es Wiederholungen gibt! Trotzdem werde ich niemals die komplette kulturelle Bildung meines eigenen Landes besitzen.

Aufgrund dieser Vergangenheit weiß ich recht genau, dass so ziemlich jede Form von Naschwerk fürs Gehirn zuerst verurteilt wird, wenn sie dem gemeinen Volk zugänglich gemacht wird. Zu Beginn des zwanzigsten Jahrhunderts warnten soziale Kritiker die jungen Leute vor dieser billigen, idiotischen, moralisch fragwürdigen Literaturform, die sich »Roman« nannte. Mozarts Musik wurde alles in allem von seinen musikalischen Zeitgenossen als zu eingängig bezeichnet. Impressionistische Malerei? Schockierend! Abscheulich! Unzüchtig!

Tatsache ist, dass bestimmte Aktivitäten auf unser Hirn eine große Anziehungskraft ausüben, und das erschreckt Menschen, die daran nicht gewöhnt sind. Ich für meinen Teil denke, dass Naschwerk fürs Gehirn nicht nur unvermeidbar, sondern eine grundsätzlich gute Sache ist. Ich bin überzeugt, wenn Shakespeare (oder Plato oder Goethe) ein Möbelstück besessen hätte, mit dessen Hilfe er fremde Menschen und ferne Orte betrachten konnte (oder sogar den Meeresgrund oder die Oberfläche anderer Planeten!), so hätte er die ganze Zeit nur ferngesehen. Außerdem hätten alle diese großen Denker Fernsehshows gemocht, die sie zum Lachen bringen – zum Teufel, ich glaube, sie hätten alle für das Fernsehen *geschrieben*. Dasselbe gilt für jede andere Art von Naschwerk fürs Gehirn, von Klatschmagazinen über alberne Zeichentrickfilme bis zu skurrilen Websites. Sicher, eine Menge von diesem Zeug ist Müll. Sie können den überflüssigen Abfall sofort erkennen, weil er uninteressant ist. Er fühlt sich für Ihr Gehirn nicht nahrhaft an. Nachdem Sie es eine Weile angesehen, gelesen oder gehört haben, wenden Sie sich etwas anderem zu, das Ihre Aufmerksamkeit erregt und festhält. Bestimmt wird diese ungewöhnlich fesselnde neue Form der Gehirnnahrung zur klassischen Kunst und Literatur des nächsten Jahrhunderts. Seien Sie einer der Ersten, der an dem Fest teilnimmt, verwegen und ohne jede Scham. Wenn ich offen über meine Liebe zu reißerischen, unausgegorenen Zeitungsberichten, unrealistischen Dramen und albernen Situationskomödien sprechen kann, so können Sie das auch.

In Liebe schwelgen Zu guter Letzt gibt es noch eine Art von Fest, die alle anderen verblassen lässt, und das ist das Fest der Liebe. Wenn Sie nicht wissen, wovon ich rede, sollten Sie so lange danach suchen, bis Sie es wissen. Es gibt so viele unterschiedliche Liebesfeste, wie es Augenblicke gibt, in denen ein Mensch sich einem anderen zuwendet, und sie alle sind wundervoll.

Für mich ist jeder Augenblick (oder eine Stunde oder ein ganzes Leben) ein Fest, wenn Menschen Zuneigung austauschen. Ich sehe, wie mein vierzehnjähriger Sohn und seine Freunde sich liebevoll auf den Arm boxen; das ist ein Liebesfest. Ein Klient erzählte mir, dass etwas, was ich zu ihm sagte, wirklich hilft, und ich sage ihm, das sei sein Werk, nicht meines; das ist ebenfalls ein Liebesfest. Eine Gruppe anfeuernder Fans ruft den Läufern eines Marathons zu, und die Läufer winken zurück. Ein gewaltiges Liebesfest. Es ist wahr, dass wir manchmal hoffnungsvoll auf etwas zusteuern, von dem wir denken, dass es ein Liebesfest wird, unsere Herzen anbieten und Ablehnung ernten. Es ist auch wahr, dass es schmerzt. Aber Sie werden feststellen, dass Liebesfeste so unglaublich nahrhaft sind für unsere Seele, dass es das Risiko, Kummer zu ernten, wert ist.

Hier sind einige Methoden, um sicherzustellen, dass Sie kein Liebesfest verpassen, an dem Sie hätten teilnehmen können. (1) Mit den Worten Benjamin Franklins: »Wenn du geliebt werden möchtest, liebe und sei liebenswert.« Liebesfeste sind immer Essen, bei denen jeder Gast eine Speise mitbringt: Sie erfordern, dass jeder Teilnehmer, auf irgendeine Art und Weise, die Fähigkeit zu lieben mitbringt. Wenn Sie auf jemanden warten, der 100 Prozent der Liebe liefert, die Sie in Ihrem Leben möchten, suchen Sie sich einen Therapeuten. Dieser ist in der Regel bereit, Ihre Liebe gegen Bargeld zu erwidern. (2) Behalten Sie die Liebe nicht für sich. Wenn Sie Liebe fühlen, dann bringen Sie es auch zum Ausdruck – nicht um zu fordern, dass andere diese Liebe erwidern, sondern einfach um äußerlich das Beste von dem zu leben, was Sie innerlich fühlen. Das Schlimmste, was Ihrem Herzen passieren kann, ist nicht, von einem anderen Menschen zurückgewiesen zu werden, sondern darin zu scheitern, im Sinne der Liebe zu handeln, die Sie verspüren. (3) Wenn Sie die Wahl haben zwischen einem Fest der Liebe und jeder anderen Möglichkeit, entscheiden Sie sich für die Liebe. Wie die Dichterin und Liebesfestteilnehmerin Edna St. Vincent Millay es ausdrückt:

Es kann gut sein, dass ich in einer schweren Stunde,
niedergedrückt von Leid und um Erlösung flehend,
oder geplagt von Verlangen, das über die Kraft der Entschlossenheit hinausgeht,
vielleicht gedrängt bin, deine Liebe zum Preis von Frieden zu verkaufen,
oder die Erinnerung an diese Nacht gegen Nahrung einzutauschen.
Es könnte sein. Aber ich glaube nicht, dass ich es tun würde.

aus: Edna St. Vincent Millay, Collected Poems

Verglichen mit anderen Aktivitäten, werden Liebesfeste Ihr Leben in Unordnung bringen, Ihre Karriere erschweren, Sie auszehren und verrückt machen. Aber ich garantiere Ihnen, wenn Sie am Ende Ihres Lebens zurückblicken, werden die Liebesfeste jene Momente und Jahre sein, an die Sie sich mit der größten Freude erinnern, die Erfahrungen, die Sie glücklich machen, gelebt zu haben.

Es gibt natürlich viele Arten von Festen, auf die ich hier nicht annähernd eingegangen bin. Aber ich hoffe, dass Sie anfangen, eine klare Vorstellung davon zu entwickeln, was den Großteil eines *Enjoy your life*-Liebesfestes ausmacht. Alles, was Ihr wahres Ich nährt, ob es körperlich, emotional, intellektuell oder geistlich ist, wird in der Durchführung zu einem Fest. Es ist nur noch ein Punkt übrig, um Schritt 10 abzuschließen: Dankbarkeit.

Übung 3: Zeigen Sie Dankbarkeit

Ich glaube, Thanksgiving war immer mein Lieblingsfest, weil es so explizit auf das Danken ausgerichtet ist. Es ist nicht so, dass ich ein von Natur aus dankbares Wesen wäre, so wie Mutter Teresa oder Lassie. Es ist einfach so, dass Dankbarkeit die wunderbare Fähigkeit besitzt, jedermanns Erfahrung in das festlichste Ereignis zu verwandeln, und das spürte ich als kleines Kind am Tag des Truthahnessens. Ich sage nicht, dass wir vor Optimismus alle taub in unseren Geschmacksnerven sein sollen, um die Bitterkeit des Lebens zu ertragen. Dankbar zu sein, ist das beste Mittel, um sich klarzumachen, ob das Leben tatsächlich bitter ist oder nicht. Versuchen Sie Folgendes: Schreiben Sie in den nächsten sechzig Sekunden zwanzig Dinge auf, für die Sie aufrichtig dankbar sind. Los!

1. ______________________________
2. ______________________________
3. ______________________________
4. ______________________________
5. ______________________________
6. ______________________________
7. ______________________________
8. ______________________________
9. ______________________________
10. ______________________________
11. ______________________________
12. ______________________________
13. ______________________________
14. ______________________________
15. ______________________________
16. ______________________________
17. ______________________________
18. ______________________________
19. ______________________________
20. ______________________________

Falls diese Übung Sie verblüfft hat, so sind Sie bisher noch nicht geübt genug im Praktizieren von Dankbarkeit. Denken Sie nicht, dass Sie nicht für mindestens 20 Dinge dankbar sind – vertrauen Sie mir, Sie sind es. Es ist nur so, dass Sie es nicht wissen.

Es gibt eine alte sufische Erzählung über zwei Männer, die sich auf einer Landstraße begegnen. Einer von beiden, ein reicher Edelmann, trug eine Tasche über der Schulter und einen betrübten Ausdruck im Gesicht. Der andere Mann, ein Bettler, fragte ihn, warum er so niedergeschlagen sei. »Ich bin auf der Suche nach dem Glück«, antwortete der Edelmann. »Ich habe schon alles versucht – Reichtum, Macht, Rang, Bildung, viele Frauen, aber ich bin immer noch von

Ängsten erfüllt. Also habe ich neulich ein paar Dinge in meine Tasche gepackt und bin losgezogen, um mich selbst zu finden.«

»Aha«, erwiderte der Bettler. »Ich verstehe.« Ohne Vorwarnung schnappte er sich dann die Tasche des Edelmanns und lief damit in den Wald. Er lief kreuz und quer durch die Wildnis, bis er einen Abstand zwischen sich und sein verzweifeltes Opfer gebracht hatte. Als er dann den Edelmann näher kommen sah, stellte er die Tasche mitten auf die Straße und versteckte sich hinter einem Fels, um zu sehen, was passieren würde.

Als der reiche Mann seine Tasche unversehrt mit ihrem ganzen Inhalt entdeckte, war er natürlich verrückt vor Freude – er hüpfte umher, sang Halleluja und gebärdete sich vor Freude wie ein Irrer. Der Bettler, der sich immer noch hinter dem Felsen versteckte, rief: »Verrückt, was bei manchen Menschen nötig ist, damit sie ihr Glück finden.«

Die meisten von uns sind wie der Edelmann, wir suchen überall nach dem Glück und erkennen es oft nicht. Wenn ich mich langweile, gehe ich gern die vorhergehende Übung durch und sage ganz willkürlich und absichtslos »Danke« für mindestens 20 Dinge, die mir zuvor gar nicht aufgefallen sind. Selbst wenn ich das mehrmals täglich mache, gehen mir die Dinge, für die ich dankbar bin, nicht aus. Gerade in diesem Moment bin ich zum Beispiel dankbar für ... Elektrizität. Das hatte ich bisher noch nicht. Und für meinen wunderschönen neuen Kaffeebecher. Und den Kaffee selbst, die edelste aller Bohnen. Ich bin dankbar für die Klienten, die heute bei mir waren, dafür, wie sehr ich ihre Gesellschaft genossen und ihre Erfolge bewundert habe. Ich bin dankbar dafür, dass meine Freundin mich vor ein paar Stunden anrief und mich dazu brachte, laut loszulachen. Ich bin dankbar dafür, wie meine Tochter ihr Haar trägt (sagen Sie es ihr bloß nicht, sonst wird sie es ändern), für Limettenpie mit Baiserhaube, für Seife, für Ohrringe, für diese Fusselroller, mit denen man Tierhaare von der Kleidung entfernen kann. Da haben Sie es – ich fange an, mich zufrieden zu fühlen, obwohl es erst früh am Morgen ist und ich letzte Nacht nicht mein übliches Schlaffest hatte.

Eine förmliche Dankbarkeitsbezeugung bewirkt immer, dass unsere begrenzte Aufmerksamkeit auf Dinge gelenkt wird, die wir lieben, und das verändert alles. Es ist schwierig, sich darüber Gedanken zu machen, was man nicht hat, wenn man auf der Straße tanzt und Halleluja ruft wegen der Dinge, die man bereits hat. Meiner Erfahrung nach haben Menschen, die sehr dankbar sind, viel mehr Erfolg im Leben, als jene, die wenig dankbar sind, auch wenn sie mit viel weniger beginnen. Jedes Fest, das Sie erleben, wird in Ihnen ein Gefühl von Dankbarkeit hervorrufen, lassen Sie es zu. Ergehen Sie sich in der guten Sache, die gerade passiert ist. Gehen Sie alle Einzelheiten wieder und wieder durch. Freuen Sie sich diebisch daran. Schreiben Sie das Wort »Danke!« auf einen Zettel oder sagen Sie es laut – zu jedem, der an Ihrem Fest teilhatte, zu niemand Bestimmtem, zu Gott (wenn Sie an Gott glauben), zu sich selbst. Gestalten Sie ein kleines Dankesritual auf die gleiche Weise, wie Sie alle anderen Rituale zelebrieren, und wiederholen Sie es am Ende jedes Festes.

Ideen für Dankbarkeit: Möglichkeiten, sich für Spaß und Erfolg zu bedanken

1. Kaufen Sie sich eine »Danke«-Belohnung, um sich an Ihr letztes Fest zu erinnern.
2. Rufen Sie jedes Mal einen Freund an, wenn Sie ein Fest, egal welcher Art, erfolgreich veranstaltet haben. Prahlen Sie ohne jegliche Bescheidenheit voreinander.
3. Brüllen Sie wie ein Stier.
4. Schreiben Sie eine Dankesnotiz und verbrennen Sie diese, lassen Sie den Rauch zu einem Ort aufsteigen, an dem eine gute Fee ihn finden kann.
5. Führen Sie einen Siegestanz auf, allein oder gemeinsam mit anderen.
6. Führen Sie ein Dank-Tagebuch, in das Sie Ihren Dank für all Ihre täglichen Feste eintragen.
7. Halten Sie kleine Geschenke bereit, mit denen Sie alle Menschen belohnen, die Ihnen bei der Gestaltung eines Festes geholfen haben.

Wiederholen Sie es häufig

Haben Sie erst einmal alle Bestandteile eines *Enjoy your life*-Festes verinnerlicht, können Sie diese zu einem eleganten, einheitlichen Ganzen miteinander verbinden. Bestimmen Sie zuerst etwas, das Sie lieben, etwas, das Ihren Körper, Ihren Geist oder Ihr Herz nährt. Es muss nicht viel Zeit in Anspruch nehmen, aber es muss Sie wirklich nähren. Welche Art von Fest Sie auch immer geplant haben, beginnen Sie mit einem kleinen Festritual. Öffnen Sie die Fensterläden, bekreuzigen Sie sich, holen Sie tief Luft, was auch immer bei Ihnen funktioniert. Vielleicht entwickeln sich Ihre Festrituale von Fest zu Fest. Das ist wunderbar, solange sie Ihnen dazu verhelfen, zu erkennen, dass die Handlung Sie regenerieren soll und deshalb heilig ist. Während Ihres Festes sollten Sie alle Arten von Nahrung sehr bewusst aufnehmen, mit voller Begeisterung und so wenig Widerstand wie möglich. Falls Schuldgefühl, Angst oder andere unangenehme Angewohnheiten des Verstandes ihre hässlichen Köpfe recken, versuchen Sie diese zu vertreiben, indem Sie jetzt und hier Dank für Ihr Fest aussprechen. Sie können, wann immer Sie wollen, damit anfangen, »Danke« zu sagen, aber stellen Sie sicher, dass Sie es auf jeden Fall zum Abschluss Ihres Festes tun.

Sie können all das sehr still und leise abhandeln, innerhalb weniger Minuten oder über einen Zeitraum mehrerer Stunden. Tun Sie es mindestens 3-mal täglich, genauso oft, wie Sie sonst auch Mahlzeiten zu sich nehmen. Viele Menschen, die mit dem *Enjoy your life-Programm* beginnen, stellen fest, dass sie bereits Feste feiern, nur nicht so oft wie sie könnten und bei weitem nicht so bewusst. Andere entdecken, dass das Leben, auf das sie warten, schon die ganze Zeit vor ihrer Nase existiert, dass sie hungerten, obwohl sie an einem mit Delikatessen überladenen Bankettisch saßen. Derek Walcotts Gedicht »Love after Love« beschreibt diesen Augenblick perfekt.

Die Zeit wird kommen,
wenn du mit Schwung
dich selbst an deiner eigenen Tür
begrüßen wirst, in deinem eigenen Spiegel,
und jeder wird beim Gruß des anderen lächeln

und sagen, setz dich hin. Iß.
Du wirst wieder den Fremden lieben, der du warst.
Gib Wein. Gib Brot. Gib dein Herz sich selbst
zurück, dem Fremden der dich geliebt hat
…
Setz dich. Schmause von Deinem Leben.

aus: Derek Walcott, Erzählungen von den Inseln. Mit Anmerkungen, einem Nachwort und aus dem Amerikanischen übersetzt von Klaus Martens

Und jetzt das Wichtigste in Kürze

Jede Übung des *Enjoy your life-Programms* trägt etwas Unschätzbares und Herrliches zum Fest Ihres Lebens bei. Das hier sind keine exotischen Übungen, die nur mit größten Mühen umzusetzen sind, jede besteht aus einfachen Dingen, die Sie bereits innerhalb Ihrer Reichweite haben. Sie erfordern keine großen Opfer oder Charakterumformungen, lediglich ein bisschen Mut und eine unbeugsame Hingabe an Ihr eigenes Wohlergehen. Selbst wenn Sie nur die kleinsten Veränderungen vornehmen, einen Schritt nach dem anderen zu Ihrer täglichen Routine hinzufügen, wird Ihr Leben sich manchmal auf ganz subtile und manchmal auf drastische Weise verändern, aber immer zum Guten. Am Ende werden Sie feststellen, dass Sie das *Enjoy your life-Programm* ganz routiniert umsetzen, nicht, weil Sie sich selbst diszipliniert haben, einen seltsamen neuen Prozess zu durchlaufen, sondern weil Sie Sie selbst geworden sind. Sie wurden geboren, um offen und ehrlich und mutig und verspielt zu sein, viel zu lachen und zu lieben und umgekehrt sehr geliebt zu werden. Sie wurden geboren, um gücklich sein. Feiern Sie das Fest Ihres Lebens.

Tägliches Pflichtprogramm

Schritt 10: Feste feiern

1. Schaffen Sie eine festliche Atmosphäre.
Befolgen Sie gängige, formelle und informelle Rituale, die eine Zeit des Feierns von der übrigen Zeit unterscheiden.

2. Lassen Sie sich verwöhnen.
Identifizieren Sie Erlebnisse und Dinge, die Sie auf eine Vielzahl von Arten verwöhnen. Beschäftigen Sie sich ganz bewusst damit, mit so viel Spaß und Freude wie möglich.

3. Zeigen Sie Dankbarkeit.
Dies ist ein Ritual, welches das Fest beendet, ebenso wie das Festlichkeitsritual es eröffnet. Je konkreter Ihr Weg des Danksagens ist, desto wahrscheinlicher profitieren Sie von der Erfahrung.

4. Wiederholen Sie es häufig.
Es sollte nicht zu viel Mühe kosten, für sich selbst täglich drei kleine Feste zu veranstalten. Falls möglich, feiern Sie mehr.

Anmerkung der Autorin

Die in diesem Buch verwendeten Beispiele konnte ich während zahlreicher Lebensberatungsgespräche mit meinen Klienten sammeln. Der Inhalt jeder einzelnen Geschichte entspricht den Tatsachen, Namen sowie andere Erkennungsmerkmale wurden jedoch zum Schutz der Identität meiner Klienten geändert. Das Gleiche gilt für Geschichten, die auf Gesprächen mit Freunden und Verwandten beruhen, mit Ausnahme von Anekdoten über meine engsten Angehörigen, deren Namen und Eigenschaften ich mit schonungsloser Genauigkeit wiedergegeben habe.

Danksagung

Zuallererst möchte ich mich bei meinen Klienten bedanken, durch deren Vertrauen und intensives Engagement ich in meinem Beruf erst Erfüllung finde. Ich hoffe, dieses Buch vermittelt etwas von dem Stolz, der Dankbarkeit und der Liebe, die mich erfüllen, wenn ich erleben darf, wie sie ihr Leben verändern.

Mein tief empfundener Dank gilt den Mitarbeitern von Crown Publishers, durch deren Unterstützung dieses Buch erst möglich wurde. Betsy Rapoport, die beste Lektorin, die ich kenne, brachte mich auf die Idee für *Enjoy your life* und half mir bei seiner Ausarbeitung. Niemals zuvor hat jemand geistreicher, talentierter und liebenswürdiger in der einen Hand den Zeitplan gehalten und in der anderen eine Margarita für mich. Der humorvolle und mitfühlende Chip Gibson glaubte bereits unerschütterlich an meine Arbeit, bevor irgendjemand sonst davon wusste. Stephanie Higgs boxte sich durch weitaus mehr als nur ihren Arbeitsanteil daran, *Enjoy your life* bis zur Veröffentlichung zu bringen. Ich werde ihr für immer dankbar sein und in ihrer Schuld stehen. Steve Ross hat an meinem Schreibstil gefeilt, gab mir ermutigende Rückmeldungen, wenn ich sie am meisten brauchte und war trotz seiner vielen anderen Verpflichtungen immer für mich da.

Meine Agentin, Beth Vesel, wechselte mühelos zwischen den Aufgaben eines Babysitters und einer Geschäftspartnerin hin und her, und für ihre Arbeit in beiden Eigenschaften werde ihr für immer dankbar sein.

Ich habe unendlich viel gelernt von den wunderbaren Mitarbeitern von *O, The Oprah Magazine*, insbesondere von meiner Redakteurin, Mamie Healy, und der fantastischen Amy Gross. Ihre Erfahrung, ihr treffsicheres Urteilsvermögen und wohlwollendes Feedback halfen mir dabei, als Autorin und als Mensch zu reifen. Ich danke ihnen dafür jeden Tag aufs Neue.

Mein tief empfundener Dank gilt auch Dr. Ruth Killpack, die mich auf den Weg brachte, der zum *Enjoy your life-Programm* führte und mich unterstützte, als ich lernte, diesen Weg alleine zu gehen. Sie und Dr. Rita Edmonds ermutigten mich, dieses Buch zu schreiben, als es noch nicht mehr war als ein Gedankenblitz in meinem Kopf, und ihre anhaltende Unterstützung gibt mir Kraft.

Ein Riesendank an Annette Rogers, die häufig meine erste Korrektorin und immer eine enthusiastische Stimmungsmacherin ist. Niemals wird meine Bewunderung dafür versiegen, wie belastbar und großzügig ihre Freundschaft ist.

Ich hätte dieses Buch niemals beendet, wenn meine Freundin Lili nicht dafür gesorgt hätte, dass ich während unzähliger gewaltmarschähnlicher Stunden des Schreibens aufrichtig, engagiert und optimistisch blieb. Ihr Humor und Verständnis ziehen sich durch das gesamte Buch, und Leser, denen das nicht gefällt, müssen auf alle Fälle ihr die Schuld daran geben. Was mich angeht, so schulde ich ihr einzig Liebe und Dank.

Schlussendlich möchte ich meiner Patchwork-Familie danken: Eggen, dessen schlichtweg erstaunliche Güte mein Leben jeden Tag aufs Neue verändert; Veggie Boy, der an mich glaubte, als noch gar nichts zum Glauben da war; Ronald, der Pragmatiker, eines der fürsorglichsten Wesen, das mir je begegnet ist; die ewig süffisante und scharfsinnige Kat, eine ungemein inspirative Ergänzung; und meine furchtlose und übermütige Lizard. Danke, Leute. Alles, was ich über die Freude am Leben weiß, habe ich von euch gelernt.

Claudia Leins

Glück fürs ganze Jahr

155 Seiten. Serie Piper

Der Neujahrsspaziergang im glitzernden Schnee, wieder erwachende Frühlingsgefühle und der erste Biß in noch warmes Ostergebäck, der Duft reifer Erdbeeren, die träge Glückseligkeit eines Sommertages, Grillabende unterm Sternenhimmel und Herbststimmung mit leuchtend buntem Laub – das Glück hat viele Gesichter, Farben und Gerüche. Claudia Leins öffnet uns die Augen für die kleinen Glücksmomente und die Magie des Alltags. Sie lädt ein, jeden Monat bewußt zu erleben und zu feiern. Ein Lesegenuß für alle Sinne, bei dem einem ganz warm ums Herz wird.

»In jeder Minute, die du im Ärger verbringst, versäumst du sechzig glückliche Sekunden deines Lebens.«

Albert Schweitzer

05/1380/01/L

Uwe Böschemeyer

Das Leben meint uns

111 Ermutigungen für Paare.
166 Seiten. Serie Piper

Der Streit ums Geld, ein kleiner Konflikt beim Autofahren, der vergessene Geburtstag, die unfreundliche Bemerkung am Morgen – oft beginnt damit die Krise in einer Beziehung. Doch, so der erfahrene Psychotherapeut Uwe Böschemeyer, fast jede Krise ist auch eine Chance. Wenn Paare nach den Zielen eines gemeinsamen Lebens fragen, ist ein Neubeginn möglich. In nachdenklichen Texten, Fallgeschichten und kleinen, sofort einleuchtenden Alltagsszenen zeigt der Autor die Probleme und Ziele einer Beziehung. 111 Ermutigungen für Paare.

»Auf der nach oben offenen Qualitätsskala der Beratungsbücher belegt das Buch einen Spitzenplatz.«

www.wissen.de

05/1407/01/R

SERIE PIPER

Bert Ehgartner

Die Lebensformel

Sieben Voraussetzungen für ein glückliches lange Leben. 336 Seiten. Serie Piper

Warum gelingt es einigen Menschen, ein glückliches langes Leben zu führen, während andere chronisch krank werden oder früh sterben? Auf der Suche nach Antworten auf diese Fragen durchforstete Bert Ehgartner alle beweiskräftigen Langzeitstudien der Medizin und fand heraus, dass die Entscheidung in der Lebensmitte fällt. Menschen, die bis ins hohe Alter ein aktives Leben führen, erfüllen bereits Jahrzehnte davor sieben wichtige Voraussetzungen. Mit dem eigens für dieses Buch entwickelten großen Lebensformel-Test können Sie schon heute ermitteln, wo Ihre persönlichen Risiken und Stärken liegen. In einem einfach zu realisierenden Sieben-Punkte-Programm hilft Ihnen das Buch, den optimierten Lebensstil zu finden, der Sie zu einem genussvollen glücklichen Leben führt.

05/1991/01/L

Sasha Cagen

Singles aus Leidenschaft

Quirkyalone für Anfänger. Aus dem Amerikanischen von Ursula Bischoff. 160 Seiten mit 92 Abbildungen. Serie Piper

Quirkyalone ist das Manifest einer neuen Single-Generation: die stolze, kluge, witzige, herzliche Absage an den Pärchenwahnsinn. Die vergnügten Singles genießen es, allein zu sein. Sie haben nichts gegen Liebe, erst recht nichts gegen Sex, nur brauchen sie zum Glück keine nervtötenden Beziehungen, sagte sich Sasha Cagen und gründete eine rasend schnell wachsende Single-Bewegung, die von San Francisco aus die Welt erobert: Verlieb dich ins fröhliche Alleinsein! Ein Buch, so romantisch, so revolutionär, so einzigartig wie alle, die mit sich allein sein können.

»In Deutschland sind 13 Millionen Menschen solo – und bereit für die Botschaft: Schluß mit traurig!«
Focus

05/1944/01/R

Kathrin Fischer, Sandra Maravolo

Liebe satt

Was Paare wirklich antörnt. 224 Seiten. Serie Piper

Oftmals dauert die Liebe länger als die Lust. Aber ist es dann noch Liebe? Geht das überhaupt: jahrelang ein Paar sein und trotzdem noch vor Begehren dahinschmelzen? Leicht ist das nicht, geben Sandra Maravolo, die optimistische Expertin mit eigenem Sexshop, und Kathrin Fischer, die eher skeptische Journalistin, zu, aber es ist möglich! Die beiden schlagfertigen Freundinnen spielen sich die Bälle zu, aus dem theoretischen Lager an die Beziehungsfront und zurück. Sie wissen, wie man den bösen Fallen »Double income no sex«, Babys im Bett oder dem Schweigen der Männer entkommt. Mit ihrer einzigartigen Kombination aus Erfahrung und Wissen, Pragmatik und Humor sagen sie dem Lustfrust den Kampf an. Ein Buch für Lang-Liebende!

05/1945/01/L

Nathaniel Branden

Die 6 Säulen des Selbstwertgefühls

Erfolgreich und zufrieden durch ein starkes Selbst. Aus dem Amerikanischen von Arni Pott. 355 Seiten. Serie Piper

Ein stabiles Selbstwertgefühl und positive Ausstrahlung sind entscheidende Voraussetzungen für privaten und beruflichen Erfolg. Die Selbstwahrnehmung der eigenen Stärken und Schwächen beeinflußt tatsächlich jeden Moment der persönlichen Existenz. Leider ist man sich jedoch selbst am meisten im Weg und verhindert dadurch Zufriedenheit und Erfolg. Wer den Weg zu einem gesunden Selbstwertgefühl sucht, findet den Schlüssel dazu in diesem Buch. Nathaniel Branden stellt die Grundprinzipien vor, die zu innerer Stärke, Gleichgewicht und Harmonie führen. Anhand vieler Beispiele und Übungen zeigt der Erfinder des modernen Begriffs des Selbstwertgefühls, wie Sie dies in Ihrem eigenen Leben umsetzen können.

05/1209/01/R

Douwe Draaisma

Warum das Leben schneller vergeht, wenn man älter wird

Von den Rätseln unserer Erinnerung. Aus dem Niederländischen von Verena Kiefer. 336 Seiten. Serie Piper.

Warum verschwinden in der Erinnerung manche Tage, während wir auch in vielen Jahren noch sagen können, was wir am 11. September getan haben? Wie funktioniert das Gedächtnis? Und warum vergeht das Leben schneller, wenn man älter wird? In seinem Meisterwerk über das Erinnern und Vergessen liefert Douwe Draaisma die Antwort auf diese und viele andere Fragen – ein Buch, so überraschend und vielschichtig wie das menschliche Gedächtnis selbst.

»Von einem Wissenschaftler mit so viel Sinn für die Poesie und für die Unergründlichkeiten des Lebens läßt man sich gern die Rätsel der Erinnerung erklären.«
Badische Zeitung

05/1992/01/L

Sybil Gräfin Schönfeldt

Die Jahre, die uns bleiben

Gedanken einer Alten über das Alter. 260 Seiten. Serie Piper

Ist man alt, so wird einem klar, wie wenig man sich in seiner Jugend vorstellen konnte, was das Alter ist. Ein Ausgangspunkt ist ihre eigene Erfahrung mit dem Alter: Man wird dem Körper untertan, das Zeitgefühl ändert sich, die ersten Freunde sterben, man trauert über Unwiederbringliches, man ist glücklich über die Kinder und Enkel.
Ein zweiter Ausgangspunkt ist der Ärger darüber, wie die Jungen über die Alten reden, daß sie so tun, als könnten Alte mit ein bißchen Kosmetik, Gymnastik und Diät wie Junge funktionieren.
Über Politiker und Abzocker, die die Alten als Material für die eigene Karriere betrachten, und über die Werbung mit ihrem Kult um die jungen Alten.
Über ihre Erfahrung und den Ärger ist die Autorin auf viele passende Geschichten aus der Weltliteratur gestoßen, die sie hier zitiert und in die sie ihre Gedanken über das Alter anschließt.

05/1199/01/R

Dwight Webb

Ab heute ohne dich

50 Tipps für ein Leben nach der Trennung. Aus dem Amerikanischen von Jutta Suthau. 223 Seiten. Serie Piper

Aus und vorbei? Auch nach dem Ende einer Beziehung muss das Leben nicht leer und sinnlos sein. Ganz im Gegenteil – es hält jede Menge für Sie bereit, Sie müssen nur zugreifen! Der Psychologe Dwight Webb hat 50 Tipps zusammengetragen, mit deren Hilfe Sie nach einer Trennung ins Leben zurückfinden. Sie lernen, erfolgreich von Ihrem Ex-Partner oder Ihrer Ex-Partnerin loszukommen, und erfahren, wie Sie wieder zu sich und Ihren eigenen Bedürfnissen zurückfinden. Und so werden Sie schließlich glücklicher in eine neue Beziehung hineingehen. Ein unentbehrlicher Ratgeber in allen Trennungssituationen und Beziehungskrisen, der Sie stark macht für einen Neuanfang.

05/1819/01/L

Hans Jellouschek

»Warum hast du mir das angetan?«

Untreue als Chance. 191 Seiten. Serie Piper

Wenn einer von beiden fremdgeht und der andere das erfährt, erlebt der Betrogene einen Schock, einen Bruch des Vertrauens und fühlt dann meistens nur noch, daß alles zu Ende ist … Daß ein Seitensprung keineswegs der Tod der Beziehung sein muß, daß diese Situation viele Chancen für einen neuen und gemeinsamen Aufbruch birgt, beschreibt der Therapeut Hans Jellouschek in diesem Buch. Untreue kann auch als »kritisches Lebensereignis« gewertet werden, das alle herausfordert, alte Gleise zu verlassen und zu neuen Ufern aufzubrechen. Durch den Seitensprung werden oft zum ersten Mal wichtige Themen des Paares und seiner Beziehung angesprochen, die bisher unter den Teppich gekehrt wurden. Jellouschek plädiert gegen schnelle »Alles-oder-nichts-Lösungen«, wohl aber für einen langen Atem, Geduld und viel Toleranz.

05/1196/01/R